游艇材料与加工工艺

主　编　刘　旭
副主编　李　丹
主　审　孙庭秀

HEUP 哈尔滨工程大学出版社

内容简介

本教材共分为6个项目，从游艇艇体主要材料、游艇艇体用玻璃钢成型工艺、游艇艇体用钢材加工工艺、游艇艇体用铝合金加工工艺、游艇内装材料及游艇材料发展动态6个大方面内容。本着“理实一体、工学结合”的方针，将关键知识分解为单个任务，每个项目后附项目测试，使学生在教师引导下完成任务的同时即完成了知识的学习。

本书为高等职业学院游艇专业教材，同时也可供相近专业学生及有关专业技术人员参考。

图书在版编目(CIP)数据

游艇材料与加工工艺/刘旭主编. —哈尔滨：哈尔滨工程大学出版社，2015.12

ISBN 978-7-5661-1162-3

Ⅰ.①游… Ⅱ.①刘… Ⅲ.①游艇-高等职业教育-教材 Ⅳ.①U674.911

中国版本图书馆CIP数据核字(2015)第297263号

出版发行	哈尔滨工程大学出版社
社　　址	哈尔滨市南岗区东大直街124号
邮政编码	150001
发行电话	0451-82519328
传　　真	0451-82519699
经　　销	新华书店
印　　刷	哈尔滨市石桥印务有限公司
开　　本	787mm×1 092mm　1/16
印　　张	12
字　　数	310千字
版　　次	2015年12月第1版
印　　次	2015年12月第1次印刷
定　　价	30.00元

http://www.hrbeupress.com

E-mail:heupress@hrbeu.edu.cn

前　言

游艇材料与加工工艺课程在游艇专业的课程体系中,对学生专业能力的培养起到承上启下的作用。通过本课程的学习,使学生掌握游艇材料的相关知识,为后续的专业学习提供足够的知识储备。

本教材在编写过程中首先制定项目化课程标准,征求企业意见,围绕典型工作任务,与行业专家及企业工程技术人员共同完成教材编写工作。本教材突出以下几个特点:

(1)分析游艇专业毕业生的职业岗位能力,基于游艇生产工作岗位,与行业企业专家共同分析职业能力,确定课程目标,制定课程标准,选择教材的学习内容。

(2)根据游艇专业培养目标,瞄准职业岗位工作任务,以职业标准为依据,企业需求为导向,职业素质为核心,基于工作过程和工作任务,设计教学情境,完成各项目目标。

(3)围绕典型工作任务的工作过程,对教学内容进行改革和重新组合,突出内容的针对性和适用性。通过任务驱动、工学结合的人才培养模式,边学边练与教－学－做结合的教学模式,使教学过程与工作过程一致。

(4)突出工学结合特点,与企业专家共同建立内容充实、与生产实际紧密结合的教材,在教材内容上体现出行业企业发展和岗位工作任务需要的知识、能力和素质要求,并根据企业要求和技术发展及时更新教材内容。

(5)教材的编写注重学生的认知规律和接受能力,力求内容通俗易懂,图文并茂。教材知识内容组织条理清晰,由浅入深,由简到繁,力求让学生产生专业兴趣。

本教材的项目1由渤海船舶职业学院刘旭编写,项目2的任务1、任务2由渤海船舶职业学院李丹编写。项目2的任务3、任务4、任务5、任务6由渤海船舶职业学院刘旭编写,项目3由广州广船国际股份有限公司孙文茂编写,项目4由广州航海学院何新英编写,项目5由渤海船舶职业学院杜娟编写,项目6由南通航运职业技术学院李金编写。全书由刘旭担任主编,李丹任副主编,渤海船舶职业学院孙庭秀担任主审。

本教材在编写过程中得到了众多同行、专家的帮助和支持,在这里致以深切的谢意。由于编者水平有限,书中有些问题可能考虑不周,疏漏与错误之处也在所难免,竭诚欢迎读者批评指正,从而使本教材进一步改进和完善。

编　者

2015年7月

目　录

项目1　游艇艇体主要材料

项目目标：使学生掌握游艇艇体用玻璃钢、钢材、铝合金三种主要材料的性能及选用原则。

任务1　熟悉游艇艇体用玻璃钢材料

1.1　玻璃纤维增强塑料简介

一、玻璃纤维增强塑料的定义及分类

玻璃纤维增强塑料(FRP)是一种以玻璃纤维增强不饱和聚酯、环氧树脂与酚醛树脂为基体材料的复合塑料。作为复合材料的一种，玻璃钢因其独特的性能优势，在航空航天、铁道铁路、装饰建筑、家居家具、建材卫浴和环卫工程等相关行业中得到了广泛应用。

根据所采用的纤维不同，玻璃纤维增强塑料分为玻璃纤维增强复合塑料(GFRP)、碳纤维增强复合塑料(CFRP)和硼纤维增强复合塑料等。它以玻璃纤维及其制品(玻璃布、带、毡、纱等)为增强材料，以合成树脂为基体材料。纤维增强复合材料是由增强纤维和基体组成的。纤维(或晶须)的直径很小，一般小于10 μm，是脆性材料，易损伤、断裂和受腐蚀。基体具有黏弹性和弹塑性，是韧性材料。

玻璃纤维增强塑料的相对密度在1.5～2.0之间，只有碳钢的1/5～1/4，但拉伸强度却接近甚至超过碳素钢，强度可以与高级合金钢媲美。某些环氧玻璃钢的拉伸、弯曲和压缩强度甚至能达到400 MPa以上。

二、玻璃纤维增强塑料的特点

玻璃纤维增强塑料具有如下优点：

(1)相对密度小，为1.5～2.0，只有钢材的1/5～1/4，强度超过现有许多材料(如某些合金钢、铝合金、钛合金等)。

(2)介电性能好，在高频作用下仍能保持良好的介电性能。击穿强度达15 K/mm，体积电阻率在1×10^{14} Ω.cm以上，不反射无线电波，微波透过性良好。

(3)能耐酸、稀碱、盐类、海水及许多有机物质，也能抗微生物的侵蚀。

(4)成型工艺简单，并可根据结构形式、几何形状、尺寸大小等不同要求进行设计，合理地配置增强材料和适当的成型方法。

(5)隔音、绝缘、防震，导热系数仅为金属的1/1 000～1/100，夹层结构的玻璃钢绝热和隔音性能都很好。

缺点是与金属相比弹性模量小，只有钢的1/10，而耐热性能差，长期使用温度一般仅局限在200 ℃以下，是各向异性材料。

三、玻璃纤维增强塑料的机械性能

玻璃纤维增强塑料的机械性能见表1－1。

表 1-1　玻璃纤维增强塑料的机械性能

性能	聚酯		环氧		酚醛	有机硅	聚邻苯二甲酸二丙烯脂
	玻璃布	玻璃毡	无纺	玻纤	玻璃布	玻璃布	玻璃布
抗拉强度 kgf/cm^{2}①	1 260 ~ 4 550	700 ~ 1 750	7 700 ~ 15 000	2 450 ~ 5 950	630 ~ 3 500	700 ~ 2 800	1 470 ~ 4 340
抗压强度 kgf/cm^2	1 400 ~ 4 200	1 400 ~ 3 150	6 300 ~ 8 400	2 450 ~ 5 600	2 380 ~ 5 250	1 750 ~ 3 200	1 750 ~ 3 850
抗弯强度 kgf/cm^2	870 ~ 6 300	1 050 ~ 2 800	8 400 ~ 14 700	2 800 ~ 7 350	1 120 ~ 5 600	700 ~ 2 660	2 100 ~ 5 250
抗剪强度 kgf/cm^2	840 ~ 1 600	700 ~ 1 400	980 ~ 1 750	1 200 ~ 1 680	1 150 ~ 1 400	1 240 ~ 1 400	—
弹性模量 105 kgf/cm^2	0.70 ~ 1.96	0.70 ~ 1.33	3.85 ~ 6.23	1.40 ~ 2.45	0.84 ~ 1.75	1.0 ~ 1.4	—
抗压模量 105 kgf/cm^2	2.1 ~ 2.8	1.05 ~ 1.75	3.71 ~ 5.95	—	—	—	—
抗弯模量 105 kgf/cm^2	0.42 ~ 2.45	0.70 ~ 1.26	3.71 ~ 5.60	1.40 ~ 3.15	0.70 ~ 2.8	0.70 ~ 2.45	0.42 ~ 2.10
成型条件压力 kgf/cm^2 温度/℃	0.84 室温 ~ 150	0 ~ 35 室温 ~ 150	0.7 ~ 70 120 ~ 165	0.7 ~ 125 室温 ~ 190	1.05 ~ 140 130 ~ 175	2 ~ 140 160 ~ 260	0.70 ~ 105 95 ~ 175

四、玻璃纤维增强塑料的组成

1. 玻璃纤维(即增强材料)

它是非结晶型无机物纤维,单丝直径 5 ~ 16 μm,单丝抗拉强度为 16 000 ~ 35 000 kgf/cm^2,密度 2.16 ~ 2.70 g/cm^3,不燃烧,线胀系数小,除了氢氟酸和热的浓硫酸外,能耐各种介质的腐蚀。其缺点是不耐磨、易受机械损伤,放置时间长,强度稍有下降。

按化学成分,玻璃纤维可分为有碱的、中碱的和无碱的三种。有碱的含碱量 >12%,中碱的含碱量 6% ~12%,无碱的含碱量 <2%。有碱的成本低,耐酸性好,但绝缘性低,耐水性差,其强度也比无碱的低 10% ~20%。无碱的玻璃纤维一般适用于高强度材料,如长期用于潮湿地方和透明度较高的玻璃钢制品,造船业当中多用这种材料。

在拉制玻璃纤维过程中,为了润滑,防止纤维相互擦伤,要采用一些脂类浸润剂。这些浸润剂的存在又会妨碍在玻璃钢成型过程中树脂与玻璃纤维的黏结性,并会产生气泡等缺

① 1 kgf/cm^2 = 9.8 N

陷,影响制品的质量,所以在使用前要进行热处理,去除表面浸润剂。一般处理的温度为300～450 ℃,时间为2～6 min;或者在600 ℃,时间为30 s。在造船工业中,对玻璃钢的机械强度要求较高,故处理时间宜短些,避免时间过长,玻璃纤维本身强度急剧下降。但也不宜过短,以防浸润剂含量没达到使用要求,影响玻璃纤维成型时与树脂的黏结力。一般玻璃纤维及其制品成型后,要求残存浸润剂含量在0.2%以下,对重要产品,尤其是制造船艇的玻璃纤维制品最后热处理后再进行化学处理,来进一步改善树脂与玻璃纤维的黏结性能,提高玻璃钢的机械强度及耐水性能等。常用的化学处理剂有甲基丙烯酸、氯化铬盐、乙烯基三氯硅烷等。

船用玻璃纤维增强塑料(玻璃钢)所用的增强材料(玻璃纤维)是经过CCS认证的无碱玻璃纤维、高强/高弹玻璃纤维或其他特种纤维,以及上述纤维的织物或制品。在表1-2中列出了CCS认可的几种玻璃纤维制品的成型工艺及用途。

表1-2 玻璃纤维制品的成型工艺及用途

纤维制品名称	适用的成型工艺	典型制品中玻璃纤维用量/%	用途举例
无捻粗丝(连续玻璃纤维合股丝)	纤维缠绕、连续层压、对模模压、喷射、引拔成型	25～80	管道、汽车壳体、氧气瓶、高压容器
增强毡(连续或短切纤维散铺的毡)	对模模压、手糊法、离心浇铸	20～45	汽车零件、泵、阀、半透明板
丝(加捻丝线)	纤维缠绕编织成型	60～80	电气层压制品船舶及飞机壳体
织物(玻璃纤维织成布)	手糊法、真空袋法、热压釜法高压层压成型	45～65	管、板、壳体、风机叶片
无捻粗丝织物(粗丝织成的布带)	手糊法	40～70	大容器、发动机罩、船舶壳体
短切纤维(合股丝切成3～6 mm)	预混料模压	15～40	电器零部件
无纺织物(单向平行纺织成的布、带)	手糊法、纤维缠绕	60～80	壳体、风机叶片、电机绑扎带

增强材料一般为纤维状物质或织物,它们应与拟增强聚合物、树脂有着良好的相容性。每种增强材料均应提供下列适用项目的数据:

(1)增强材料的类型及每一方向的纤维类型;

(2)纤维或丝线的线密度(Tex值);

(3)纤维表面精整和/或处理;

(4)纤维材料密度;

(5)纤维、粗丝或织物的拉伸断裂强力和断裂伸长值;

(6)可燃物含量及含水率;

(7)浸润剂和/或处理剂类型及含量;

(8)编织类型;

(9)织物或毡片单位面积质量、宽度及厚度;

(10)相容性(适合于何种聚合物或树脂)及其他必要的项目。

组合增强材料,应该列出组合中的不同类型增强材料如毡片、布、织物等结构组成数据、丝/线密度、类型、重复频度与排列方向等。

不论怎样组合,均应事先做各种必要的力学性能试验,要写出相应的报告,并通过 CCS 的认可。

国外已经出现硼纤维、碳纤维、单晶纤维等许多高强度增强材料。

2. 增强热固性树脂

热固性树脂主要指的是有不饱和聚酯树脂(间苯型、邻苯型、双酚 A 型)、乙烯基脂树脂、环氧树脂及酚醛树脂(如果想事先加入树脂的变剂、填料、颜色等无机物应该予以适当说明)。

生产厂家在使用某一种热固性树脂时,应提供相应的数据,如下所示。

(1)适用不饱和聚酯树脂及乙烯基脂树脂

①外观;

②密度或相对密度;

③黏度;

④凝胶时间(指明固化剂或催化剂/促进剂);

⑤固体含量或挥发物含量;

⑥酸值;

⑦热稳定性;

⑧填充剂含量(类型和数量)(如有),包括触变剂、填料、颜料等)。

(2)环氧树脂

①外观;

②密度或相对密度;

③黏度;

④凝胶时间;

⑤挥发物含量;

⑥环氧值;

⑦有机氯、无机氯值;

⑧无机物含量(如有)。

(3)酚醛树脂

①外观;

②密度或相对密度;

③黏度;

④固体含量或挥发物含量;

⑤游离酚含量;

⑥游离甲醛含量;

⑦无机物含量(如有)。

建议如下树脂与增强材料配对制备:①不饱和聚酯树脂采用短切原丝毡;②环氧树脂采用均向无捻粗纱布;③酚醛树脂采用均向机织物。

3. 芯层材料

夹层板中的芯层材料应使用硬质泡沫塑料或轻木、胶合板或松木等。在使用中应提供材料的有关类型资料,如密度、规格(块体、粘有稀网布、有否沟槽)、厚度、片材/块体的尺寸、表面处理(如有)等。

在使用中应提供完善的使用方法、施工说明以及注意事项等技术文件,以确保芯材被正确使用。芯层材料有以下几种。

(1)硬质泡沫塑料

在使用硬质泡沫塑料(聚胺酯、聚氯乙烯、酚醛树脂、环氧树脂)芯材应为闭孔型,并与使用的铺层树脂(例如不饱和聚酯树脂、环氧树脂)相容,要有相应的尺寸稳定性的资料。对每种泡沫塑料芯材还应提供下列使用项目数据:

①闭孔型防水防油;

②与树脂系统相适应;

③良好的抗老化稳定性;

④在 60 ℃温度时应保持良好的强度;

⑤为适于模塑,如芯材制成粘贴在大网眼纱布背衬材料上的薄片状块,则其背衬材料和黏结剂应分别与铺敷树脂兼容并可溶;

⑥如需要,泡沫芯材应按芯材生产厂的建议进行调整处理,处理温度可略高于使用过程中受到的温度,以保证清除泡沫中滞留的残余发泡剂气体;

⑦用于夹层芯材的泡沫塑料,其密度不小于 80 kg/m^3,基本力学性能应不低于表1-3所示的要求。

表1-3　硬质泡沫塑料芯材基本力学性能

材料	密度/(kg/m^3)	压缩强度/(N/mm^2)	压缩弹性模量/(N/mm^3)	剪切强度/(N/mm^2)	剪切弹性模量/(N/mm^3)
聚胺酯泡沫塑料(PV)	80	0.40	11.0	0.34	5.20
	100	0.60	16.0	0.47	8.70
	120	0.86	21.0	0.60	12.0
	140	1.15	27.0	0.74	17.0
聚氯乙烯泡沫塑料(PVC)	80	0.40	12.0	0.35	7.60
	100	0.57	18.0	0.47	11.0
	120	0.75	25.0	0.60	14.6
	140	1.00	33.0	0.75	18.8

(2)轻木

端纹轻木块应为横切竖放,具有良好的质量,无疏松木节、孔洞、腐朽、虫害、油眼、霉变、裂纹等缺陷。在切割前后应有适当的防霉、防虫、杀菌和均质化处理。窑内烘干，含水率不超过12%。

对轻木要求做出下列检测：

①密度；

②含水率；

③片材/块料尺度；

④厚度；

⑤拉伸强度(顺纹和横纹)；

⑥压缩强度和模量(顺纹和横纹)；

⑦剪切强度和模量；

⑧湿含量；

⑨其他必要说明(如使用温度、带槽、粘有稀网布)。

如果轻木块是黏结在一载体织物(如稀网布)上，应采用与树脂体系相适应的黏结剂来黏结。泡沫芯材和轻木作为夹层结构的结构芯层应做表观剪切性能试验。轻木芯材基本力学性能见表1-4。

表1-4 轻木芯材基本力学性能

表观密度/(kg/m^3)	强度/(N/mm^2)					压缩弹性模量/(N/mm^3)		剪切弹性模量/(N/mm^3)
	压缩		拉伸		剪切	应力方向		
	应力方向							
	平行木纹	垂直木纹	平行木纹	垂直木纹		平行木纹	垂直木纹	
96	5.00	0.35	9.00	0.44	1.012	300	35.20	105
144	10.60	0.57	14.60	0.20	1.64	3 900	67.80	129
176	12.80	0.68	20.50	0.80	2.00	5 300	98.60	145

使用松木、胶合板等木质作为芯材时，这些木质芯材应经过干燥处理，含水量不应超过18%，并涂底漆。对于使用松木类木材，应注意木质纤维的方向对力学性能的影响。芯材在使用前要提交力学性能的实测数据。

(3)预埋材料

因结构需要，被封进内部或黏结固定于层板上的预埋材料或组件应耐腐蚀，且不影响树脂系统的固化。

预埋件材料在使用前应进行适当的表面处理，使其与树脂具有良好的黏结性。

使用木质材料做预埋件时，应充分干燥，无明显的节疤、边材、横纤维、开裂、腐蚀等缺陷。木材表面应适当处理并涂以稀释剂稀释的树脂涂料。

(4)添加剂

加入树脂中的各种固化剂或催化剂(促进剂)、颜料、填料、阻燃剂、触变剂等添加剂的用量应有限制，种类要由树脂生产厂推荐，且应不明显改变树脂的各项性能指标(如黏度等)，也不应影响层板的所有强度性能。各类添加剂的详细资料应提交CCS供评估用。

添加剂按照工艺程序添加，当树脂中有其沉析时，制造厂有责任在使用之前进行搅拌和调整(在生产厂的建议中)。

船壳板的树脂不应添加任何填充剂。

所用的添加剂的种类和用量应由树脂生产厂推荐。

添加剂用量超过基本树脂质量 13% 的,需经过专门试验认可。颜料、触变剂和阻燃剂等添加剂应视为填充剂,按总填充剂含量计算。填充剂和颜料作为一种分散在与基体树脂相同或相似的树脂中为糊状物。填充剂应仔细充分混合进基体树脂中,随后静置一段时间,以保证卷进的空气逸出,搅拌的速率应适当。

所有固化剂(催化剂、促进剂)的种类和数量应符合树脂生产厂的规定,可以根据作业条件和环境条件做适当调节。在确保树脂完全聚合固化的同时,凝胶时间应满足在模具铺敷层板的各种需要。

(5)玻璃纤维的表面处理剂

玻璃纤维的表面处理剂有两亲基团的结构,一端亲玻璃纤维,另一端亲树脂,从而提高两者的黏结力。表面处理剂有有机硅烷和非有机硅烷两种类型。树脂的不同,所用的表面处理剂也不同,请参考表 1-5。

表 1-5 玻璃纤维的表面处理剂

代号	化学名称	适用范围
K151	乙烯醛三乙氧基硅烷	聚酯
KH550	γ—氨基醛三乙氧基硅烷	酚醛、环氧
KH560	γ—缩水甘油醚丙基三甲氧基硅烷	聚酯、酚醛、环氧、有机硅等
KH570	γ—甲基丙烯酚基丙基三甲氧基硅烷	聚酯、环氧
南大 42	苯氨基甲基三乙氧基硅烷	环氧、酚醛
南大 73	苯氨基甲基三甲氧基硅烷	环氧、酚醛
沃兰	甲基丙烯酚氯化铬盐	聚酯、环氧、酚醛

1.2 玻璃纤维增强塑料选用

玻璃纤维增强塑料的强度主要取决于玻璃纤维的类别、含量及其排列的情况。强度随玻璃纤维含量的增加而提高。纤维呈平行时,沿单丝方向的强度和模量都最高。纤维杂乱铺开时,强度不集中在一两个方向上,而是各方向相等,但较低。

耐腐蚀性能和耐热性能随树脂不同而不同,同一种树脂而配方不同时,一般对性能也有影响。

根据纤维排列、数量、树脂种类和质量要求,选用相应的成型工艺。手糊法适用于小批量、大部件;模压法生产大批量、高精度零部件;缠绕法生产承受内压或外压的高强度产品。

在产品结构设计时,对于强度安全系数,一般取 3 ~ 9,随使用条件而异,如表 1-6 所示。如掌握了疲劳、蠕变和应力集中等条件,安全系数可取 2 以下。

玻璃纤维增强塑料的应力应变与金属材料不同,没有明显的屈服点,有缺口的部位应力集中很大,材料的性能离散系数大,选用时一定要考虑这些因素。

表1-6 安全系数

使用条件	安全系数
短时间的静载荷	≥2
长时间的静载荷	≥4
变动载荷	≥4
疲劳或双振动载荷	≥6
往复冲击载荷	≥10

任务2 熟悉游艇艇体用钢材

2.1 船艇用型材、板材及管材的选用

船艇用型材、板材及管材规格型号众多,选用要求较高,从事船舶制造业的人员必须熟悉和掌握它们的型号、规格和性能情况,做到在船舶设计和生产实践中合理选用,以便既能满足实际需要,又节省成本开支。

艇体结构用钢材的选用,首先遇到的是钢材的屈服强度指标,根据钢材的屈服强度,考虑结构需要的安全系数,确定艇体板壳与艇体构件的截面尺寸,以保证结构具有足够的强度、刚度和稳性。对于军用船艇还要根据抗爆性的指标选用钢材。

在具体选用钢材时,应注意以下几点:

(1)选择钢种原材料及生产工艺应考虑供应方便、货源充足。在同等条件下,国内优先进口。

(2)根据船艇的用途、吨位的大小和使用的条件,选择各项技术性能满足要求的船艇结构钢,确保船艇使用的安全可靠。

(3)选择的钢种、技术经济性要合理,在满足技术要求的前提下,应力求选用廉价的钢种,以降低船艇的建造成本。

在具体施工中钢材的代用原则:

(1)以较高强度等级代替较低强度等级。如以低合金钢代替碳素钢,个别代用尺度不变;大量代用,应重新计算,并征得有关方同意。

(2)以较低级等级代替较高强度等级。如非受力构件允许代用,而进行大量代用,则重新计算,并征得有关部门同意。

(3)钢种的代用应考虑焊接的可能性,并注意不同钢种的电腐蚀影响。代用后,在完工部位要标注。

2.2 船艇用钢材的性能与成分

低合金高强度钢包括普通低合金结构钢,是在低碳结构的基体上加入一种或几种少量合金元素,必要时通过正火或调质处理,在其具有良好的可焊性、韧性、塑性的前提下通过热轧处理可以显著地提高其强度。

船艇的建造根据使用性能、工作区域、环境状况和工作范围,在选材上可以供选择的有

普通低碳合金结构钢,船用普通碳素钢和优质碳素结构钢等多种。但是,不管采用哪种结构钢,它们都应该满足的是可以冷热加工,都要有很好的综合性能(如较高的强度、刚度、良好的塑性和冲击韧性,可焊性和较好的耐海水、海泥、海洋大气等腐蚀性能)。

特别提及的是随着造船工业的发展,对造船材料需要量大大增加,因此对于内河、港口船舶的艇体或沿海船舶的上层建筑等次要结构或船艇的艇体壳等在满足使用功能和确保安全的前提下减少造船成本,缩短造船周期,根据造船规范,允许用普通碳素钢中的甲类钢或特类钢作为造船专用碳素钢的代用品(作为艇体结构钢时,除了做拉伸、冷弯试验外,还要做化学分析,以保证材料的性能)。下面几个表均表明这三类材料的机械性能和化学成分,如表1-7,表1-8,表1-9所示。

表1-7 艇体用优质碳素结构钢的机械性能(GB 712—88)

钢级	厚度/mm	δ_s /(kgf/mm^2)	δ_b /(kgf/mm^2)	δ_5/%	交货状态	V型冲击试验 A_k/(kgf·m)			窄冷弯 $B=5a$ 180°	宽冷弯 $B=5a$ 120°	型钢冷弯试验 $B=2a$ 180°
						温度/℃	纵向	横向			
A	≤50	24	41~50	22		—	—	—	$d=2a$		$d=2a$
B	≤50	24	41~50	22		0	2.8	2.0		$d=3a$	$d=2a$
C	≤50	24	4~50	22		-20	2.8	2.0		$d=3a$	$d=2a$
E	≤50	24	41~50	22		-40	2.8	2.0		$d=3a$	$d=2a$

注意:①为了满足造船生产发展和产品出口的需要,我国根据具体情况制定了《钢制海船入级与建造规范》(1996)。该规范规定一般艇体结构钢分为A级、B级、C级、E级四级。

②厚度>25 mm^2 D,E两级钢,应正常状态供货。

③1 kgf/mm^2 =9.8 MPa;1 kgf·m=9.8 J。

④A,B,C,E四种碳素结构钢[GB 712—88]相当于2C,3C,4C,5C四种碳素结构钢[GB 712—88]。

表1-8 船用低合金高强度钢的机械性能(901,902,903,904)

钢号	供应状态	厚度/mm	屈服点 δ_s/(kgf/mm^2)	抗拉强度 b/(kgf/mm^2)	伸长率/% ≥		断裂收缩率 φ/% ≥	未知冲击值 ak/(kgf/mm^2)	冷弯性能		其他要求
					δ_{10}	δ_5			窄冷弯180°不裂	宽冷弯120°不裂	
901	一般为热轧,必要时,正火或高温回火	4~20 21~31	≥35 ≥34	≥52 ≥52	18 18	22 22	— —	-40 ℃ ≥3 -40 ℃ ≥3	$d=2a$ $d=2a$	$d=2a$ $d=2a$	

表 1-8(续)

钢号	供应状态	厚度/mm	屈服点 δ_s/(kgf/mm²)	抗拉强度 b/(kgf/mm²)	伸长率/% ≥		断裂收缩率 φ/% ≥	未知冲击值 ak/(kgf/mm²)	冷弯性能		其他要求
					δ_{10}	δ_5			窄冷弯 180° 不裂	宽冷弯 120° 不裂	
902	正火	11~15 16~32	≥40 ≥40	54~66 54~66	18 18	22 22	50 50	-40 ℃ ≥1 -40 ℃ ≥5	$d=2a$ $d=2a$ $d=2a$ (板厚>20)	$d=2a$ $d=2a$ $d=2a$ (板厚>20)	断口纤维组织≥50%
903	正火或正火+回火	3~16	≥45	56~70	20	—	-40 ℃ ≥3.5 (厚度10 mm)	$d=2a$	$d=2a$	断口纤维组织≥50%	
904	调度	10~32	≥60	67~82	16			温室 ≥8			断口纤维组织≥50%

注意:①宽冷弯试样的宽度,901,902 钢 $\beta \geqslant 7a$,a 为钢材试样厚度,β 为试样宽度,d 为弯心直径。

②1 kgf/mm² = 9.8 MPa。

表 1-9 普通碳素钢的化学成分

钢号	化学成分%				
特类钢	C	Si	Mn	P	S
C3	0.14~0.22	0.12~0.30	0.40~0.65	≤0.045	≤0.055

普通碳素钢分类又分成三类,它们分别是 A,B,C 和阿拉伯数字顺序号表示。

甲类钢用 A 和顺序号表示,例如,三号平炉钢的钢号为“A3”。

特类钢用 C 来表示,后面仍用阿拉伯数字表示,如 3 号平炉钢则表示为“C3”钢号。

选择用甲类钢(A 类)时,要注意是按机械性能供应,保证抗弯强度和延伸率,根据甲方需要要求,可充分保证屈服点、室温冲击韧性和冷弯性能。在化学成分中除了硫和磷元素外,其他化学成分不作交货条件。

特类钢(C 类)供应应该是同时满足机械性能和化学成分两部分,确保化学成分、抗拉强度、屈服点、延伸率和冷弯性能等符合规格。

任务3　熟悉游艇艇体用铝合金材料

3.1　铝合金的分类

根据铝合金的成分、组织和工艺特点，可以将其分为铸造铝合金与变形铝合金两大类。变形铝合金是将铝合金铸锭通过压力加工（轧制、挤压、模锻等）制成半成品或模锻件，所以要求有良好的塑性变形能力。铸造铝合金则是将熔融的合金直接浇铸成形状复杂的、甚至是薄壁的成型件，所以要求合金具有良好的铸造流动性。

工程上常用的铝合金大都具有与图1-1类似的相图。由图可见，凡位于相图上 D 点成分以左的合金，在加热至高温时能形成单相固溶体组织，合金的塑性较高，适用于压力加工，所以称为变形铝合金；凡位于 D 点成分以右的合金，因含有共晶组织，液态流动性较高，适用于铸造，所以称为铸造铝合金。铝合金的分类及性能特点如表1-10所示。

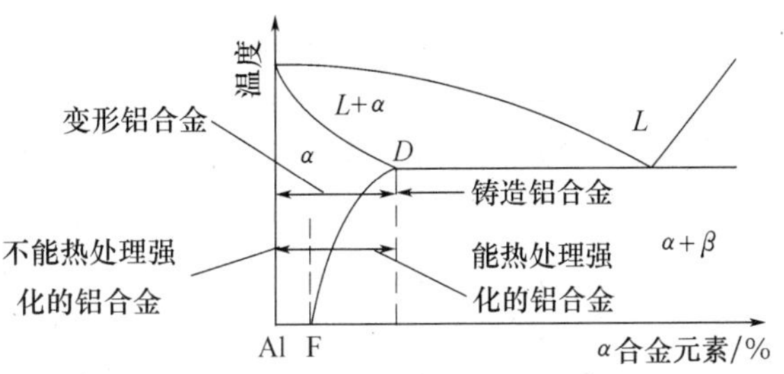

图1-1　铝合金分类示意图

表1-10　铝合金的分类及性能特点

分类	合金名称	合金系	性能特点	编号举例
铸造铝合金	简单铝硅合金	Al-Si	铸造性能好，不能热处理强化，机械性能较低	ZL102
	特殊铝硅合金	Al-Si-Mg	铸造性能良好，能热处理强化，机械性能较高	ZL101
		Al-Si-Cu		ZL107
		Al-Si-Mg-Cu		ZL105 ZL110
		Al-Si-Mg-Cu-Ni		ZL109
	铝铜铸造合金	Al-Cu	耐热性好，铸造性能与抗蚀性较差	ZL201
	铝镁铸造合金	Al-Mg	机械性能好，抗腐蚀性好	ZL301
	铝锌铸造合金	Al-Zn	能自动淬火，易于压铸	ZL401
	铝稀土铸造合金	Al-Re	耐热性较好	ZL207

表 1－10(续)

<table>
<tr><th colspan="2">分类</th><th>合金名称</th><th>合金系</th><th>性能特点</th><th>编号举例</th></tr>
<tr><td rowspan="6">变形铝合金</td><td rowspan="2">不能热处理强化的铝合金</td><td rowspan="2">防锈铝</td><td>Al－Mn</td><td rowspan="2">抗蚀性、压力加工性与焊接性能好，但强度较低</td><td>LF21</td></tr>
<tr><td>Al－Mg</td><td>LF5</td></tr>
<tr><td rowspan="4">可以热处理强化的铝合金</td><td>硬铝</td><td>Al－Cu－Mg</td><td>机械性能高</td><td>LY11,LY12</td></tr>
<tr><td>超硬铝</td><td>Al－Cu－Mg－Zn</td><td>室温强度最高</td><td>LC4</td></tr>
<tr><td rowspan="2">锻铝</td><td>Al－Mg－Si－Cu</td><td>铸造性能好</td><td>LD5,LD10</td></tr>
<tr><td>Al－Cu－Mg－Fe－Ni</td><td>耐热性能好</td><td>LD8,LD7</td></tr>
</table>

铸造铝合金按加入的主要合金元素的不同，分为 Al－Si 系、Al－Cu 系、Al－Mg 系和 Al－Zn 系四种合金。合金牌号用“铸铝”二字汉语拼音字首“ZL”后跟三位数字表示。第一位数表示合金系列，1 为 Al－Si 系合金，2 为 Al－Cu 系合金，3 为 Al－Mg 系合金，4 为 Al－Zn 系合金。第二、三位数表示合金的顺序号。如 ZL201 表示 1 号铝铜系铸造铝合金，ZL107 表示 7 号铝硅系铸造铝合金。

变形铝合金按照性能特点和用途分为防锈铝、硬铝、超硬铝和锻铝四种。防锈铝属于不能热处理强化的铝合金，硬铝、超硬铝、锻铝属于可热处理强化的铝合金。防锈铝用“LF”和跟在后面的顺序号表示，“LF”是“铝防”二字的汉语拼音字首。硬铝、超硬铝、锻铝分别用“LY”(铝硬)、“LC”(铝超)、“LD”(铝锻)和后面的顺序号来表示。如“LF5”表示 5 号防锈铝，LY11 表示 11 号硬铝，LC4 表示 4 号超硬铝，LD8 表示 8 号锻铝，以此类推。

一、变形铝合金

变形铝合金包括防锈铝合金、硬铝合金、超硬铝合金及锻铝合金等。变形铝合金的主要牌号、化学成分、机械性能及主要用途如表 1－11 所示。

1. 防锈铝合金

防锈铝合金中主要合金元素是 Mn 和 Mg，Mn 的主要作用是提高铝合金的抗蚀能力，并起到固溶强化作用。Mg 也可起到强化作用，并使合金的密度降低。防锈铝合金锻造退火后是单相固溶体，抗腐蚀能力高，塑性好。这类铝合金不能进行时效硬化，属于不能热处理强化的铝合金，但可冷变形加工，利用加工硬化，提高合金的强度。

2. 硬铝合金

硬铝合金为 Al－Cu－Mg 系合金，还含有少量的 Mn。各种硬铝合金都可以进行时效强化，属于可以热处理强化的铝合金，亦可进行变形强化。硬铝主要分为三种：低合金硬铝，合金中 Mg，Cu 含量低；标准硬铝，合金元素含量中等；高合金硬铝，合金元素含量较多。

硬铝也存在着许多不足之处，一是抗蚀性差，特别是在海水等环境中；二是固溶处理的加热温度范围很窄，这对其生产工艺的实现带来了困难。所以在使用或加工硬铝时应予以注意。

3. 超硬铝合金

超硬铝合金为 Al－Mg－Zn－Cu 系合金，并含有少量的 Cr 和 Mn。牌号有 LC4，LC6 等。它是强度最高的一种铝合金。但这种合金的抗蚀性较差，高温下软化快。可以用包铝法提高抗蚀性。超硬铝合金多用来制造受力大的重要构件,如飞机大梁、起落架等。

4. 锻铝合金

LD5,LD7,LD10 等属于这类铝合金。锻铝合金为 Al - Mg - Si - Cu 系和 Al - Cu - Mg - Ni - Fe 系合金。合金中的元素种类多,但用量少,具有良好的热塑性、良好的铸造性能和锻造性能,并有较高的机械性能。这类合金主要用于承受重载荷的锻件和模锻件。锻铝合金通常都要进行固溶处理和人工时效。

表 1-11 变形铝合金的主要牌号、成分、机械性能及用途

类别	牌号	化学成分/(%)						机械性能			主要用途
		Cu	Mg	Mn	Zn	其他	Al	/MPa	δ/(%)	/HB	
防锈铝合金	LF5		4.0 ~ 5.0	0.3 ~ 0.6			余量	280	15	70	中载零件、铆钉、焊接油箱、油管
	LF11		4.8 ~ 5.5	0.3 ~ 0.6		Ti0.02 ~0.1	余量	280	15	70	同上
	LF21			1.0 ~ 1.6			余量	130	20	30	管道、容器铆钉、轻载零件及制品
硬铝合金	LY1	2.2 ~ 3.0	0.2 ~ 0.5				余量	300	24	70	中等强度、100 ℃以下工作的铆钉
	LY11	3.8 ~ 4.8	0.4 ~ 0.8	0.4 ~ 0.8			余量	380	15	100	中等强度构件,如骨架、叶片铆钉
	LY12	3.9 ~ 4.9	1.2 ~ 1.6	0.3 ~ 0.9			余量	430	10	105	高强度构件及 150 ℃以下工作的零件
超硬铝合金	LC4	1.4 ~ 2.0	1.8 ~ 2.8	0.2 ~ 0.6	5.0 ~ 7.0	Cr0.1 ~ 0.25	余量	540	6		主要受力构件及高载荷零件。如飞机大梁、加强框、起落架
	LC6	2.2 ~ 2.8	2.5 ~ 3.2	0.2 ~ 0.5	7.6 ~ 8.6	Cr0.1 ~ 0.25	余量	680	7	190	同上
锻铝合金	LD5	1.8 ~ 2.6	0.4 ~ 0.8	0.4 ~ 0.8		Si0.7 ~ 1.2	余量	390	10	100	形状复杂和中等强度的锻件及模锻件
	LD7	1.9 ~ 2.5	1.4 ~ 1.8	Fe1.0 ~ 1.5	Ni1.0 ~ 1.5	Ti0.02 ~ 0.1	余量	400	5	117 ~ 148	高温下工作的复杂锻件和结构件、内燃机活塞
	LD10	3.9 ~ 4.8	0.4 ~ 0.8	0.4 ~ 1.0		Si0.5 ~ 1.2	余量	440	10	120	高载荷锻件和模锻件

注:防锈铝合金均为在退火状态时的机械性能;硬铝合金均为在淬火加自然时效状态时的机械性能;超硬铝合金均为挤压棒材在淬火加人工时效状态时的机械性能;锻铝合金均为淬火加人工时效状态时的机械性能。

二、铸造铝合金

铸造铝合金按照主要合金元素的不同,可分为四类:Al - Si 铸造铝合金,如 ZL101,ZL105 等;Al - Cu 铸造铝合金,如 ZL201,ZL203 等;Al - Mg 铸造铝合金,如 ZL301,ZL302

等；Al－Zn 铸造铝合金，如 ZL401，ZL402 等。

3.2 船用铝合金的选用

一、船用变形铝合金

在船舶与海洋工程中，变形铝合金通常以锻坯板材、管子、棒材等形式供应船厂，供货状态、化学成分、力学性能必须符合规范或订货合同要求。

对于热处理不能强化的铝合金，造船中常用的有 Al－Mn 系和 Al－Mg 系合金，其代号、化学成分如表 1－12 所示。这类合金的基本特点是硬度低，塑性和耐腐蚀性好，焊接性亦令人满意，适用于生产冲压、焊接和在腐蚀条件下工作的零件和结构。其中，LF2 常用于制造船用主机的油管、油箱机座支架等，LF3 用于轻隔壁、转壁、散热器、管路及烟囱壳体等船舶焊接结构和零件，LF5 用于制造船壳板、构架、桅杆等，LF6 用于上层建筑、构架等。

表 1－12 船用防锈铝合金化学成分

类别	铝合金代号	主要合金成分/（%）				杂质成分/（%）			
		Mg	Mn	Be	Ti	Fe	Si	Cu	Zn
防锈铝合金	LF2	2.0～2.8	或 Cr0.15～0.40	—	0.15	0.40	0.40	0.10	—
	LF3	3.2～3.8	0.3～0.6	—	0.15	0.50	0.50～0.80	0.10	0.20
	LF5	4.8～5.5	0.3～0.6	—	—	0.50	0.50	0.10	0.20
	LF6	5.8～6.8	0.5～0.8	0.001～0.005	0.02～0.10	0.40	0.40	0.10	0.20
	LF10	4.7～5.7	0.2～0.6	—	0.15	0.40	0.40	0.20	—
	LF11	4.8～5.5	0.3～0.6	—	或 V（0.02～0.15）	0.50	0.50	0.10	0.20
	LF21	0.05	1.0～1.6	—	0.15	0.70	0.60	0.20	0.10

至于热处理能强化的铝合金，在造船上用得最多的是硬铝合金，其次是锻铝和超硬铝，其化学成分如表 1－13 所示。这种合金的特点是热处理后具有较高的强度。σ_b 可达到甚至超过 275 MPa，其缺点是焊接性太差，因此只能采用铆接工艺。其次，硬铝在海水中的耐腐蚀性很差，为此必须在其表面涂漆或包一层纯铝以进行氧化处理。此外，硬铝热处理的温度范围十分狭窄，允许误差只有 ±5 ℃，必须严格控制。

硬铝可用作快艇的外板，以及受高载荷的船体结构零件。LY10 是铝质铆钉的专用材料，用于铝质快艇、民用船舶上层建筑及船体的铆接构件。

表 1-13　硬铝、锻铝和超硬铝的化学成分

类别	代号	Cu	Mg	Mn	Fe	Si	Zn	Ni	Cr	Ti
硬铝	LY10	3.9~4.5	0.5~0.8	0.3~0.5	—	0.20	0.25	—	—	0.15
	LY11	3.8~4.8	0.1~0.8	0.4~0.8	0.70	0.70	0.30	0.10	—	0.15
	LY12	3.8~4.9	1.2~1.8	0.3~0.9	0.50	0.50	0.20	0.10	—	0.15
锻铝	LD6	1.8~2.6	0.4~0.8	0.70	0.7~1.3	0.7~1.2	0.10	0.01~0.20	0.0~0.10	—
	LD3	1.9~2.5	0.1~1.8	0.20	1.0~1.6	0.5~1.2	0.5~1.2	0.9~1.5	—	0.15
超硬铝	LC4	1.4~2.0	1.8~2.8	0.2~0.6	0.50	0.50	0.50	—	0.10~0.25	—

二、船用铸造铝合金

铸造铝合金一般含有较多的合金元素，具有良好的铸造性能，其主要牌号有 ZL108，ZL110，主要用于柴油机活塞。

我国船级社规定用于船体结构和设备的铝合金采用经认可的连续浇铸的方法生产，其化学成分和力学性能如表 1-14 所示。

表 1-14　船体结构用铝合金的化学成分和力学性能

铝合金牌号	化学成分/(%)							力学性能(型材，管材)		
	Cu	Si	Fe	Mn	Mg	Cr	Al	σ_b /MPa	$\sigma_{0.2}$ /MPa	σ/% = 5.65A0.5
Al-Mg3	≤0.10	≤0.50	≤0.50	≤0.40	2.40~3.10	≤0.35	余量	≥180	≥90	≥14
Al-Mg3Mn	≤0.10	≤0.50	≤0.50	0.30~1.00	2.40~3.40	≤0.25		≥230	≥100	≥10
Al-Mg1	≤0.10	≤0.50	≤0.50	≤0.8	3.50~4.60	≤0.35		≥230	≥100	≥10
Al-SiMg5	≤0.10	≤0.50	≤.050	≤0.50	4.50~5.60	≤0.35		≥280	≥130	≥17
Al-SiMg1	≤0.10	0.60~1.60	≤0.50	0.40~1.00	0.40~1.00	≤0.35		≥275	≥200	≥12

注：其他杂质元素总值≤0.15，单项值≤0.05。

三、船用铝合金的选用

在船舶设计过程中，当选用铝合金来替代结构钢时，可参照表 1-15 所示的要求确定尺寸大小，或进行必要的强度校核。至于船体结构部位可选用哪些牌号的铝合金，可参考表 1-16 所示的范围。

表 1－15　船用铝合金的选用范围

结构部位及名称		铝合金的最小尺寸
板材	甲板室前端 甲板室两侧及后端 无覆盖甲板 覆盖甲板	钢材厚度＋25% 钢材厚度＋18% 最小钢材厚度＋18% 最小钢材厚度＋12%
防挠材	甲板室前端 甲板室两侧及后端	钢材剖面模数＋100% 钢材剖面模数＋70%
	横梁 纵桁 支柱	钢材剖面模数＋70% 钢材剖面模数＋100% 钢材剖面模数＋200%

表 1－16　铝合金在船体结构中的应用

序号	结构及名称	连接方法	选用铝合金的代号
1	快艇壳体	焊接或铆接 铆接	LF6 或特殊要求的 代号 LY10
2	救生艇壳体、上层建筑外围壁及其他结构	焊接或铆接 铆接	LF6，LF11 LY10，LY12
3	船体主要受力构件，如肋骨、框架、支柱、主舱壁等	焊接或铆接 铆接	LF6，LF11 LC4，LY10
4	一般受力结构，如围壁、吊挺杆、桅杆、旋梯、舱面属具等	焊接或铆接 铆接	LF11，LF5，LF2 LY12
5	不计强度的结构，如围壁、烟囱壳体、通风管等	焊接或铆接 铆接	LF8，LF21 LY11，LY1，LY9
6	铆接	焊接或铆接 铆接	LF10，LF2，LF21，LY1， LY8，LY9，LY10，LC3

四、铝合金在在游艇中的应用

在造船当中，钢材是首选的金属材料，它的密度为 7.85 g/cm^3（平均含 C 为 0.18% 的低碳钢）。它的优点也很多，（但是它的缺点也非常明显，与铝合金相比它的质量差不多是铝合金的 2.88 倍，受海水腐蚀远比铝合金腐蚀严重得多（钢质船在海水中的平均腐蚀是 0.08～0.13 mm/a），铝合金含有 Mg 和 Mn 后不影响铝的防锈蚀能力。在海水作用下，生成一种致密坚硬的氧化膜，其膜厚度变化为 0.05～0.2 μm，单从这一数字相比来看铝合金的优势就十分明显。另外铝合金可塑性极好，可焊性极好，又无磁性，在军事和科学技术方面，在深潜技术领域，在航天航空领域以及在一些特殊领域中，得天独厚。自然资源又十分丰富,因此其前景十分广泛。

铝合金作为船艇艇体材料的主要优点如下:

①强度高。铝合金的强度接近中、低碳钢,而密度仅为钢的密度的1/3,所以与钢材相比,在满足同等强度要求的条件下船体质量要轻得多。

②低温韧性好。在低温下铝合金无脆性破坏倾向,而且强度和伸长率都略有提高。

③无磁性。这一特征对于某些船艇(如扫雷艇)尤为重要。

④有良好的耐蚀性。纯铝、铝-镁系、铝-镁-硅系、铝-镁-锰系和经适当热处理的某些铝-锌-镁系合金在海水中均具有良好的耐蚀性。

⑤多数铝合金,采用TIG,尤其是MIG焊的方法容易焊接。

⑥有良好的可塑成形性。船艇铝合金一般均能满足船艇零件成型加工的要求,可方便地加工成各种构件。

自20世纪60年代以来,铝合金已逐渐在造船行业中得到广泛应用,主要用于各类小型船艇的艇体和中小舰船的上层建筑。对于军用舰艇来说,航速、续航力及稳性是舰艇的重要战术技术性能。而采用铝合金材料以减轻船体的质量,减轻上层建筑的质量来改善这些技术性能是十分有效的。

这里还要提到的是铝合金的弹性模量较低,约为钢的1/3,因此用铝合金制造的结构,比起同样尺寸的钢结构来,刚度就低得多。结构设计人员在设计中应该通过增加惯性矩的办法来予以弥补。

项目测试

(1)简述树脂基复合材料的特性。

(2)什么叫玻璃纤维增强塑料,它是如何分类的,具有哪些特点?

(3)热轧普通工字钢常用材料牌号有哪几种?

(4)写出用碳素结构钢Q215-A·F轧制的120 mm×74 mm×5 mm的热轧普通工字钢标记。

(5)写出用碳素结构钢Q235-A轧制的3.0号热轧等边角钢的标记。

(6)用B级钢轧制的8号造船用球扁钢标记如何写?

(7)热轧船用钢板的常用材料牌号是什么?

(8)用船用结构钢B级钢轧制的8 mm×1 500 mm×8 000 mm的热轧船用钢板如何标记?

(9)船用无缝钢管的常用材料牌号有哪些?

(10)变形铝合金分为哪几类?其性能特点、应用如何?

(11)铝合金作为船艇艇体材料的主要优点有哪些?

(12)如何对铝合金腐蚀进行有效控制?

项目 2　游艇艇体用玻璃钢成型工艺

项目目标：使学生了解并掌握低压接触成型工艺、喷射成型工艺、模压成型工艺、层压成型工艺、灌注成型工艺及真空辅助成型工艺。

任务 1　掌握低压接触成型工艺

1.1　低压接触成型工艺的特点、用途

低压接触成型工艺（俗称手糊成型工艺）是复合材料工业最早使用的一种工艺方法。在 20 世纪七八十年代末期，我国低压接触成型占 85% 以上。近几年随复合材料工业的发展，各种新工艺方法不断涌现，低压接触成型工艺所占比例逐年降低，到 2008 年所占比例在 36% 左右。但是由于低压接触成型工艺在生产形状复杂制品方面所具有的其他工艺不可替代的特点，故目前该工艺成型方法仍有着重要的地位（见图 2－1）。

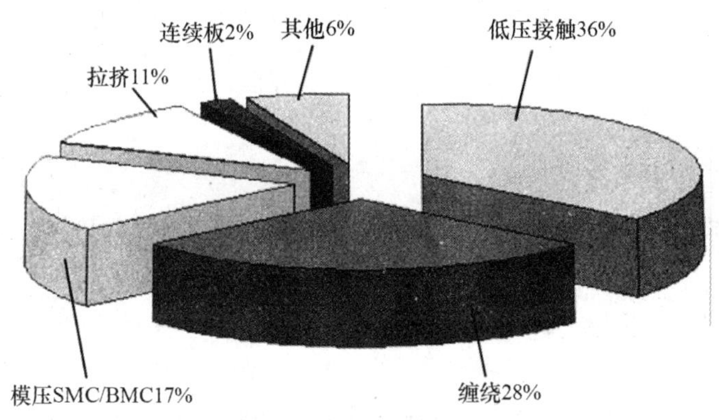

图 2－1　2008 年各种成型工艺的占有率

一、特点

（1）优点　设备简单，可在室外或产品应用现场加工制作，投资少、见效快；不受制品形状和尺寸的限制，特别适用于数量少、结构复杂的大型制品的制作，如大型游船、沼气船、建筑外墙装饰、风力发电机使用机舱罩等；容易实现局部补强，可与其他材料（如金属、木材、泡沫、蜂窝等）同时复合制作成一体；操作简单，生产技术易掌握，只需经过短期培训即可进行生产，因而便于推广。

（2）缺点　相对于其他工艺劳动强度大；产品质量受人为因素影响大，质量不易控制，产品性能离散性较大；作业区域交叉，生产效率低。

二、用途

低压接触成型工艺制作的复合材料产品应用非常广泛，涉及约十大行业，近万种产品。

以下介绍几个主要的应用领域。

1. 建筑与雕塑

主要产品有建筑外墙装饰、雕塑、体育场馆采光顶、活动房屋等，如图2－2所示。

图2－2　建筑与雕塑图片

2. 船型

渔船、游船、救生艇、气垫艇、舢板、海底探测船、水中浮标、灯塔、巡逻船、养殖船等，如图2－3所示。

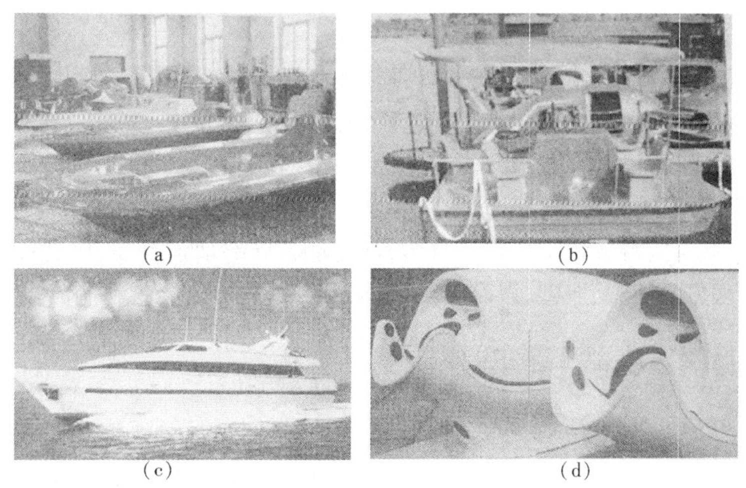

图2－3　船、艇图片

3. 交通设施与功能性罩体

磁悬浮车头、汽车车壳、电动车壳、彩车、高尔夫球车、消防车、包装箱、强震观测罩、发动机罩、路标路障等。如图 2 - 4 所示。

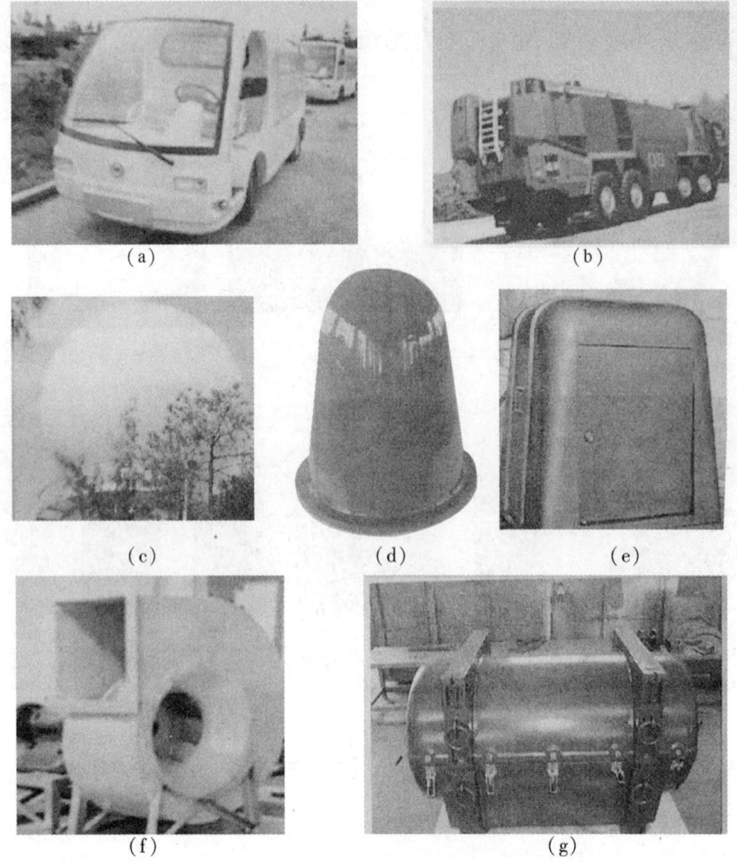

图 2 - 4 功能不同的 FRP 壳体及箱体图片

4. 环境与能源

风力发电机用机舱罩、沼气池、污水处理池及各种油罐、酸罐、水泥槽内防腐衬层、钢罐内防腐层、管道、管件、有色金属提炼及化工厂地面用格栅等。

5. 体育与游乐设备

太空梭、攀岩墙、游乐车、碰碰车、水滑梯、海底游乐设备等,如图 2 - 5 所示。

总之,由于低压接触成型工艺设计自由程度较大,局部增强容易,因此可根据产品的技术要求设计出理想的外观、造型,以及多种多样、品种繁多的复合材料制品。

1.2 低压接触成型工艺主要原材料

一、增强材料

选用增强材料的主要要求如下:一是对树脂的浸润性好;二是随模性好,以满足形状复杂制品成型的要求;三是满足制品的主要性能要求。

1. 材料选择

(1)表面毡 主要用于 FRP 的表面。可起到对表面胶衣的增强,并使复合材料制品的表面形成富树脂层，从而提高其外观质量、耐腐蚀性、防渗透能力等，是制作高质量玻璃钢制品表面不可缺少的材料。表面毡的规格为 20～150 g/m^2，目前最常用的有 30 g/m^2 与 50 g/m^{2}两种。低于 30 g/m^2 的表面毡对表面胶衣增强作用小，外表面易出现隐形布纹；高于 50 g/m^2 的表面毡覆盖性差，容易裹挟气泡，其性能见表 2－1。

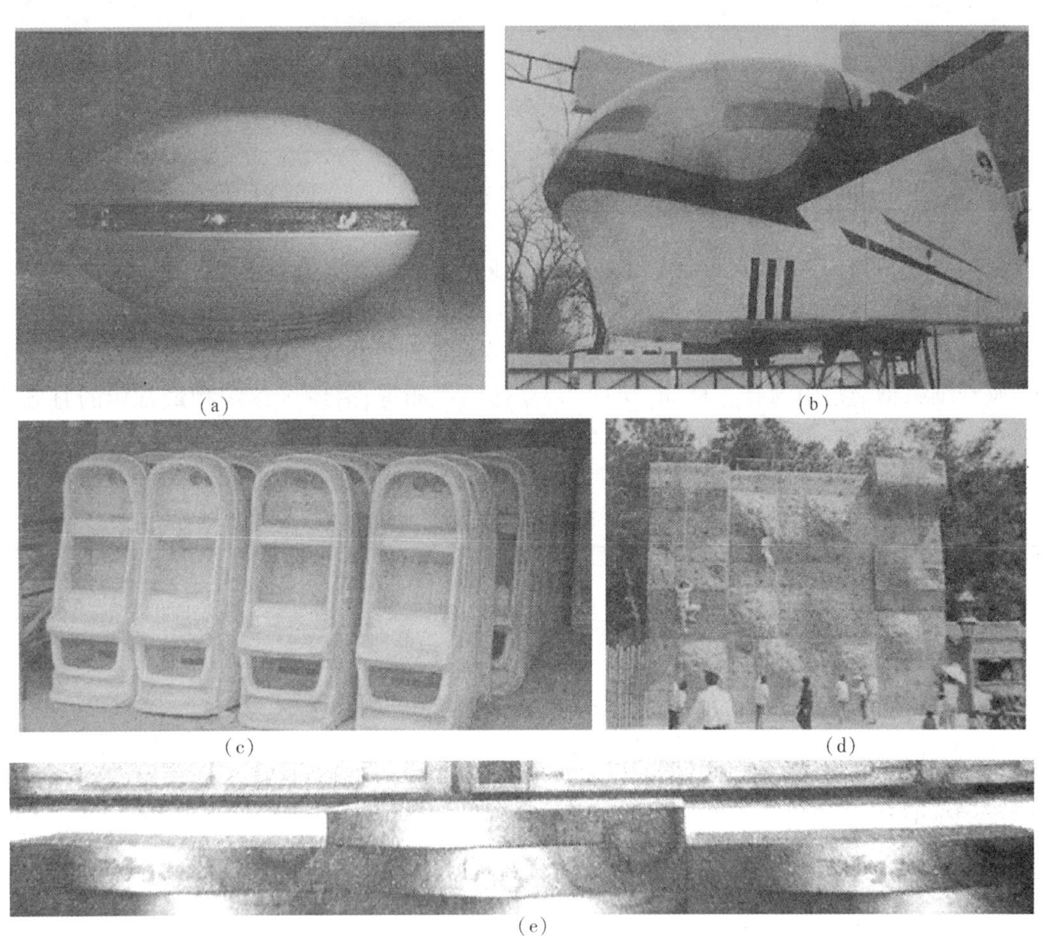

(a) (b) (c) (d) (e)

图 2－5　体育与游乐设备壳体图片

表 2－1　表面毡的规格与性能

项目名称	规格型号				
单位面积质量/(g/m^2)	20	30	40	50	60
纵向断裂强度/(N/50 mm)	≥15	≥20	≥30	≥40	≥50
渗透时间/s	≤5	≤6	≤9	≤12	≤15

(2)短切毡　玻璃纤维短切毡是由连续玻璃纤维原丝经短切成 50 mm 长度后，无定向的均匀分布，并配以粉末聚酯黏结剂(或乳液黏结剂)，所制成的一种碱或无碱玻璃纤维无纺毡制品。该产品具有树脂浸透性好、易随形、易脱泡等特点，主要用于表面层与结构层之间的过渡层，也可用于制品的内表面层，其性能见表 2－2。

表 2-2　短切毡的规格与性能

品种规格	单位面积质量/(g/m²)	断裂强度/(N/150 mm)	幅宽/mm
EMC150	150	25	1040
EMC250	250	30	1040
EMC300	300	50	1040
EMC450	450	60	1040
EMC600	600	80	1040

(3)玻璃纤维织物及其他纤维织物　从低压接触成型工艺角度出发,选用玻璃纤维织物及其他纤维织物主要考虑:一是容易被树脂浸渍;二是随模性好;三是满足制品的性能要求;四是价格便宜。最常用的纤维织物有无捻玻璃纤维方格布、斜纹布、多抽向布、单向布等;碳纤维织物最常用的有方格布、单向布、立体编织布等;芳纶纤维织物最常用的有方格布、单向布等,表 2-3 主要介绍了几种常用的无碱、中碱方格布。

表 2-3　无碱、中碱方格布的性能

规格型号	断裂强度/N≥		单位面积质量/(g/m²)
	经向	纬向	
EWR160	1 200	1 100	160 ± 16
EWR200	1 300	1 100	200 ± 15
EWR400	2 500	2 200	400 ± 20
EWR600	4 000	3 850	600 ± 30
EWR800	4 600	4 400	800 ± 40
CWR200	1 150	1 000	200 ± 15
CWR400	2 000	2 200	385 ± 30
CWR600	3 500	3 000	600 ± 45

2. 应用

玻璃纤维织物及其他纤维织物,是低压接触成型复合材料的重要增强材料。复合材料的强度主要取决于织物的方向,对于要求经向或纬向强度高的制品,也可以织成单向布。

对纤维织物的质量要求如下:一是织物均匀,布边平直,布面平整呈席状,无污渍、起毛、折痕、皱纹等;二是经、纬密度,每平方米克质量、布幅及卷长均符合标准;三是迅速、良好的树脂浸渍性能;四是具有良好的附模性;五是织物制成的层合材料的干、湿态机械强度均应达到要求。各种纤维织物的性能比较见表 2-4。

表 2-4 各种纤维织物的性能比较

材料种类	密度/(g/cm^2)	断裂强度/N	伸长率/%
玻璃纤维	2.54	1 370 ~ 1 470	2 ~ 3
棉	1.50	255 ~ 686	7 ~ 10
锦纶	1.14	440 ~ 588	26 ~ 32
碳纤维	1.80	2 790 ~ 3 100	1.5 ~ 1.6
芳纶纤维	1.40	2 200 ~ 3 600	3.0

二、基体材料

基体材料是指作为复合材料基体黏结剂的聚合物，它的主要作用：一是将纤维定向、定位黏结成一体；二是在产品受力过程中传递应力。低压接触成型用基体材料主要是聚酯、环氧树脂等，具体要求见表 2-5。

表 2-5 低压接触成型工艺用基体材料的要求

序号	要求	备注
1	对增强材料具有良好的浸润能力	黏度 0.25 ~ 1.2 Pa·s
2	可在室温或低于室温下凝胶、固化	无需加压，固化时无低分子产生
3	无毒或低毒	交联剂挥发性小
4	满足制品主要性能	市场上容易采购

1. 聚酯树脂

不饱和聚酯树脂（简称聚酯），相对密度为 1.11 ~ 1.20，固化时体积收缩率较大，为 3% ~ 6%，是低压接触成型工艺中最常用的树脂，约占 70%，常用配方见表 2-6。

表 2-6 聚酯树脂常用配方 单位：g

名称	配方			
	1	2	3	4
聚酯树脂	100	100	100	100
过氧化甲乙酮	2		2	2
过氧化环乙酮		4		
萘酸钴	0.2 ~ 4	0.2 ~ 4	0.2 ~ 4	0.2 ~ 4
二甲基苯胺			0.03 ~ 1	
邻苯二甲酸二丁酯				5 ~ 10

2. 环氧树脂

以环氧树脂为基体的复合材料产品耐腐蚀性能、电性能好，力学性能较高，收缩率比聚酯低2%左右。用于低压接触成型工艺的环氧树脂品种主要有两种，即 E－51(618)和 E－44(6101)，常用配方见表2－7。

表2－7 环氧树脂常用配方 单位：g

名称	配方				
	1	2	3	4	5
环氧树脂	100	100	100	100	100
乙二胺	6～8				
三亚乙基四胺		10～12			
四亚乙基五胺			12～15		
间苯二甲胺				20～22	
低分子聚酰胺					100
邻苯二甲酸二丁酯	10～15		12～15		
环氧丙烷丁基醚		10		5	

3. 其他树脂

呋喃树脂，是酚醛树脂的一种，工艺性较差，但其复合材料产品具有很好的耐热性能、耐化学腐蚀性能、阻燃性能等。

乙烯基树脂，在耐强酸、碱、有机溶剂及氯化物等多种化学介质方面性能优异，具有较高的热变形温度和良好的力学性能。

4. 辅助材料

复合材料的性能主要取决于增强材料和基体材料。然而，要生产物美价廉的复合材料制品，还必须正确使用作为辅助材料的固化剂、填料、浸润剂、表面处理剂、颜料等。

(1)固化剂　固化剂是指在一定的温度、湿度条件下，按一定的比例加入树脂中，搅拌均匀，在规定时间内使树脂胶凝至固化的物质(见表2－8)。

表2－8 常用室温固化剂的种类及用量

树脂类型	固化剂名称	英文缩写	用量/%	备　注
聚酯	过氧化环乙酮	CHP	4	50%邻苯二甲酸二丁酯白色糊状物
	过氧化甲乙酮	MEKP	2	无色透明液体
	过氧化苯甲酰	BPO	2～3	50%邻苯二甲酸二丁酯白色糊状物
环氧	乙二胺	EDA	6～8	毒性较大，固化快，固化时间不易控制
	二亚乙基三胺	DETA	8～10	毒性较小，固化快，固化时间不易控制
	三亚乙基四胺	TETA	9～13	毒性较小，固化快，固化时间不易控制
	四亚乙基五胺	TEPA	12～15	毒性小，固化快，固化时间不易控制

(2)促进剂　促进剂是指聚酯树脂在固化过程中,能降低引发剂引发室温度,促使有机过氧化物在室温下产生游离基的物质,常用的促进剂类型见表2－9。

表2－9　常用的促进剂类型

促进剂类型	适配的固化剂	备注
二甲基苯胺	过氧化苯甲酰	10%二甲基苯胺的苯乙烯溶液,加入量为树脂的0.5%～2%
环烷酸钴	过氧化甲乙酮	6%左右环烷酸钴的苯乙烯溶液,加入量为树脂的0.2%～4%
	过氧化环乙酮	6%左右环烷酸钴的苯乙烯溶液,加入量为树脂的0.2%～4%
组合促进剂	过氧化环乙酮 过氧化甲乙酮	在温度低于室温的情况下,可将环烷酸钴促进剂与二甲基苯胺促进剂组合使用,可产生协同效应。前者用量为4%,后者用量为0.1%～1%

(3)脱模剂　脱模剂是为防止成型的复合材料制品粘模,而在制品与模具之间使用的隔离物质,以便制品很容易地从模具中脱出,同时保证制品表面质量和模具完好无损。常用的脱模剂见表2－10。

表2－10　常用的脱模剂

种类	脱模剂	使用方法
无油、无蜡液体	PMR,802,818等	通常使用在FRP模具上,初次使用的模具一般要涂3遍以上,每涂一遍间隔10 min以上,以后每脱模3～10次后(视脱模难易程度而定)再涂1遍
	聚乙烯醇	通常使用在FRP模具、玻璃模具,或经过打腻子喷漆处理的木模上,通常情况下涂1遍,若模具太粗糙可涂2～3遍
	醋酸纤维素	该脱模剂是在木模与石膏模上使用,启封孔与脱模作用,一般涂2～3遍
油蜡	黄油	主要使用在产品表面要求不高的木模、金属模具上
	8#油、10#油、汽车蜡、地板蜡等	一般涂抹2～3遍,每涂一遍间隔10～30 min进行抛光,再涂下一遍
薄膜	各种薄膜	聚乙烯、聚酯、玻璃纸等,将其铺覆在模具表面即可

(4)其他辅助材料　增韧剂、稀释剂、光稳定剂、阻燃剂、触变剂等,常用的辅助材料见表2－11。

表2－11　常用的辅助材料

辅助材料名称	种类	作用
增韧剂	二丁酯、聚醚	降低复合材料脆性和提高复合材料抗冲击性能
	聚酰胺	降低复合材料脆性和提高复合材料抗冲击性能,环氧固化剂

表 2-11(续)

辅助材料名称	种类		作用
稀释剂	丙酮		降低树脂黏度,不参与固化反应
	苯乙烯		主要用于聚酯,降低黏度,参与固化反应
	α-甲基苯乙烯		主要用于聚酯,降低黏度,有一定的增韧功能,参与固化反应
	环氧丙烷丁基醚		主要用于环氧,降低黏度,参与固化反应
光稳定剂	二苯甲酮、苯并三唑类等		抑制或减弱太阳光的降解作用,提高复合材料的耐候性能。一般加入量为 0.01% ~0.5%
阻燃剂	溴、氯、磷及氧化锑、氢氧化铝		组织聚合物材料引燃、燃烧或抑制火焰
填料	无机	氧化硅、气相二氧化硅、金属、碳酸盐等	改善复合材料的性能,降低产品成本等。气相二氧化硅填料增加树脂的触变性能
	有机	合成树脂、天然植物等	改善复合材料的性能,降低产品成本等

1.3 低压接触成型模具

模具是低压接触成型工艺的重要工具,合理选用模具是保证复合材料制品质量和降低成本的关键之一。

一、模具形式的选择

1. 阳模

阳模(见图 2-6)的工作面是凸出的。其易于操作,质量容易控制,成型的制品内表面光洁、美观。适用于内部尺寸要求稳定、内表面要求光洁的制品。

2. 阴模

阴模(见图 2-7)的工作面是凹陷的。若模具尺寸过大、凹陷较深时,给操作带来了一定的困难。但成型的制品外表面美观、漂亮,外形尺寸较稳定。适用于外形尺寸要求高、外表面美观的制品,如船、汽车、风力发电机用机舱罩、小型仪器罩等。

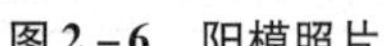

图 2-6 阳模照片

图 2-7 阴模照片

3. 对模

对模(见图 2－8)是阴阳模具的组合应用,模腔的尺寸就是最终的产品尺寸。成型的制品(见图 2－9)内、外表面光洁、漂亮,制品尺寸稳定,但模具成本相对较高。

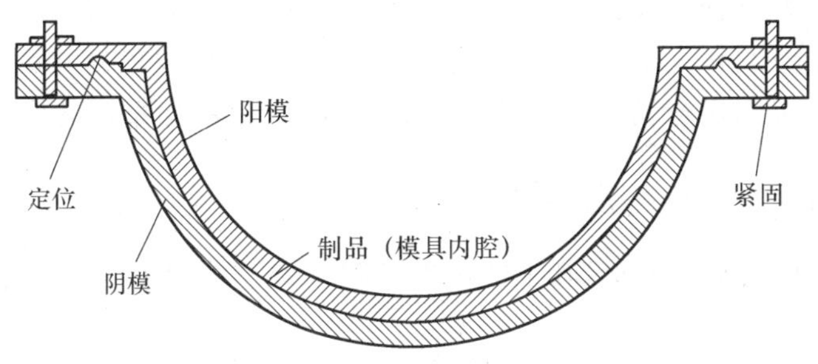

图 2－8　对模模具示意图

图 2－9　对模成型制品照片

二、模具设计

模具设计除了满足制品的尺寸、外观及性能设计要求外,还需要考虑以下几点:

(1)模具刚度、强度、耐疲劳性和耐磨性　保证模具在反复使用过程中,不发生变形、不损坏。

(2)脱模锥度　在模具使用过程中,为了方便脱模,可根据模具的大小、形状复杂程度设计脱模斜度,一般脱模锥度≥1°。

(3)低变形　在模具设计过程中,要考虑玻璃钢模具在成型过程中的收缩变形因素,以保证模具满足制品的尺寸与形状要求。

(4)模具的定位　为了便于脱模,一般将形面较复杂的模具分为两块以上拼组成为模具,在块与块之间设计定位装置。

三、玻璃钢模具的制作

1. 母模的选择

根据产品的形状选择母模：一般为直径小于 ϕ500 mm 的圆柱形、小型锥体、方形、矩形采用木质母模；球形、直径大于 ϕ500 mm 的圆柱形、大型锥体等回转体采用石膏母模；尺寸要求精度较高的产品采用金属模具，人物、动物等雕塑制品一般采用硅橡胶模具。

2. 母模的制作

以木质圆柱形母模为例，母模用的木料最好用红松或樟松，在母模制作前需将木料进行烘干处理，根据木料的干湿程度在 105 ℃的环境温度下处理 5 ~ 10 天。母模制作流程如图 2 – 10 所示。

图 2 – 11 为木模各部分部件加工拼装后示意图，拼接木板外表面线为加工后的母模表面，拼接木板线外部为车加工去掉的部分（拼接木板外表面线也为木模具表面）。

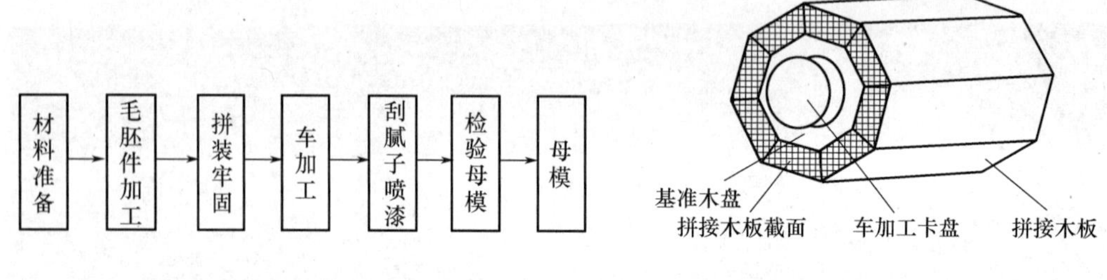

图 2 – 10 母模制作流程图　　**图 2 – 11 待车加工的木模示意图**

3. 玻璃钢模具的制作流程

在玻璃钢模具的制作前要根据制品的脱模要求进行分模面的安装，安装要点是以脱模方便、不影响制作表面为宜，工艺流程如图 2 – 12 所示。

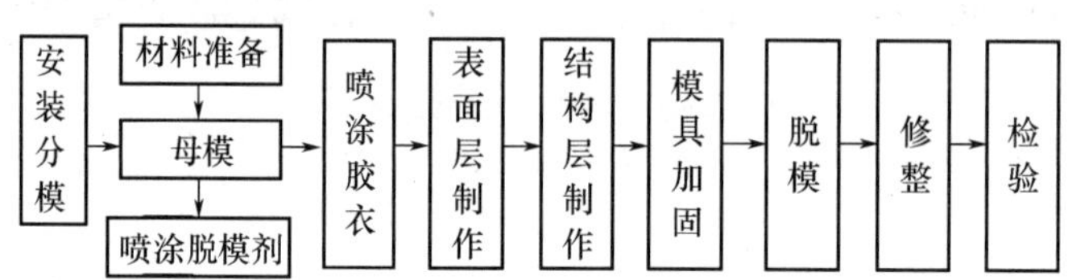

图 2 – 12 玻璃钢模具的制作流程图

（1）安装脱模组件　若采用压缩空气脱模，一般为脱模气嘴；若采用机械脱模，一般为顶出组件。

（2）喷涂脱模剂　通常使用聚乙烯醇脱模剂（或蜡类脱模剂），石膏模具宜采用醋酸纤维素脱模剂。用量为 100 ~ 200 g/m^2，要求喷涂均匀。

（3）喷涂胶衣　专用模具胶衣，用量为 500 ~ 1 000 g/m^2，最好是分成两次喷涂，头一遍喷涂胶凝后再喷涂第二遍。

（4）表面层制作　表面层为树脂含量在 70% 以上的富树脂毡层，一般为 30 g/m^2 表面毡 1 ~ 2 层，300 g/m^2 短切毡 1 ~ 2 层，视产品表面要求而定。

（5）结构层制作　结构层的主要作用是满足在模具在使用过程中的强度与刚度要求。

一般采用0.4～0.8 mm无碱方格布为增强材料，专用模具树脂为基体材料。结构层厚度超过6 mm时，应分次制作，每次制作厚度不大于5 mm，以避免基体材料在固化过程中放热过高，应力过大，造成模具变形。

(6)模具加固　模具加固尤其对大型制品模具是必不可少的，加固可在模具的局部(如模具的翻边及脱模的受力部位)进行，也可对模具整体加固。

(7)模具修整　将脱模后的模具按照设计要求切边，然后进行模具表面处理，首先是表面打磨，初次打磨应采用240号水磨砂纸将模具表面打磨均匀，清洗干净再进行400号水磨砂纸打磨，然后采用600号、800号、1000号、1200号水磨砂纸按照同样工序进行，直到1500水磨砂纸，打磨完后清洗干净。

(8)表面抛光　采用抛光蜡或抛光膏，将打磨好的模具表面均匀抛光，以适当的溶剂清洗，务必将表面的杂质、蜡垢等清洗干净，并晾至干燥。

四、玻璃钢模具的维护

玻璃钢模具无论是在使用还是在放置过程中都需要维护与保养，维护与保养好模具不但能保证制品的质量，同时可使模具的使用寿命大大提高。

初次使用模具前，首先检查模具的放置是否合理(有无扭曲、弯曲变形等)，其次是检查模具脱模剂是否涂到位(不能漏涂，以免粘膜)，再次是检查定位。

在使用高效脱模剂时，一般在生产5～10件产品后，需要对模具进行维护，重新涂一遍高效脱模具，有局部缺陷的要进行修整，否则会给后期脱模带来困难，甚至可能损坏模具。

模具在存放过程中，必须将模具放平，否则长时间就会造成模具不可恢复的变形。

模具表面不允许太阳光直射，否则会因紫外线使模具表面产生龟裂而报废。

模具长时间放置后，再使用时，要重新对表面进行抛光，涂脱模剂。

1.4　低压接触成型工艺

首先将准备好的模具涂脱模剂，然后将加有固化剂的树脂混合液涂覆到逐层铺覆在模具上的纤维增强材料上，使其完全浸渍，铺覆到设计厚度，通过固化、脱模生成制品(见图2－13)。

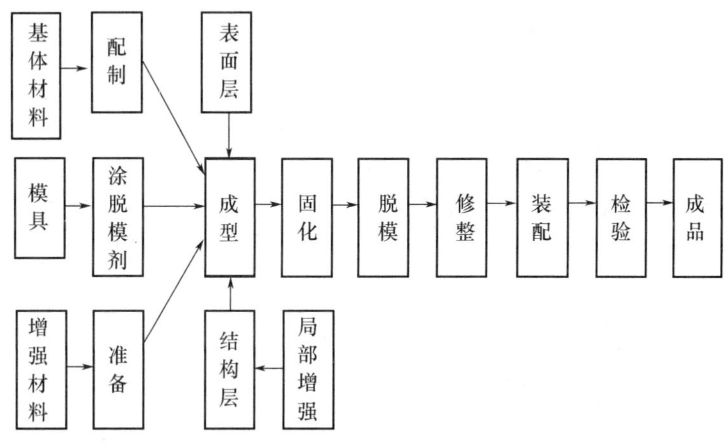

图2－13　低压接触成型工艺流程图

一、模具

模具在使用前要进行检验或复检,以保证制品满足设计要求,检验项目有模具表面、关键部位的模具尺寸、模具形变等。模具放置一段时间后要重新进行表面后几道工序的处理:打磨(采用1200 号、1500 号水磨砂纸进行表面打磨处理)、抛光、清洗,然后再喷涂脱模剂。

二、脱模剂

1. 材料选择

针对于玻璃钢模具选用脱模剂一般依产品表面要求而定。表面质量要求高的产品,选用高效脱模剂或乙烯醇脱模剂,表面要求不高的产品可选用蜡类、油类脱模剂等。

2. 配制(以两种常用脱模剂为例)

(1)聚乙烯醇脱模剂　选用分子量较低的聚乙烯醇粉料。按质量比,配方如下:

聚乙烯醇	500 g
乙醇	4 500 g
水	5 000 g

配制方法:采用间接加热,将水加热到 70 ℃左右,边搅拌边将聚乙烯醇粉料加入,直到完全溶解为止,冷却至室温,再将称量好的乙醇用滴加的方式搅拌加入,然后过滤,装入塑料容器中(不可装入金属容器)待用。

(2)醋酸纤维素脱模剂　按质量比,配方如下:

二醋酸纤维素	500 g	双丙酮醇	500 g
乙醇	400 g	甲乙酮	2 400 g
乙酸乙醚	2 000 g	丙酮	4 800 g

配制方法:将称量好的二醋酸纤维素加入上述配方中的几种溶液的混合液中,搅拌均匀,放置 24 h 后,过滤,装入容器待用。

3. 使用方法

(1)以上两种脱模剂可单独使用,也可两种脱模剂复合使用。醋酸纤维素脱模剂常用于表面粗糙、孔隙率与含水率较高、没有经过打腻子、喷涂处理的木模、石膏模、水泥模具等。聚乙烯醇脱模剂一般用于玻璃钢模具、玻璃模具、经过打腻子、喷涂处理后的木质模具及精细光滑表面的模具等,不宜用于金属模具。

(2)高效脱模剂的使用:高效脱模剂一般用于表面光洁度较高、批量生产的模具。模具首次使用高效脱模剂,须重复涂覆 3 ~5 遍,每遍间隔 10 ~20 min,最后一遍涂覆后须用干布将模具擦拭光亮,并静置 1 h 以上再使用。

(3)脱模蜡的使用:蜡类脱模剂一般应用于表面光洁度较高的模具。模具首次使用脱模蜡,须重复涂覆 3 遍,每遍涂覆后须进行抛光,将表面浮蜡打掉,再进行下一遍的涂覆,最后抛光。以后每制作一件产品,涂覆一遍脱模蜡,抛光再用。

三、表面层

表面层是由胶衣层、表面毡层、短切毡层构成的。产品的表面层直接影响制品的外观质量与使用寿命,其厚度一般为 0.3 ~2 mm。

(1)胶衣层　分为耐候性胶衣、耐水性胶衣、耐化学腐蚀性胶衣等,可根据制品的设计要求进行选择。

(2)表面毡层　表面毡层的厚度与铺层一般根据工艺要求而定。

(3)短切毡层　属于表面与结构过渡层,对于产品强度要求较高,但表面要求不高的制品可以不要此层,而改用0.16 mm或0.2 mm无碱方格布。

通常情况下,表面层分为三个步骤:第一步喷涂胶衣;第二步制作表面毡层;第三步制作短切毡层(0.16 mm或0.2 mm无碱方格布)。当胶衣层开始胶凝后要立即进行表面毡层的制作,待表面毡层完全固化后,先清理毡刺、气泡等缺损,再进行第三步的制作。在特殊情况下,第二步可与第三步同时进行制作。

四、结构层

复合材料结构层的强度和刚度取决于所选用的增强材料类型、纤维的铺设方向、纤维含量和基体材料特性以及可能形成强度和刚度而具有很大差别的各种复合材料辅层。

铺层设计　一般情况下,在增强材料和基体材料确定后,可以利用铺层的变化,得到强度和刚度都较为合理的结构。例如,对于单向受力构件,可以在受力方向多铺设纤维,以获得受力方向上的高强度和高模量;对于多向受力结构,可以采用多向铺层,以满足制品的准各向同性的要求,同样的铺层不同方向所测的性能数据相差悬殊(见表2-12)。

表2-12　无碱方格布的铺设方向与性能

方格布的铺设方向	性能		
	拉伸强度/MPa	弯曲模量/MPa	泊松比
0°	311.3	18.0	0.155
45°	135.3	8.5	0.518
90°	208	15.0	0.12

注:表中基体树脂为环氧648,纤维织物为无碱0.22 mm厚沃兰处理斜纹布,树脂含量为50%,室温固化。

(1)单向受力　铺层以经纬比例为2:1,4:1,8:1等的单向纤维织物为主。

(2)双向受力　主要以经纬比例大致相等的纤维织物为主,采用双向铺层或多向铺层。

(3)多向受力　尽量选择各向同性的增强毡或多轴向铺层。

结构层的纤维织物在应用过程中要求严格按照设计铺层,在铺覆过程中应逐层铺覆,当前一铺层树脂完全浸渍后再进行后一层的铺覆,尽量使纤维连续,在纤维织物不连续的部位应采用搭接的方式,以弥补纤维断开的强度损失等,一般塔接宽度为30~50 mm,层与层之间的搭接缝应错开,错开距离大于200 mm。当结构层大于6 mm时,应分次成型,每次成型厚度不大于6 mm(一次成型过后易使制品因基体固化放热较大而造成内部出现微裂纹、应力集中);另外,过厚也容易造成收缩变形太大。结构层的基本树脂含量就控制在50%以下。

五、局部增强

低压接触成型工艺非常容易实现制品的局部增强。如许多制品曲面变化较大的部位纤维织物连续铺覆不易，就可以采用局部补强的方式、制品连续处法兰的补强等。

(1)开孔部位的增强　由于装配需要在制品某个部位开孔，这样就会使开孔部位的强度降低，因此需要补强，补强方法如图 2－14 所示。

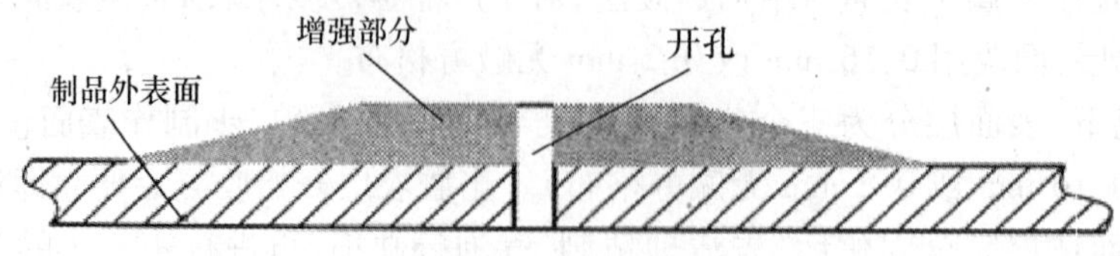

图 2－14　开孔部位增强示意图

(2)受力部位强度　刚度的增强如图 2－15、图 2－16 所示。

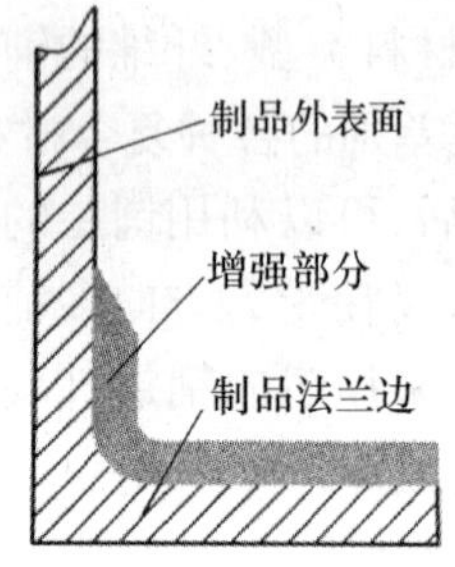

图 2－15　法兰边的增强示意图

图 2－16　受力部位强度、刚度的增强示意图

(3)预埋嵌件部位的增强　预埋嵌件(如金属件)部位的增强如图 2－17 所示。

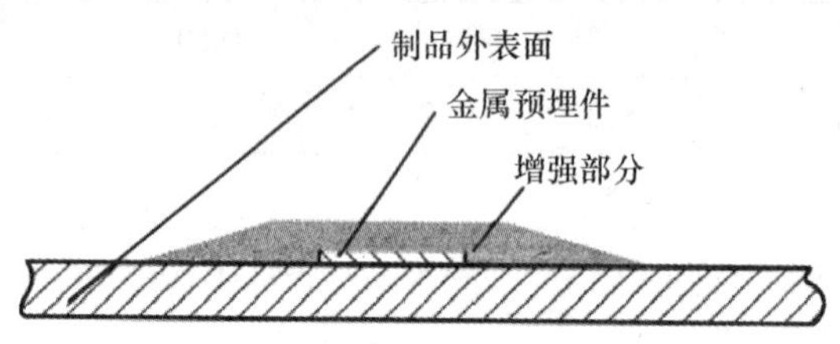

图 2－17　预埋金属件部位的增强示意图

六、固化

复合材料制品的固化与基体树脂固化反应程度(即固化度)有关。一般来讲，固化度越高，制品的力学性能、抗腐蚀性能越好。低压接触成型工艺一般采用室温固化的树脂体系。固化过程分为凝胶、固化、加热后处理三个阶段。制品从凝胶开始到脱模这个过程受环境温度的高低及时间影响很大。例如，以聚酯树脂为基体成型的复合材料制品在环境温度为 15～19 ℃时，一般在成型 16 h 左右才能达到脱模的固化程度。若环境温度为 20～28 ℃时，一般在成型 8 h 左右就可达到脱模的固化程度。

适当提高环境温度和室温固化的复合材料制品进行加热处理，都能促进基体树脂充分固化，从而提高制品性能。一般情况下，环氧复合材料制品的热处理温度常控制在 150 ℃以下，聚酯复合材料制品热处理度控制在 50～80 ℃。

七、脱模

当制品达到脱模的固化程度后即可脱模。若产品有倒拔的部位，要先将该部位的组合模具拆开、脱模。采用气嘴－压缩空气脱模的制品，要先清理边缘部位或先将边缘部位脱开，再通过气嘴将压缩空气吹入即可脱模。若模具翻边刚度较大，也可采用机械顶出的方式脱模。对于大型制品，可利用吊装设备先将容易脱模的一端脱开，顺着脱开的部分逐步脱模。

八、后修整

制品脱模后，首先是加工，根除毛边及不必要的部分，然后开孔；其次是装配，采用机械连接或胶接或两种方式并用。

制品内、外表面的气泡和分层等缺陷对产品的性能有一定的影响。因此，在制品交付客户前一定要修复。

九、检验

最终的产品检验主要有三项内容：产品的几何尺寸和质量、产品的外观、产品的层间缺陷。

1. 几何尺寸和质量

一般产品都有尺寸要求，尤其是装配与安装尺寸。有的产品对质量标准要求也很严格。如风力发电机的复合材料叶片，质量和叶形要求非常严格，并要求重复性好，特别是同一台风力发电机所用的叶片之间的质量差要求更为严格。

2. 外观

制品内、外观检验一般都以目测为主。它是一种最方便和用得最广泛的检验方法。可检验的缺陷如色差、杂质、裂纹、划伤、气泡、分层等，借助于强光和放大镜有助于目测。

3. 层间缺陷

制品层间缺陷常用超声波探伤、热波无损探伤等方法来进行非破坏性检验。主要是检验层间分层、孔隙率、裂纹、气泡等。

十、包装

制品的包装分为精包装（如家用电器产品的包装）与简包装两种，对于内、外观要求较高的制品一般采用精包装。包装材料有气垫膜、塑料薄膜、包装毯、泡沫塑料、吸附膜等。主要根据产品的要求及运输方式进行包装方式的选择。

有特殊要求的制品如不允许倒置、需防雨等，需在外包装上画上标记注明。

十一、运输

制品在运输过程中要求轻拿、轻放。对于大型制品要启用吊车、叉车等搬运设备，搬运要小心，避免损伤产品表面。不可猛烈撞击，然后填写货运清单。按照货运清单的数量及运输期限保质保量运达指定地点。

如果公路路面坎坷不平时，要缓慢行驶，必要时用渣土、枕木填平路面，以免颠簸过大损伤制品。

十二、低压接触成型工艺局部补强与常见缺陷的解决方法

1. 局部补强

局部补强是针对制品的气泡、裂缝、破损等缺陷进行修补。

(1)补强设计

制品在缺陷修补的过程中,一般考虑:一是满足产品强度、刚度要求;二是不影响制品的尺寸;三是不影响产品的外观。

(2)补强方法

①气泡　制品的外表面气泡可以采用利器将其破开,然后用本体同色号的表面胶衣树脂进行修补,这样修补的部分色差不明显。制品的内表面气泡破开后可用本体树脂加入一定量的气相二氧化硅再加入一定量的滑石粉(以立面修补的部分不产生流动为准)。搅拌均匀后即可进行修补。

②裂缝、破损　采用角向磨光机或沙磨机将制品局部的裂缝与破损部位磨出一定的斜度作为修补的过渡面,将粉尘清理干净,将事先配制好的胶液涂一层,然后根据局部需要修补的形状逐层修补,直至达到与本体性能相等的厚度(一般情况下,修补的厚度要超出制品的厚度)。

2. 常见缺陷的解决方法

(1)常见缺陷

①制品内表面发黏　主要原因:一是空气中湿度过大,由于水对聚酯树脂、环氧树脂均有延缓和阻聚作用,甚至可造成表面永久发黏、制品长期固化不完全等缺陷;二是固化剂或促进剂用量不足;三是环境温度太低、胶层太薄,致使树脂中的交联剂挥发造成交联密度不够。

②流胶　主要是由于树脂黏度过低或固化剂、促进剂用量不足,长时间不能固化造成的。

③气泡　主要原因有树脂黏度过大,树脂中裹挟的气泡不易排出;增强材料选择不当造成浸渍不透。

④分层　主要原因一是增强材料在铺覆过程中不平整或有起皱;二是树脂用量不足或黏度过大造成浸润不透或者是立面流胶等;三是铺层之间有杂质或纤维物含水率(要求$\leqslant 0.2\%$)太大;四是固化时间长,流胶黏结力不够造成分层。

(2)解决方法

首先从材料源头把关,把握好树脂的黏度、触变性能及纤维织物的含水率等;其次是在工艺实施过程中要认真操作,每一铺层都要严格地按照要求来实施。产品出现分层后,先将分层部位打磨开,然后再进行补强即可。

十三、夹层结构产品的制作

为了减轻制品的质量或满足制品的某种功能,往往将制品制成夹层结构。所谓夹层结构(也就是三明治结构)至少有三层结构,即在两块力学性能较高的两层面(或称蒙皮)之间夹着厚度较大(相对于蒙皮而言)、质量较轻的芯层材料组成一个整体,使两个蒙皮保持一定的距离,从而大大提高了制品截面惯性矩。

1. 泡沫夹层

泡沫夹层材料很多。按树脂类型可分为酚醛树脂泡沫、聚氨酯硬质泡沫、聚苯乙烯泡沫、

聚氯乙烯泡沫等。按容重可分为 30 kg/m³,40 kg/m³,50 kg/m³,60 kg/m³,…,300 kg/m³ 等。

(1)功能制品 泡沫夹层制成的功能制品如雷达罩、地震罩、透声罩、保温制品、容重要求较小的制品等。由于功能制品对力学性能要求不是很高,所以一般泡沫容重为 30 ~ 80 kg/m³。

(2)承力构件 泡沫夹层制成的承力构件有行人板、梁、柱等制品,泡沫容重要求在 100 kg/m³ 以上。

2. 蜂窝夹层

(1)蜂窝夹层的材料 蜂窝夹层的材料主要有纸蜂窝、芳纶蜂窝(Nomex 蜂窝)、金属铝蜂窝、玻璃布蜂窝等。

(2)蜂窝夹层的形状与尺寸 蜂窝夹层的形状主要有六角形、菱形和有加强带的六角形等。形状与蜂窝边的尺寸一般根据制品的用途而定。

3. 其他夹层结构

(1)其他夹层结构的材料 主要材料有碳复合材料、芳纶复合材料、混杂复合材料、玻璃纤维复合材料及金属材料等。

(2)其他夹层结构的形状与尺寸 主要有 U 字形、矩形、工字形、正弦曲线等,尺寸一般根据制品的使用要求来设计。对于承力构件一般采用工字形与矩形夹层结构。

4. 夹层结构

夹层结构的成型与复合材料板的真空辅助与层压成型工艺技术基本相同,一般是采用芯材与蒙皮分次成型的方式。

(1)芯材的基本性能

一般来讲,FRP 与其他复合材料芯材适合于制作承力构件的制品;PS 芯材适合于制作环氧复合材料蒙皮夹层结构制品;PU 与 PVC 适合于各种基本分、复合材料蒙皮夹层结构制品。芯材性能见表 2-13。

表 2-13 芯材的基本性能

性能指标	芯材种类			
	FRP	PU	PS	PVC
容量/(g/cm³)	0.078 ~ 0.141	0.14 ~ 0.19	0.08	0.03 ~ 0.1
压缩强度/MPa	2.6 ~ 3.5	0.2 ~ 0.4	0.07 ~ 0.08	0.04 ~ 0.75
线膨胀系数/℃⁻¹	0.7 * 10⁻⁵	7.2 * 10⁻⁵	7.2 * 10⁻⁵	(7 ~ 11) * 10⁻⁵
热导率/[kcal/(m * h * ℃)]	0.3 ~ 0.4	0.038 ~ 0.043	0.032	0.02 ~ 0.03

注:1 cal = 4.186 8 J

(2)成型工艺

夹层结构制品首先制作芯材,按照尺寸要求将制作好的芯材进行切割,然后进行上、下蒙皮分制作,再进行加压黏结,工艺流程如图 2-18 所示。

①芯材制作 因硬质 PU 成型工艺简单,易于成型,因此大多夹层结构制品的芯材均选择 PU 材料。PU 芯材的成型分为手工与机械两种。

a. 手工成型 手工成型芯材的质量稳定性较差,因此对其只要求保温性能,对其他性能要求不高的夹层制品可以采用此方法(见图 2-19)。

b. 机械成型　机械成型又分为注泡和喷泡(此种工艺流程与手工发泡流程基本相同)两种,机械成型的芯材密度均匀,质量稳定。其密度与性能可能根据设计要求在设备上设定参数即可达到(见图 2-20)。设备注泡的注意事项如下:

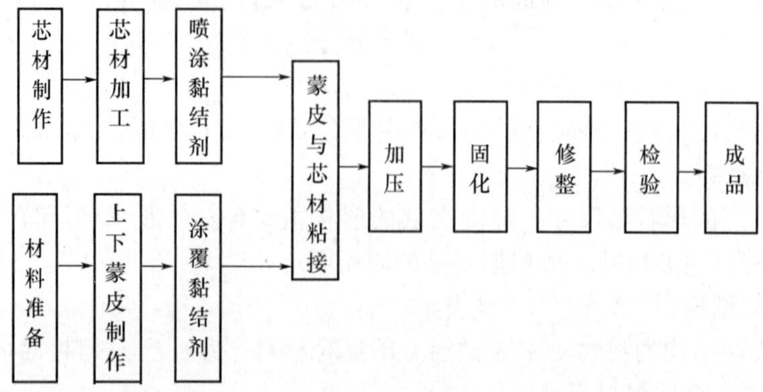

图 2-18　夹心结构制品的工艺流程图

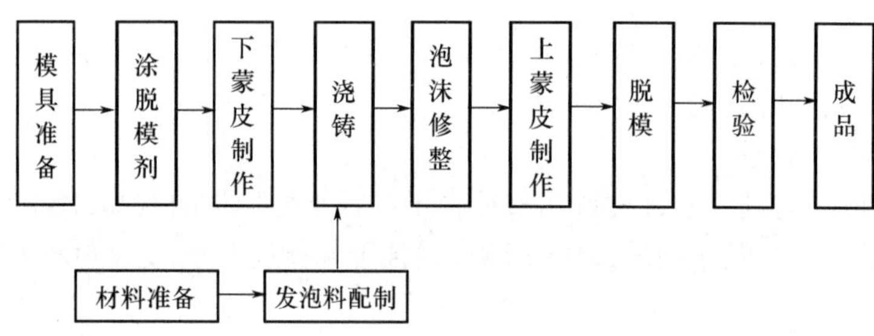

图 2-19　手工发泡工艺流程图

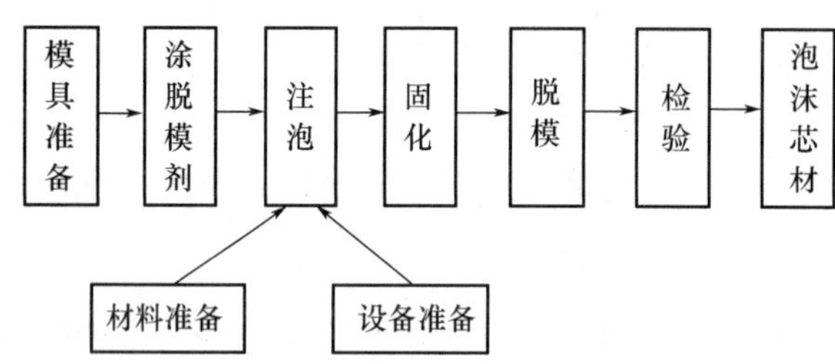

图 2-20　机械发泡工艺流程图

i. 注泡模具　注泡模具由对模组成,模具的空腔即是夹层材料芯材的尺寸。因在发泡过程中产生的压力很大,所以要求模具具有一定的强度与刚度,同时应有对模的定位与组装机构。另外,模具上还需设置注泡口、排气口,排气口的大小与空腔的体积和发泡过程中的排气量有关,排气口太小会因气体不能及时排出去而产生中空。

ii. 环境温度　在注泡过程中一般要求环境温度为(25±5)℃,温度过低需进行模具加热,否则会影响发泡效果。

iii. 材料用量　材料用量(即 A,B 组分)是根据模具空腔的体积与泡沫芯材的密度在设备上设定,用量过少会产生中空。

②蒙皮制作　采用低压接触工艺成型夹层结构的蒙皮时,首先要考虑结构的对称性,也就是上、下蒙皮的厚度铺覆方式及含胶量要基本相同,否则会造成夹层结构制品因固化过程中的收缩不一致而变形;其次是蒙皮粘接面要求无气泡、毛刺、分层、胶流等现象,否则会影响与芯材的粘接效果。

③加压　加压是夹层结构一个关键过程,压力的大小决定制品的性能。在条件允许的情况下,尽量采用机械加压的方式,或采用真空袋压的方式。

1.5　低压接触成型大型产品制作实例

一、低压接触成型工艺的环境保护与职业健康安全

在低压接触成型复合材料制品的一切活动中,或多或少都存在与环境、职业健康安全相关的因素。

1. 环境保护

根据国家《环境管理体系——规范》首先要对制品生产过程中的一切环境因素进行识别,然后进行管理控制,使其尽量满足环境保护要求。

(1)识别

生产过程中可针对对环境有影响因素进行识别,充分考虑正常、异常、紧急三种状态,以及废水、噪声、土地污染、固体废弃物等环境问题(见表 2 - 14)。

(2)废弃物处理

生产过程中废弃物有两种:一种为危废,如粘有没加入固化剂的树脂的工具或装涂料用的废桶等都属于危险废弃物;另一种为固废,如复合材料边角废料、粘有固化树脂的废工具等。

生产过程中所产生的危废与固废必须分别放置,分别处理,对于危废的放置要与土壤有分割层,以免污染土壤。

2. 职业健康安全

职业健康安全主要是识别围绕生产过程中的一切活动(产品、服务等)中的危险源,评价确定风险,实施风险控制、消除或降低风险。

(1)识别

围绕着产品所展开的一切活动包括售后服务等的危险源,并充分考虑正常、异常、紧急三种状态,充分辨识危险源(见表 2 - 15)。

表 2－14　环境因素识别

序号	环境因素	状态									
		正常	异常	紧急	大气	水体	土壤	能源资源	固体废弃物	噪声	现有控制方式
1	树脂消耗	●						●			
2	脱模剂消耗	●						●			
3	胶衣消耗	●						●			
4	固化剂消耗	●						●			
5	玻璃纤维消耗	●						●			
6	丙酮消耗	●						●			
7	胶辊等辅助品消耗	●							●		
8	有毒气体挥发	●			●						
9	残余胶液废弃	●							●		固体化废弃
10	打磨粉尘排放	●							●		除尘设备
11	边角废料及杂物遗弃	●							●		废弃
12	打磨噪声释放	●								●	

注:●表示正常情况下,工艺成型过程中消耗的原材料及产生的粉噪声等对所涉及的环境因素识别。

表 2－15 危险源辨识与危险评价

序号	危险源	时态	状态	事故事件	风险评价				风险等级	现有控制措施
					L	E	C	D		
1	手持电动工具漏电	现在	异常	触电	2	0.5	100	2 400	轻微	定期检查绝缘性能，带水切割的操作人员穿戴橡胶防水靴
2	吸入粉尘、纤维	现在	正常	职业病	2	6	100	1 200	中度	配发橡胶手套、套袖、围裙、棉纱口罩，活性碳口罩，通风装置
3	未佩戴劳保手套，材料或制品损伤手指	现在	正常	擦碰伤害	2	4	30	240	轻微	配发劳保手套
4	高空作业安全措施缺陷	现在	异常	人身伤害	1	0.5	100	50	轻微	配发安全带
5	未佩戴防护措施，固化	现在	异常	腐蚀皮肤、化学灼伤	2	4	3	24	轻微	配发胶皮手套
6	有害气体挥发	现在	正常	身体损伤	2	6	100	1 200	中度	配防毒口罩，开启通风装置，定期清理抽风装置
7	切割等噪声	现在	正常	听力损伤	6	4	100	2 400	中度	配发耳塞
8	玻璃钢毛刺扎手	现在	正常	刺伤	8	4	3	96	轻微	佩戴棉布手套
9	固化剂、促进剂隔离距离不在安全范围内	现在	异常	爆炸、火灾	1	6	100	600	低度	即使检查、分库贮存、现场分区搁置
10	应急通常不顺	现在	正常	堵塞导致意外事件时出现人员伤亡	1	1	300	300	轻微	经常检查、梳理通道
11	下班不关电源	现在	异常	火灾	1	1	300	300	轻微	经常检查

注：1. 风险评价采用作业条件危险性评价法（LED 法）

(2) $D = L \times E \times C$

L 表示事故可能性大小;E 表示人体暴露在这种危险环境中的频繁程度;C 表示一旦事故发生会造成的损失后果;D 表示风险。

风险控制应首先考虑消除危险源,其次考虑降低风险(减低伤害或损失发生的概率或潜在的程度),最后采用个体防护手段。

(3)劳动保护与安全生产

低压接触成型工艺所用的原材料大多为易燃、易爆和有毒的化学品。因此在作业过程中应加强劳动保护和安全措施。

①操作人员上岗前必须进行培训,学习环境与健康安全相关的知识。

②操作人员进入作业区域必须穿戴好劳动保护用品。

③作业区域内要有良好通风除尘设施。

④车间内应设置相应的灭火设施。

⑤车间内严禁吸烟,严禁动用明火,必须动用明火时应有专职安全员进行现场监督。

⑥若遇树脂或丙酮等化学品进入眼内,应立即用凉水清洗,然后到医院进行治疗。

⑦作业完毕后,作业区域应切断电源、水源。

⑧作业人员应定期检查身体。

二、低压接触成型大型产品制作实例

机舱罩具有强度高、耐老化、外形美观、可设计性强、质量轻等特点,主要用于野外,长年矗立在 70~80 mm 高的风力发电塔上,保护风机不受外界环境影响,保证风力发电设备正常运转。现以 1.5 MV 风力发电机用玻璃钢机舱罩为例介绍低压接触成型工艺。

1. 模具

目前,机舱罩、轮毂罩、整流罩的加工制作所用模具基本为玻璃钢阴模模具。由于机舱罩、轮毂罩体积大、形状复杂及外表要求高,一般情况下,整体模具很难实现脱模,因此要将母模模具安装分模面,最终使玻璃钢模具分成几部分模具结合。

(1)模具结构设计

玻璃钢机舱罩装配尺寸较多,尺寸要求精度高,因此对模具的设计与制作提出了较高要求。主要考虑以下几点。

①模具组合形式与分模的部位。

②产品的脱模方式及脱模简便、容易。

③模具的刚度。

④不影响机舱罩整体的外表面效果。

⑤作业时便于工艺实施。

(2)模具制作

母模,简单来说就是过渡模,是用来翻制玻璃钢模具的产品模型,其表面的凹凸性与模具的相反。从制作材质上来说母模有木模及石膏模等。石膏模成本低,但表面光泽度处理繁琐,且干燥时间长,影响工期。木模成本高,但有着良好的加工性能及优质的表面质量,适合曲率半径大、形状变化梯度小、型面质量要求高的大型制品。下面着重介绍木质木模的制作(见图 2-21)。

①3D 绘图(见图 2-22)。

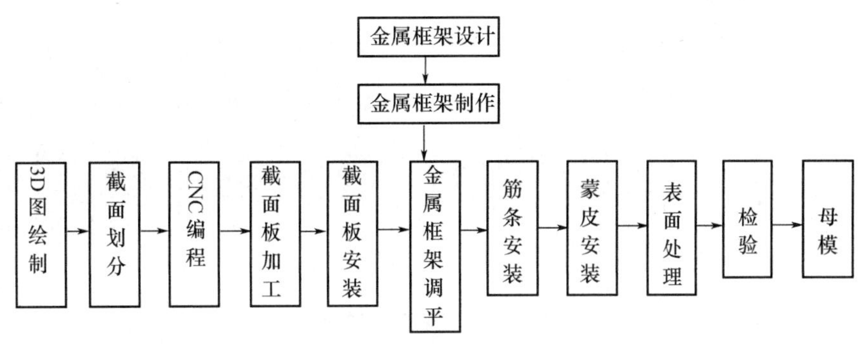

图 2-21 母模制作流程图

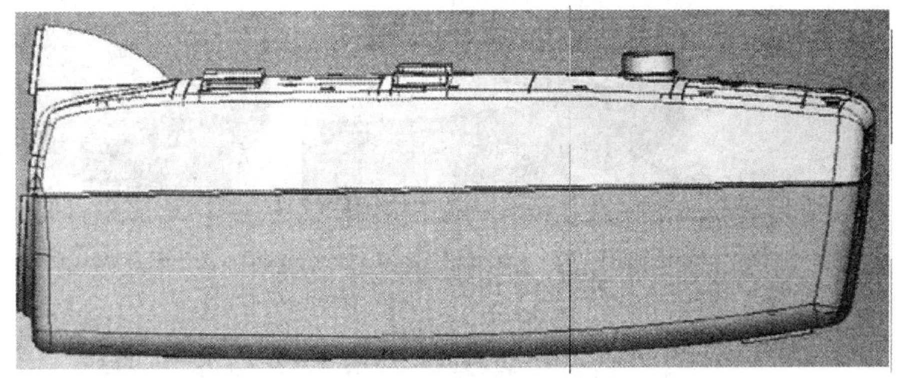

图 2-22 3D 绘图示意图

②截面划分得是否合理直接影响最终产品的外形，因此在曲率变化不大情况下，可加大划分距离（一般为 300~500 mm），曲率变化较大（如图 2-22 中的白色部分）需缩小划分距离（一般在 150 mm 以下）。

③根据截面划分进行 CNC 编程。

④将编好的 CNC 程序输入数控机中，数控机就可以根据程序进行截面板的加工。

⑤金属骨架设计主要是根据 3D 图的截面划分位置进行设计。

⑥金属骨架的调平是模具的关键，因此必须满足：金属骨架整体水平误差小于 1~2 mm；控制 10 mm 以上的对角线误差小于 3 mm（见图 2-23，其中 A，B，C 等符号为截面安装位置）。

⑦筋条与蒙皮的安装。将事先加工好的木质筋条安装在截面板预留的矩形槽内（见图 2-24）。

（3）母模表面处理

将安装好的蒙皮的模具表面进行刮腻子找平、喷漆、打磨等后处理工作（见图 2-25），主要包括以下内容。

①粗处理　用角向磨光机、磨砂机和手工进行粗处理，经样板卡和目测到无明显不顺部位时即可喷底漆，然后刮腻子找平。

②细处理　清扫表面灰尘后，用棉丝将表面擦干净、喷漆，待固化后用 200~800 目砂纸打磨 2 遍。

③抛光　用棉纱布蘸抛光剂全面抛光 2 ~ 3 遍以提高表面光洁度。

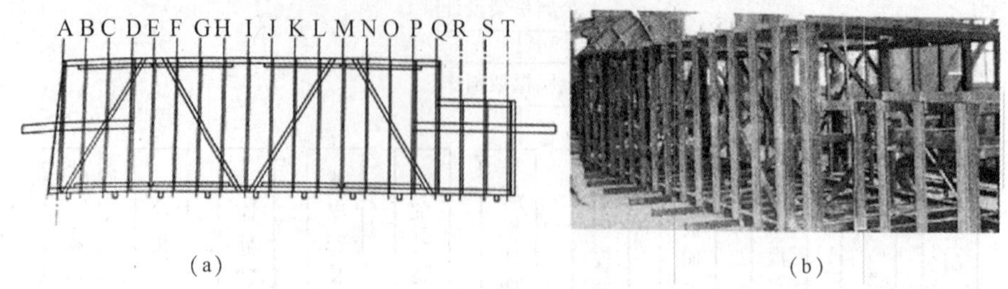

(a)　　(b)

图 2 - 23　金属框架图

图 2 - 24　筋条与蒙皮的安装示意图

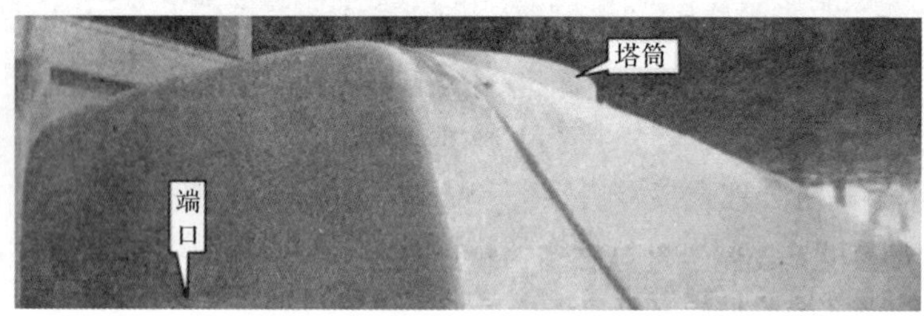

图 2 - 25　母模表面喷漆示意图

(4)检验

母模检验是机舱罩制作过程中关键的一步,通过检验来保证模具尺寸的准确性。图纸中几个重要的必检部位为整体长度、宽度、高度;塔筒中心位置尺寸;塔筒尺寸;端口及端面的仰角角度;端口尺寸;顶部吊装孔位置尺寸;尾部通风孔位置尺寸;顶部桅杆的位置尺寸。

2. 玻璃钢模具

玻璃钢模具的结构与脱模方式直接影响模具的使用寿命,模具的表面效果直接反映产品表面的精度高低,因此玻璃钢模具在机舱罩生产加工过程中是一个重要的环节。

(1)分模面设计

先在母模表面安装分模面(见图 2 - 26),主要考虑以下几点。

①产品设计规定、主机装配需要。

②方便安装,一般的 1.3 MW 机舱罩分为左、右壳体与顶盖三个部分,轮毂罩分为三个相同的部分。

③容易脱模,一是考虑脱模斜度(一半脱模斜度≥1°);二是考虑组合模具形式。

④便于运输。

⑤产品的外观，尽量不破坏产品的主外观为准。

⑥分模面的高度要高于产品组装翻边的高度。

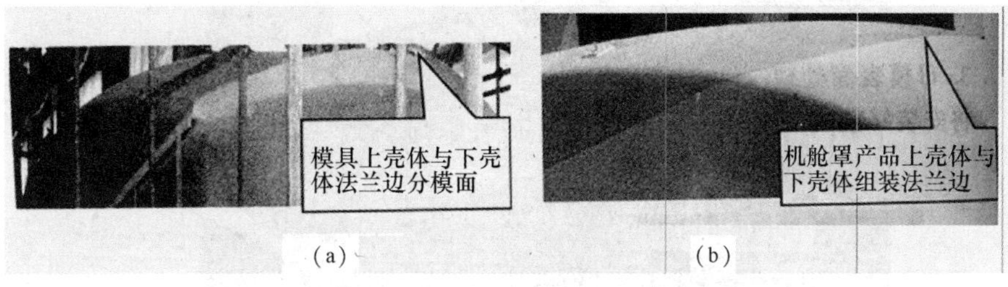

图 2－26 分模面安装示意图

(2)脱模剂

机舱罩母模模具表面经过打腻子、喷漆处理后。先涂覆 2～3 遍脱模蜡(每遍干燥后抛光再涂覆下一遍)，脱模蜡完全干燥后涂覆两遍聚乙烯醇脱模剂(头一遍干燥后再涂覆下一遍)。

(3)面层制作

①面层 制作前先将脱模用顶出装置按设计位置固定好。

②胶衣层 模具用胶衣必须使用乙烯基型，尽量采用喷涂工艺(表面胶衣层厚度比较均匀)。用量一般为 600～800 g/m^2，分成两次喷涂，第一遍喷涂待胶衣触干后在喷涂第二遍)。

③表面毡层 表面胶衣触干后进行表面毡层的制作，表面毡层的规格很多，通常选用规格为 30 g/m^2 的无碱表面毡；表面毡层的树脂必须采用乙烯基型的模具树脂，用量为(80±10 g/m^2)；在树脂浸渍过程中，要求用猪毛辊脱泡并且不能有褶皱，接缝采用搭接的形式，一般搭接宽度为 10～20 mm。

④短切毡层 表面毡层完全固化后进行短切毡层的制作，先进行毛刺、气泡等缺陷修理。涂覆模具树脂，树脂用量为 700～800 g/m^2；待模具树脂涂覆均匀，再进行短切毡的涂覆，常用规格为 300 g/m^2 的无碱短切毡；接缝的搭接宽度为 20～30 mm，树脂完全浸渍后，用猪毛辊进行脱泡。

(4)结构层制作

模具结构层相对较厚，约(10±2) mm，因此不能一次成型，一般分为两次成型，树脂采用乙烯基模具树脂，含胶量控制在(50±5)%，纤维增强材料采用无碱方格布，一般以规格为 400 g/m^2、600 g/m^2 的无碱方格布为宜。注意事项如下：

①在结构层制作过程中要逐层铺覆，树脂完全浸渍后方可进行下一步铺覆。

②接缝之间的搭接宽度＞30 mm，层间的搭接处要错开。

③当模具厚度＞6 mm 时应分层次制作，每次制作铺层厚度不应大于 6 mm。

④环境温度要求＞15 ℃，固化时间＞48 h。

⑤模具结构层含模具加固，一般采用 60 mm×60 mm×4 mm 的方钢随着母模形状焊接成网状加固结构(也可以采用玻璃钢或泡沫塑料筋等)，然后包覆 2 mm 厚的玻璃钢层。

⑥模具支撑架(见图 2－27)，支撑架不但起到支撑模具作用，同时也可以利用模具支撑架将模具进行整体调平。

⑦模具组合翻边部位采用 75 mm×50 mm×5 mm 的角钢进行加固(见图 2-27),主要是为了组合模具的打孔需要。

图 2-27 模具加固示意图

(5)脱模

脱模之前将模具翻边的毛刺及相互搭缠的部分进行清理,以免脱模时划伤模具表面。逐个将脱模顶出装置中的顶出块顶出使其脱离顶出装置。用吊车从模具的尾部(尾部圆弧角度较大容易脱模)开始逐步用力吊起,使模具逐渐脱离母模。将脱离后的模具按照工艺操作要求放置好,并进行切边、调平。

(6)表面处理

依照模具表面要求进行表面处理。

(7)脱模剂

目前市场上使用的脱模剂种类有很多,机舱中制品生产所用脱模剂一般为常温高效脱模剂,其使用方法如下。

①将打磨抛光好的模具表面清洗干净、晾干。

②模具表面涂覆封孔剂(一般是与高效脱模剂配套使用),采用螺旋式涂覆,不可漏涂,第一遍完全干燥后涂覆第二遍,按照此方法完成第三遍的涂覆,完全干燥。

③高效脱模剂按照涂覆封孔剂的方式进行。涂覆次数为 3~5 遍,完全干燥后模具待用。

3. 机舱罩、轮毂罩、整流罩制品制作

由于机舱罩、轮毂罩、整流罩制品体积大、形状复杂给工艺实施带来很多难题,因此在制品成型之前需要根据环境温度做树脂胶凝时间测试,确定制品工艺实施时段内的固化时间,避免制品固化快慢不同带来的气泡、褶皱等种种弊端,保证制品质量。

机舱罩、轮毂罩、整流罩制品的制作工艺(见图 2-28)大同小异,只是制品厚度不同,具体工艺可根据制品的厚度进行调整。

(1)表面层制作

表面层由胶衣层与富树脂层组成,主要作用是使外表面美观漂亮,耐雨水腐蚀,耐紫外线照射,使用环境温度为 -40~50 ℃,使用年限为 15~20 年。

胶衣树脂用量为 300~500 g/m^2,应尽量采用喷涂方式成型,可使胶衣层厚度均匀,待胶衣层固化(触干后,触摸后发黏,但不黏手)就可进行下道工序的制作。

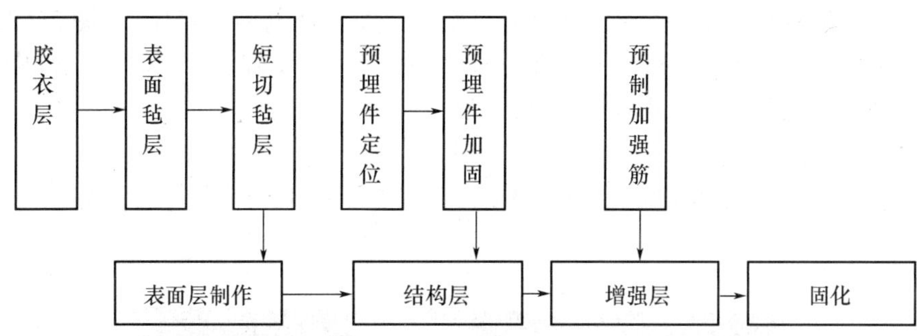

图 2-28 制品制作流程图

表面毡层与短切毡层含胶量控制在70%以上,要辊涂均匀,不允许流胶,以免因流胶而产生气泡。

铺覆过程中,接缝处的搭接宽度≥30 mm。表面毡层与短切层要分次制作,待表面毡层完全固化后进行毛刺、气泡等缺陷清理,然后再进行短切毡层的制作。

(2)结构层制作

一般低压接触成型的机舱罩、轮毂罩、整流罩的厚度分别为8 mm,6 mm,6 mm;装配翻边厚度分别为12 mm,8 mm,8 mm。

结构层用树脂类型一般为两步法生产的邻苯型聚酯树脂(可预促),含胶量控制在(50±5)g。

结构层纤维增强材料一般采用0.4 mm无碱方格布,接缝处的搭接宽度≥30 mm,一次成型厚度≤6 mm。为了使结构层的强度保持基本一致,增强材料应纵横交替铺覆。

翻边加厚部分应分布在各铺层之间,不应集中一次加厚。

(3)预埋件定位

预埋件主要是为装配而在结构层中预埋的金属件或其他材料件。

预埋件的尺寸及预埋的位置应根据设计与装配要求而定,预埋时机应在结构层拼成时为宜,也可根据具体要求进行预埋。

预埋件在预埋之前(24 h内)进行表面处理:喷砂、打磨或化学处理。

(4)预埋件加固

(5)固化

机舱罩制品要求操作环境温度≥15 ℃。一般情况下,成型工艺实施完毕后,后固化应≥12 h,若环境温度≥25 ℃,可适当地调整后固化时间,一般≥8 h即可。

4. 修整与装配

(1)脱模

(2)修整

①制品脱模后,按照图纸尺寸进行装配前的修整工作。

②对制品的组装边、吊装孔、通风孔、塔筒等部位的翻边进行切割。

③清理内表面的毛刺、气泡等缺陷,修整预埋件的装配面、孔等。

④利用工装将制品的组装边进行打孔。

(3)配件安装

一般1.5 MW机舱罩由三个部分组成:上壳体、左下壳体与右下壳体(见图2-29)。

机舱罩上壳体人工孔盖安装、吊装孔盖配装、护栏安装及避雷针、风向标、灯座等的安装。左、右壳体牛腿筋装配、避雷线安装、标志牌安装等。

(4)壳体整体组装

先将左、右壳体组装成机舱的罩下壳体,然后将机舱罩上壳体扣上,用螺钉固定好(见图2-29)。

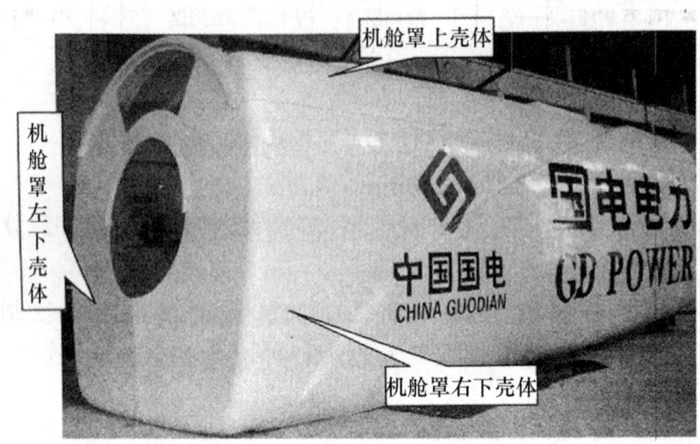

图2-29 机舱罩壳体图片

5.检验及其他

检验分为必检与抽检两个部分,其中,过程检验、制品外观、巴氏硬度、产品厚度为抽检项目,其余为必检项目。

(1)检验

①制品内表面与外观检验 主要为气泡、划伤等缺陷,巴氏硬度一般为每批次抽检一次。

②过程检验 生产过程中的质量监督,主要监督铺层数量、胶液浸渍是否完全、接缝搭接情况等。

③尺寸检验 主要为设计过程中所规定的关键尺寸。

(2)包装

检验合格的产品由后组装班组将产品吊到运输工装上,并做好包装毯等防护工作。可根据实际运输情况进行包装设计,在包装设计中首先要考虑保护制品的外表面,其次是考虑制品在运输过程中不被损坏。制品采用整体运输,将制品整体用塑料包装套包装即可,底部局部用木枕垫平(垫的过程中主要考虑不能因运输过程中变化过大而造成制品损坏)。

任务2 掌握喷射成型工艺

2.1 喷射成型工艺的原材料及模具

喷射成型工艺是利用喷射设备将树脂雾化,并与即时切断的纤维在空间混合后,落在模具面上,然后压实排出气泡,固化成型的一种工艺方法。喷射成型是在手糊的基础上发展起来的,其将手糊操作中的纤维铺覆和浸胶工作由设备来完成,是一种相对效率较高的成型工艺。

一、分类

喷射成型工艺有多种分类方法。

1. 按喷射的动力形式分类

(1)气动型 气动型是由压缩空气从喷嘴高速流出,引射喷出树脂的一种方式。其特点是雾化效果好,但飞溅严重,操作环境极差。

(2)液压型 液压型是采用常规动力给封闭腔内的树脂施加一定的压力,再经枪口射出,利用喷嘴的特殊结构进行雾化。其特点是减轻了飞溅,改善了操作环境。

2. 按胶液的混合形式分类

(1)预混型 预混型是指树脂液体在加入喷射设备之前就将各组分混合好,再送入设备经喷嘴喷出。其主要特点是设备简单,但需要精洗全部管路,容易出现树脂固化堵塞。

(2)内混型 内混型是指将树脂和固化剂等组分在枪头内部的寒流混合器内混合后经喷嘴喷出。其特点是没有直接雾化固化剂,环境污染小,但枪头部分仍需要清洗,如有不当,会造成堵塞。

(3)外混型 外混型是指树脂和固化剂均单独,同时喷出枪嘴雾化,在雾化空间中混合的一种类型。其特点是可实现枪头免清洗,但由于固化剂的单独雾化,对环境造成的污染比较严重。

二、喷射成型工艺的优缺点

喷射成型是由手糊成型发展而来的,主要针对手糊成型工艺中的一些瓶颈问题进行改进,如增强材料的铺覆以及树脂的均匀浸渍等,喷射成型工艺与手糊工艺相比,生产效率是手糊工艺的2~4倍;利用粗纱代替织物,降低了材料成本;成型过程中无接缝,制品的整体性好;可在生产过程中自由调节产品壁厚、纤维含量及纤维长度等;可以加入大量的填料,降低成本。喷射成型工艺的主要缺点为产品纤维含量、厚度均匀程度等很大程度上取决于操作工人的技术水平,可控性较差;增强材料以短切形式存在,树脂含量较高,产品强度不高;操作过程中由于需要雾化和分散,原材料的损耗较大;由于雾化和分散的原因,操作现场环境差;阴模成型和阳模成型难度大,大型制品比小型制品更适合喷射成型工艺;由于需要设备,初期投资比手糊方法要大。

三、原材料的选择

合理地选择原材料是保证产品质量、降低产品成本的重要环节。原材料的选取一般要满足以下要求:产品要求的各种性能指标;适应喷射成型的工艺特性;价格低、货源充足等。

1. 符合喷射成型工艺的树脂

用于喷射成型的树脂,一般要满足以下条件。

(1)黏度 对于喷射成型工艺,要求树脂易于喷射并易于雾化,这样才能更好地浸润玻璃纤维,还可以加入更多的填料,以降低产品成本。如树脂黏度过大,喷出、雾化、浸润都可能出现问题,一般可选用黏度在0.3~0.8 pa·S之间的原料树脂。

(2)触变性　触变性是喷射成型树脂最重要的特点,因为在对大型或有垂直面的模具进行操作时,树脂很容易流动,造成较高位置出现干纱。如果采用黏度更大的树脂或增加填料用量,一是不易浸渍纤维,二是辗压时排泡困难,无法进行,所以树脂的触变性显得尤为重要,其作用是尽量保证树脂留在所喷落的位置不流动。喷射成型工艺中树脂的触变性一般控制在 1.5 ~4 pa。

(3)固化特性　喷射操作需要一定的时间,而且产品的大小与形状不同,操作时间也会有差异,这就需要树脂有较适宜的固化特性和可控性。

(4)浸滞脱泡性　要求树脂对纤维的浸润性要好,经过压浸滞,气泡容易排出。

目前用于喷射成型的树脂体系主要为不饱和聚酯树脂和乙烯基酯树脂,大部分产品均采用室温固化体系,为进一步提高生产效率,也有采用 80 ℃以下中温固化体系材料。

2. 符合喷射成型工艺的纤维

从成型工艺角度考虑,纤维应满足以下基本条件:

①硬挺度适当,切割性良好;

②不易产生静电,分散性好;

③浸渍性好,浸滞速度快。

喷射成型工艺中采用的增强材料是玻璃纤维粗纱,为防止其快速运动和摩擦中产生静电,常用的表面处理剂以沃兰为主,现在又开发了切割性较好的硅烷类表面处理剂。

纤维分散性好是保证喷射制品厚度及均匀性的重要因素,同时也能使之与树脂的混合更充分,从而使喷射在立面上的纤维不易脱落,也能够加速浸润过程。

3. 喷射成型用模具

模具是喷射成型中必不可少的依托工装。喷射成型工艺中合理的模具设计同样是质量和成本的重要决定因素之一。在模具设计时要考虑的因素有①符合产品设计的精度要求;②有足够的强度和刚度,能够承受生产过程中接触的外力作用;③脱模性良好;④对产品的收缩放量有充分的考虑,喷射产品的树脂含量一般较高,成型后的制品收缩率也相对较大,在模具设计中,特别是阴模成形时,要充分考虑材料收缩将会给产品尺寸带来的影响;⑤磨具的圆角设计,在产品允许的范围内,模具的圆角设计得越大,越有利于喷射成型;⑤模具材料,一般可用于复合材料成型的模具材料均适用,如玻璃钢、金属等。

四、喷射成型的设备及辅助工具

喷射成型设备,从简单的喷射成型机到自动化的喷射成型生产线,经历了一个较长的发展过程。喷射成型工艺所用的主要设备是喷射机。国外在 20 世纪 60 年代已经开始了喷射设备的研制开发工作,目前在用的喷射设备,大部分是欧美国家生产的设备。由于材质技术、加工精度及市场等因素的影响,国产喷射机的发展较为缓慢。

喷射机主要由树脂输送系统、树脂喷射系统和无捻粗纱切割系统组成,即输料泵、喷枪和切纱器。其功能是将树脂与固化剂等助剂混合喷出并雾化,将纤维按设定长度切断并分散喷向树脂的雾化扇面上,由树脂夹带纤维落向模具表面,随喷射方向的移动,在模具表面形成一层疏松的纤维、树脂混合物。其中,树脂的喷出速度和纤维的切割速度均匀单独可调,从而实现产品要求的纤维含量。不同类型的喷射机,其各组成的混合顺序、喷出方式、速度和比例的调整方式可能存在差异,但均可实现上述功能。

下面以应用最为广泛的柱塞式喷射机为例,对喷射机的各系统原理简述如下:

1. 树脂输送系统

树脂输送系统主要为液体原料提供足够的动力，同时可以实现树脂与固化剂的不同比例设定。实现树脂等组分的输送有多种方式，有压力罐式、柱塞泵式、齿轮泵式等，目前应用最多的还是柱塞泵式喷射机。

常用的柱塞泵式喷射机一般只有两个联动的柱塞泵，一个用于泵送树脂液体，另一个作为伺服泵，按设定比例配送固化剂，主要结构如图 2－30 所示。

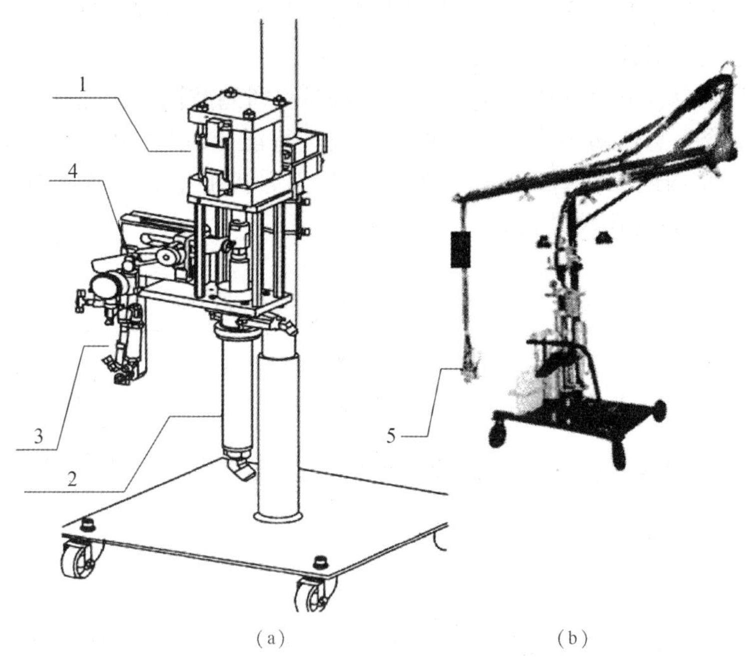

图 2－30 柱塞泵式喷射机示意图

1—往返气缸；2—树脂泵；3—固化剂伺服泵；4—固化剂比例调节钮；5—枪头（包括树脂喷头和切纱器）

从结构可知，这种设备也几乎是专为不饱和聚酯树脂体系设计的，其固化剂的配比组分，只能将其他组分预先加入树脂中并搅拌均匀后，才能接入喷射机。

树脂的输送量由往复气缸的运行速度决定，而这一速度也是由气源的压力和流量决定的。在通常情况下，控制树脂的流量都是通过调整电动机的供给气压得以实现，而且最终的树脂流量还与树脂本身的黏度有关。实际生产中一般在调整好设备参数后，都要先在容器中试喷一些树脂，通过称量来确定喷射的流量和速度。

稳定的固化剂比例是树脂输送系统的最关键指标。伺服泵是一种经计算机的机械联动泵，理论上可以绝对保证固化剂的配比，结构简单，成本低，所以被广泛使用，但由于柱塞泵的结构限制，在泵速过慢或有一定程度的磨损或有脏污时会有内部泄露的情况发生，造成固化剂的比例不足，所以使用时还要格外注意随时检查。为了解决这个问题，也有先进一些的设备，在固化剂的管路中增加流量监测及报警装置。

柱塞泵是往复泵的一种，往复泵的特点是在往复行程顶点处有短暂的停顿，所以其输送的液体也会随之出现脉动现象。新式的喷射机采用在输出管路中增加一个缓冲罐的方式，来减弱脉动现象，效果不错。另外，由于树脂和固化剂是机械式联动机构，所以脉动也是完全同步的，这对固化剂比例基本无影响，只是影响瞬间的纤维与树脂比例，在实际生产中也很难测出这一影响的程度,因此,喷射机的脉动现象对喷射工艺及制品质量的影响比较小。

压力罐式喷射机,有单罐式和双罐式,单罐式的喷射机很简单,就是一次性将树脂所有组分都混合好后,再加入压力罐中,然后加压,使之通过管路输送到枪头。双罐式是指把树脂和固化剂分别置入两个压力罐,加压输送,利用压力的大小及流通口径的大小来控制比例,这是一种非常不稳定的控制方法,目前这种设备的应用已经很少见到。

齿轮泵式喷射机,是目前较新型的机种,这种泵输送压力大,不易发生内部泄露,可定量输送。设备维护次数大大减少,各方面性能较之柱塞泵,均有不同程度的提高,但价格偏高。

2. 树脂混合及喷射系统

除预混型压力罐式喷射机外,其他机型基本都是将树脂胶液和固化剂两组分同时输送到枪头,内混型枪头是使两组分在喷出枪头之前进行混合,主要由一个静态混合器来实现;外混型枪头是两组分均单独喷出枪头,喷出后以雾状相互交织碰撞,实现混合。两种枪头各有优缺点,其性能比较见表 2-16。

表 2-16　内混型和外混型设备性能比较

项目	内混型	外混型
枪头质量	较重,因为多了混合器部分及一组内部阀门	稍轻
混合效果	较好,主要是所有物料都必须通过混合器,比较稳定	一般,因为两组分的扇面总会有交集以外的部分
环境影响	稍好,枪内混合,避免了固化剂的大量挥发	很差,固化剂挥发严重,现场感觉明显
清洗及维护性	停机后必须在凝胶时间内清洗枪头	停机数小时内可不必清洗
故障率	较高,因为即便是清洗后,枪头内部的渗出液仍可能引起枪内固化	较低,枪内固化一般是由密封件的失效引起,概率较小
成本	较高,需要清洗液及相关喷配套设施	较低,理论上无须清洗液,实际只需用少量
扩展性	较好,可以用于 RTM 注射工艺	不能作为其他用途

树脂的喷出一般都是由不同型号的喷嘴来实现的,可根据要求,选用不同流量、不同角度的喷嘴。

3. 无捻粗纱切割喷射系统

这里主要介绍玻璃纤维切纱器,喷射机上用的切纱器是一种专用的切纱器,体形小巧,可以固定在喷射枪头上随枪头运动。其功能主要是将无捻粗纱切成 1.27 ~ 5.08 cm 长的短切纤维,然后分散喷出与雾状树脂碰撞混合,再落到模具表面形成积层。喷射枪头结构如图 2-31 所示。

切纱器上可调的参数主要有两个:一是切纱速度;二是短切纱的长短。切纱速度主要由调节切气动马达的转速来控制;纤维的长短主要由刀片的安装间距来决定。常用的短切纱长度为 2.54 cm,过短时制品强度下降幅度较大,过长时不易切割和分散,故障率会明显增加,浸润困难,生产效率也会受到影响。

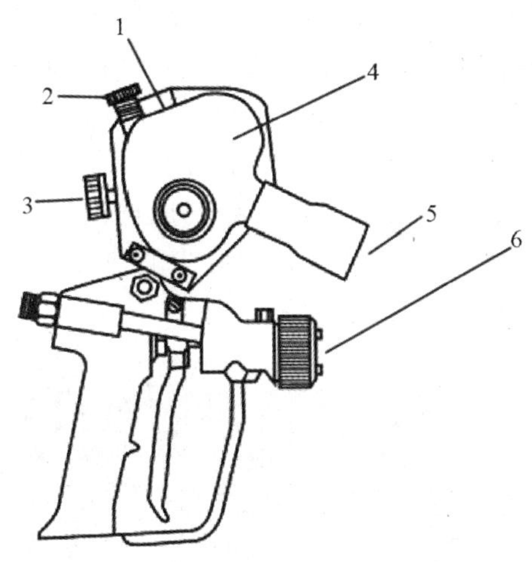

图2-31 喷射枪口结构示意图

1—纤维入口处;2—切割间隙调节钮;3—气动马达转数调节钮

4—切纱器;5—短切纤维出口处;6—树脂及固化剂的喷嘴

切纱器在使用中,与刀轮对应的支撑辊会发生磨损,需要定期检查调校或更换,切纱速度主要由气动马达的转速决定。一般在更换设备、更换原材料、更改要求指标时,都要在调好转速后,用容器分别接盛树脂和纤维,同时喷射,然后通过称重来确认纤维含量,再开始喷射产品。图2-32为瑞典Aplicator公司的IPSB-15纤维喷射机及其枪头。图2-33为德国Wolfangel公司的纤维喷射机及其枪头。

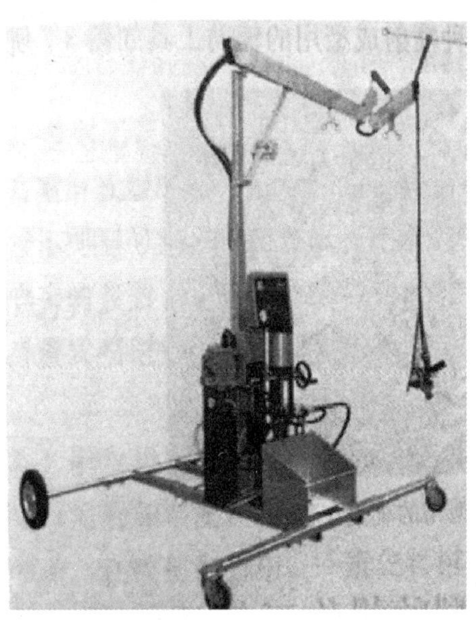

图2-32 瑞典Aplicator公司的IPSB-15纤维喷射机图片

4. 其他辅助工具

在玻璃钢喷射成型工艺中,除毛刷、剪刀有所用处外,广泛的、经常使用的手工工具是压辊。压辊的种类很多,就材料来讲,有塑料压辊和金属压辊之分,按结构和形状又有圆柱状、圆盘异形及柔性与刚性之分。一般压辊沿轴线设有轴孔,和手柄还在一起的辊轴即穿在轴孔中。柔性压辊有塑料制成的和钢丝缠制的螺旋形的,油性压辊用于玻璃钢喷射成型制品的异形曲面,圆柱形压辊用于产品的平面和柱状面,其他异形压辊主要用于产品的沟槽、圆角等处的成型。压辊的作用是将喷射后蓬松的积层压实,排除其中的气泡,压辊的凸出部分在辊压纤维的同时,其沟槽结构可以顺利地排出气泡,并且在树脂偏多的地方。沟槽内还可以蓄积一定量的树脂,在辊压其他树脂少的地方时,会自动释放以浸滞纤维,故而在一定程度上起到调节含胶量的作用。

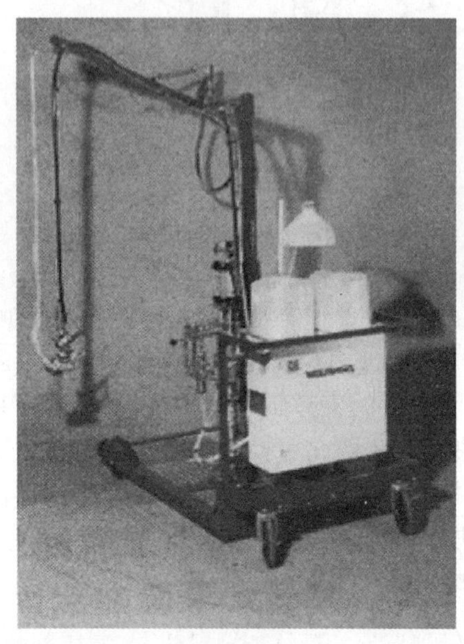

图 2－33 德国 Wolfangol 公司的纤维喷射机图片

总之,喷射成型工艺是一种借助于机械的手工成型工艺,喷射机及辅助工具固然对制品质量会有一定影响,但与其他成型工艺相比,喷射操作工人的技术素质和认真的态度对制品质量的影响会更大一些。各种喷射成型用的辅助工具如图 2－34 所示。

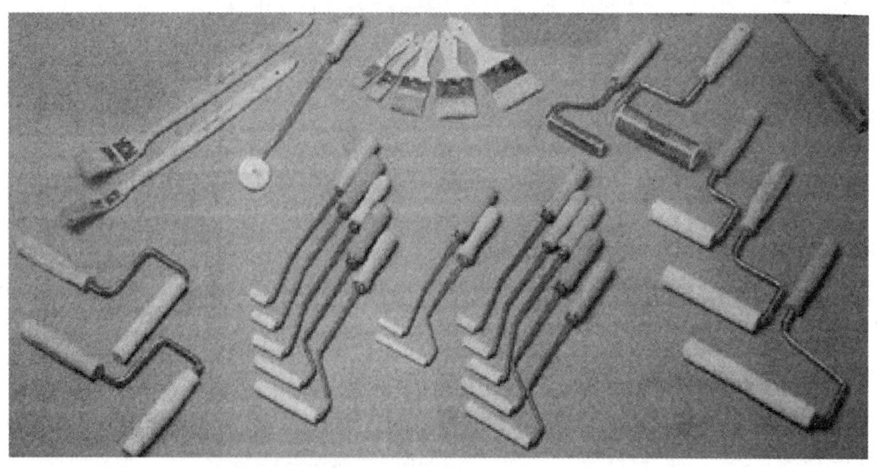

图 2－34 各种喷射成型用的辅助工具示意图

2.2 喷射成型的操作工艺

一、喷射成型工艺流程和工艺参数

1. 喷射成型工艺流程

喷射成型工艺流程如图 2－35 所示，图 2－36 为浴缸的喷射成型过程。

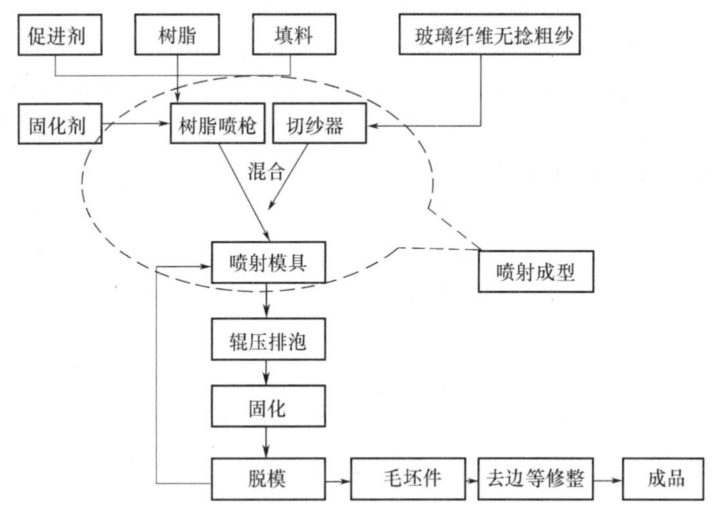

图 2－35 喷射成型工艺流程图

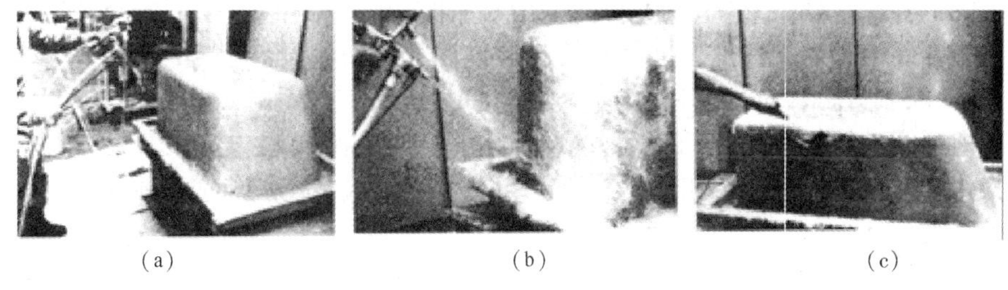

图 2－36 浴缸的喷射成型过程示意图

2. 喷射工艺参数

在喷射工艺成型时大部分工艺参数都是通过操控设备来控制的，所以，选用不同类型或型号的喷射机其控制参数的操作会有所不同。在实际生产中，要结合设备自身的参数，制订设备专用的操作说明书，标明控制点及控制范围。以气动柱塞外混式喷射机为例，喷射成型操作时需要控制的或可以调整的参数主要有以下几项。

（1）引发剂比例　在喷射系统中，促进剂用量一般是固定的，引发剂用量可根据环境（温度和湿度）和制品的要求在 0.5% ~4% 之间调整，故每次喷射前应做凝胶实验。在喷射装置中，一般先将树脂与促进剂按比例充分混合，也可从厂家直接购进预促型树脂，然后将树脂与发剂分别通过树脂泵和引发剂泵在喷枪内部或外部混合。

（2）树脂泵压力　树脂泵压力主要根据树脂温度、黏度、喷涂面积等因素选择，通常通过试验确定。压缩空气管径和管长对出口压力也有较大影响，当压力合适时，喷在模具上的树脂无飞溅,夹带的空气少,气泡能在 1 ~ 2 min 内自动消失,表明喷漆面宽度适中,并可以此作为调节压力的标准。

(3)喷射量 喷射量太大影响制品质量,喷射量太小又影响生产效率,因此应控制适中。喷射量与喷射压力和喷嘴直径有关,改变动力源压力可以调节喷射压力。喷嘴直径在 1.2 ~ 3.5 mm 之间选择,可使喷射量在 8 ~ 60 g/s 之间调整。

喷枪夹角预加速树脂和引发剂在喷枪外的混合程度与喷枪出口的夹角有关。不同夹角喷射出来的树脂混合交集不同,一般喷枪夹角为 20°喷枪口与模具表面距离为 350 ~ 400 mm,这样便于操作,且胶液温合质量均匀。如果要改变喷射距离,则需调整喷射夹角以保证树脂在到达成型面前交集混合。确定喷射距离时,要考虑制品的形状和液体飞散等因素。

(4)纤维与树脂的混合 被切断的纤维在落到模具之前应与喷出的树脂系统充分混合,以防止制品中纤维与树脂分布不均匀。

(5)喷射走向 一般的喷射走向是从上到下、从右到左、平行、匀速地移动,不能走弧线。相邻的两个行程间的重叠宽度为前一个行程宽度的 1/3,以便得到一个均匀连续的纤维层。前一层与后一层的走向应交叉或垂直已达到均匀覆盖的目的。喷枪与喷涂面的夹角最好为 90°。

(6)纤维品种、含量与长度 喷射用无捻粗纱在制品中的含量(质量分数)通常控制在 30% 左右。纤维含量低于 25% 时辊压方便,但制品强度太低;纤维含量高于 45% 时辊压困难,气泡也较多,纤维长度以 25 mm(1 m)为宜。

通过设备参数的调整,最终实现对喷射速度、混合效果、纤维含量的控制; 通过操作工人的操作,实现产品厚度的均匀性、可控性和对复杂产品的工艺适应性。如果刚刚接触喷射成型操作,相关参数设定及其效果判断还不熟练时,要放慢速度,仔细摸索其中规律。喷射成型工艺总体来说对操作人员的依赖还是十分明显的,熟练的喷射工可以凭经验调整各种参数,并以浸滞状态判断纤维含量,最终成型高质量的喷射产品。即使是同一产品,对于不同局部的厚度、纤维含量等的要求也可能存在区别,机械地调整各参数只能符合一般性要求。具体情况还需要具体分析对待,久而久之,才能熟练掌握喷射成型工艺。

二、喷射成型工艺要点

成型环境温度。喷射成型宜在 20 ~ 35 ℃之间进行,高温环境中,树脂固化过快,不好控制,影响制品质量;温度过低时,胶液黏度骤增,浸滞困难,固化慢。

制品喷射成型工序要尽量标准化,以免由于人为因素产生过大的质量差异。

为避免压力波动,造成喷射量不稳定,喷射机应由独立管路供气,气体要彻底除湿,以免影响固化。

盛装胶液的容器最好有加热保温功能,以保证胶液的黏度适宜。

喷射开始时,应注意纤维和树脂的喷出量,调整气压,以达到规定的纤维含量。

纤维切割不准时,要调整切纱器的辊间距,并调整气压。必要时,需要转速表重新切纱转速。

喷射成型时,在模具表面先喷涂一层树脂,然后再开动切纱器。喷射最初和最后层时,应尽量薄一些,以获得光滑的表面。

喷枪移动速度要均匀,不允许漏喷,不能走弧线,相邻两个行程间的重叠宽度应为单行程的 1/3,以得到均匀连续的涂层,每层涂层的走向应交叉或垂直以使其均匀覆盖。

每个喷射面喷完后,立即用压辊辊压。要特别注意凹凸表面,排出气泡后再喷下一层。

特殊部位的喷射:喷射制品曲面时,喷射方向应始终沿曲面的法线方向,喷射沟槽时,应先喷四周和侧面,然后再在底部补喷适量纤维,防止底部的树脂含量过高;喷射转角时,应从夹角部位向外喷射,以防止在尖角处出现胶液集聚。

喷射成型制品存在的问题是离散系数大,其分散性比手糊成型工艺还高,且喷射成型工艺对每个操作者的操作技能要求比较高,这就要求在进行喷射产品设计时应注意以下几点:

①在进行结构设计前,先进行工艺参数的确定,以确保产品达到设计要求。

②根据所定工艺参数,制作喷射样板,并进行各项性能测试,测试数据为结构设计的重要依据。

③在主要受力部位,可采用喷射短切纱与格布结合使用的方法,来提高材料的力学性能,满足制品的使用条件。

2.3 喷射成型制品的质量控制

一、喷射成型制品的缺陷与防治

流挂现象(垂流)其产生的原因及解决措施见表2-17。

表2-17 流挂现象产生的原因和解决措施

产生的原因	解决措施
树脂黏度和触变指数低	提高树脂的黏度和触变指数(厚度大于5 mm时效果不大),提高树脂喷出的压力
喷射时的玻璃纤维体积大	缩短纤维长度,使枪接近成型面进行喷涂
纤维含量低	提高纤维含量

(1)浸滞性差 其产生的原因及解决措施见表2-18。

表2-18 浸滞性差产生的原因及解决措施

产生的原因	解决措施
树脂含量低	增加树脂含量或减少纤维含量
树脂黏度过大	降低树脂黏度或改用低黏度树脂
出纱质量不好	改变处理剂或更换出纱型号
树脂凝胶过快	改变树脂的固化性能

(2)脱落现象 其产生的原因及解决措施见表2-19。

表2－19 脱落现象产生的原因及解决措施

产生的原因	解决措施
树脂与纤维的比例不当,树脂过量	减少树脂的喷出量,增加切纱量
树脂的黏度和触变度太低	提高树脂的黏度和触变度
喷枪与成型面的距离过小	控制喷射的距离和方向
出纱切割长度不适宜	按制品的大小和形状,改变纤维的切割长度

(3)固化不足及固化不均匀　其产生的原因及解决措施见表2－20。

表2－20 固化不足及固化不均匀产生的原因及解决措施

产生的原因	解决措施
固化剂分布不均匀	调整固化剂喷嘴,使用稀释的固化剂,增加喷出量,使控制更精确
喷出的树脂没有形成适当的雾状	调整雾化,使树脂呈雾状
树脂反应活性过高	降低树脂的反应活性
压缩空气内混有过多的水分	做好压缩空气的前段干燥处理工作

(4)粗纱切割不良　其生产的原因及解决措施见表2－21。

表2－21 粗纱切割不良产生的原因及解决措施

产生的原因	解决措施
刀片磨损	更换新刀片
支撑辊磨损	调整间隙,严重时更换支撑辊
粗纱过粗	通常的切纱根数为3根以下
切纱器动力不足	提升动力,特别是使用压缩空气动力时,除保证一定压力外,还要注意气源的流量问题

(5)空洞和气泡　其产生的原因及解决措施见表2－22

表2－22 空洞和气泡产生的原因及解决措施

产生的原因	解决措施
脱泡不充分	加强脱泡作业,使脱泡工序标准化
树脂浸滞不良	添加消泡剂,确认纤维和树脂的质量
使用深色胶液时,脱泡程度难以判断	模具的颜色应与产品树脂的颜色差别尽量大一些,以便更易观察脱泡程度和浸滞情况
纤维含量高	降低纤维含量

(6)玻璃纤维堆积　其产生的原因及解决措施见表2－23。

表 2－23 玻璃纤维堆积产生的原因及解决措施

产生的原因	解决措施
树脂黏度太大	保证树脂的黏度、触变性、浸滞性及固化特性
粗纱黏结剂太软	选择更硬的黏结剂
喷出的纤维量不均匀	使树脂和纤维的喷射速度一致，均匀喷射

（7）厚度不均匀　其产生的原因及解决措施见表 2－24。

表 2－24 厚度不均匀产生的原因及解决措施

产生的原因	解决措施
为掌握好喷射工艺	制定成型面与喷射枪的距离、喷射方向，以及树脂和纤维的黏结剂的一致性等操作标准，并通过训练以提高熟练程度
脱泡操作不熟练	购置合适的脱泡工具，并进行训练
树脂的固化性能不好	根据产品的复杂程度及产品设计的积层，选择合适的树脂固化时间
纤维的切割性、分散性不好	调整及更换切纱器，检查粗纱的质量

（8）白化及龟裂　其产生的原因及解决措施见表 2－25。

表 2－25 白化及龟裂产生的原因及解决措施

产生的原因	解决措施
树脂固化过快，放热太大，引起树脂和纤维的界面剥离	选择合适的树脂，调整固化剂种类、用量和固化条件
纤维表面附有妨碍树脂浸润的不均匀性表面处理剂，如水、油、润滑脂等	保证纱的质量
单次积层时太厚	控制单层厚度，增加层数
使用双头喷枪时，树脂喷出量不均匀	调整树脂的喷出量
树脂中混有水	保证压缩空气的干燥，保证树脂的含水量足够低
苯乙烯含量过大	减少苯乙烯的用量，可以加热来降低黏度
树脂与纤维的折射率不匹配	选择折射率与玻璃纤维接近的树脂

二、质量控制的主要检测指标

为了确保生产出质量满足要求的制品，必须实施经过充分研究的管理系统确定的生产管理。而产品的检验是生产管理中十分重要的一项。产品检验大致分为常规检验和性能检验。

1. 常规检验

（1）目测　依靠肉眼对中间产品及成品的内、外表面进行观测，查看是否有缺陷和伤痕等。检测时要特别注意涉及增强材料的损伤、纤维分布不均匀、裂痕、浸滞不良、污垢等。

（2）质量检测　由制品的质量来检验材料用量。质量在规定范围以外，视为不合格。

（3）厚度检验　作为制品的检验内容，除质量外还要检验厚度，厚度检验可以使用螺旋测微仪或者测厚卡钳等工具。

（4）其他　常规检验的其他项目有尺寸检查、功能检查、结构检查等。

2. 性能检验

性能检验的主要项目有结构部件及重要组成部分的强度检验（拉伸强度、拉伸弹性模量、弯曲强度、弯曲弹性模量、硬度、耐腐蚀性等），还有对制品整体的强度试验。各项检测的控制指标，对于不同的产品来讲有不同的要求，检测时可根据相关的标准进行产品质量的评定。

四、典型产品

喷射成型工艺的代表性产品如玻璃浴缸（见图2－37）、整体卫生间（见图2－38）、卡车导流罩（见图2－39）、卡车高顶（见图2－40）、净化槽、船身、机罩及容器与管道的内衬，以及大型玻璃纤维增强聚酯树脂产品的制造和建筑物补强（见图2－41）等领域。

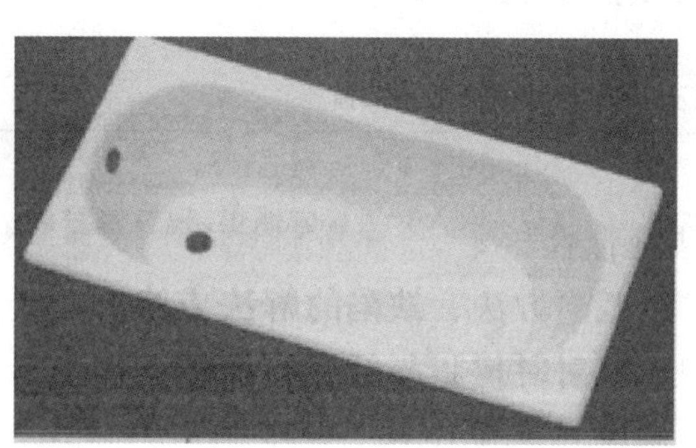

图2－37　玻璃浴缸

图2－38　整体卫生间

图2－39　卡车导流罩

图2－40　卡车高顶

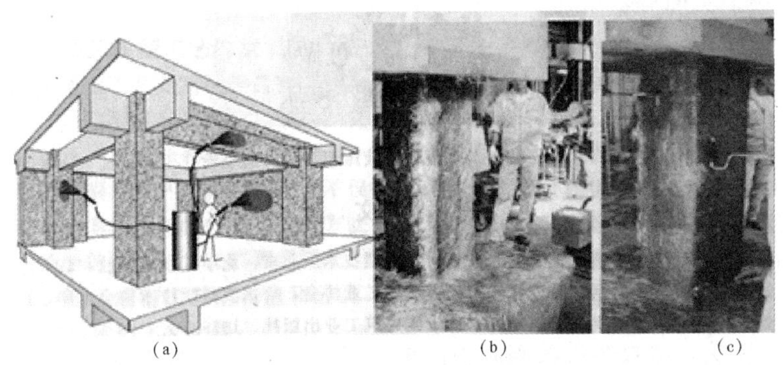
(a) (b) (c)

图2-41 采用纤维喷射工艺对建筑进行补强

任务3 掌握模压成型工艺

3.1 模压成型工艺的特点和分类

一、模压成型工艺的定义

模压成型工艺是将一定量的模压料(粉状、粒状或纤维状等塑料)放入金属对模中,在一定温度和压力作用下,固化成型制品的一种方法。在模压成型的过程中需加热和加压,使模压塑料化(或熔化)、流动充满模腔,并使树脂发生固化反应。在模压料充满模腔的过程中,不仅树脂流动,增加材料也要随之流动,所以模压成型工艺的成型压力较其他工艺方法高,属于高压成型。因此,它既需要能对压力进行控制的液压机,又需要高强度、高精度、耐高温的金属模具。

二、模压成型工艺的特点和分类

1. 模压成型工艺的特点

模压成型工艺始于1909年,随着SMC,BMC和新型塑料的出现,模压成型工艺发展很快,在世界各地得到广泛应用。模压成型工艺的特点主要有:①重现性好,不受操作者和外界条件的影响;②操作处理方便;③操作环境清洁、卫生,改善了劳动条件;④流动性好,可成型异形制品;⑤模压成型对温度和压力要求不高,可变范围大,可大幅度降低设备和模具使用;⑥纤维长度为40~50 mm,质量均匀性好,适宜压制截面变化不大的大型薄壁制品;⑦所得制品表面光洁度高,采用低收缩添加剂后,表面质量更为理想;⑧生产效率高,成型周期短,易于实现全自动机械化,生产成本相对较低。模压成型工艺的不足之处在于模具制造复杂,投资较大,加上受压机限制,最适合于大批量生产的中小型复合材料制品。

随着金属加工技术、压机制造水平及合成树脂工艺性能的不断改进与发展,压机吨位和台面尺寸的不断增大,模压料的成型温度和压力也相对降低,使得模压成型制品的尺寸逐步向大型化发展。目前已能生产大型汽车部件、浴盆、整体卫生间组件等。

2. 模压成型工艺的分类

模压成型工艺按增强材料物态和模压料品种可做如下分类。

(1)纤维料模压法　将经预漏或预浸的纤维状模压料,投入金属模具内,在一定的温度和压力下成型复合材料制品。

(2)碎布料模压法　将浸过树脂胶液的玻璃纤维布或其他织物,如麻布、有机纤维布、石棉布或棉布的边角料切成碎块,在金属模具中模压成型复合材料制品。

(3)织物模压法　将预先织成所需形状的二维或三维织物浸渍树脂胶液,然后放入金属模具中模压成型复合材料制品。

(4)层压模压法　将浸渍过树脂胶液的玻璃纤维布或其他织物,剪裁成所需的形状,然后在金属模具中模压成型复合材料制品。

(5)缠绕模压法　将浸渍过树脂胶液的连续纤维或布(带),通过专用缠绕机提供一定的张力和温度,缠在芯模上,再放入模具中模压成型复合材料制品。

(6)BMC/DMC 模压法　先用不饱和聚酯树脂、增稠剂、引发剂、交联剂、填料、内脱模剂和着色剂等混合成树脂糊,浸渍短切纤维或玻璃纤维毡,得到 BMC/DMC 模压料,将模压料放入金属模具中模压成型复合材料制品。

(7)片状模塑料(SMC)模压法　将定量的、揭去薄膜并按一定形状剪裁的 SMC 模压塑料放入金属对模中,在一定温度和压力作用下成型规定尺寸和形状的的复合材料制品。

(8)吸附预成型坯料模压法　先将玻璃纤维制成与制品结构、形状和尺寸相一致的坯料。再将其放入金属对模内与液体树脂混合,模压成型复合材料制品。

(9)定向铺设模压法　将单向预浸料(纤维或无纬布)沿制品主应力方向取向铺设,然后模压成型复合材料制品。

下面对几种典型模压成型工艺进行介绍。

3.2　短纤维模压料的制备与成型工艺

一、概述

由于模压成型工艺具有一些比较突出的优点,在玻璃钢成型工艺方法中占有重要地位。近几十年中,我国模压玻璃钢制品发展的一个重要方向就是高强度或者耐高温、耐腐蚀等特种类型玻璃钢制品的制造和应用。在这类模压制品中,玻璃纤维的含量可高达 60% 以上,而且多采用酚醛或者改性酚醛、环氧树脂、环氧－酚醛型黏合剂。在高强度玻璃纤维模压料的制备和成型工艺中,应用最广泛、发展最快的是短纤维模压料的成型工艺。短纤维模压料的制备与成型工艺是本节讨论的主要内容。

二、短纤维模压料的主要原材料

1. 树脂

(1)酚醛树脂　由酚类化合物与醛类化合物缩聚而成的树脂称为酚类树脂,其中以苯酚与甲醛缩聚而得的酚醛树脂最为重要。酚醛树脂作为三大热固性树脂之一,应用很广,产量很大。酚醛树脂复合材料具有不易燃性、低发烟率、少或无有毒气体放出,它在火中的性能如可燃性、热释放、发烟、毒性和阻燃性等远优于环氧树脂、不饱和聚酯树脂、乙烯基酯树脂。表 2－26 列出了几种树脂的发烟情况,从表中可看出酚醛树脂的结果明显较低。不仅如此，酚醛材料还具有优良的耐热性，在 300 ℃下 1 ~2 h 仍可保留 70% 左右的温度值。

表 2 – 26 几种基体树脂在火中燃烧时的发烟密度

基体树脂	发烟密度		基体树脂	发烟密度	
	闷烧火	火		闷烧火	火
酚醛树脂	2	16	乙烯基酯树脂	39	530
环氧树脂	132 ~ 206	482 ~ 515	聚氯乙烯	144	364

(2)环氧树脂与其他热固性树脂相比较，环氧树脂的种类和牌号最多，性能各异。环氧树脂固化剂的种类更多，再加上众多的促进剂、改性剂、添加剂等，可以进行多种多样的组合和组配，从而能获得各种各样性能优异的、各具特色的环氧固化体系和固化物，几乎能适应和满足各种不同使用性能和工艺性能要求。

2. 增强材料

在短纤维模压成型工艺中，所用增强材料大多为纤维型增强材料。纤维型增强材料以玻璃纤维、高硅氧纤维为主，有时也用碳纤维、尼龙纤维和棉纤维。模压成型的玻璃纤维长度一般为 15 ~50 mm，尤其以 30 ~50 mm 为多，其含量一般在 30% ~50% 范围内。

玻璃纤维类型包括开刀丝、无捻粗纱、加捻纱和高强纤维。开刀丝是玻璃纤维生产中的废品，有中碱或无碱开刀丝。在模压料中，开刀丝是用量最大成本最低的一种增强材料，多用于要求不高的产品。高硅氧纤维具有良好的耐腐蚀性，它是指用沥青法生产的含二氧化硅达到 96% 的高纯度玻璃纤维。它具有良好的切割性，吸树脂能力强，模压制品的强度较高，因而应用十分广泛。

在模压成型中，为提高制品的刚性，有时也采用碳纤维作为增强材料。在玻璃钢制品中。碳纤维和玻璃纤维的复合使用，可弥补其刚性的不足。使用石棉纤维，可提高模压制品的耐热性、耐酸性、耐腐蚀性，并改善模压料的成型工艺性和制品的外观质量。

3. 典型配方

根据不同的使用要求，短纤维模压料的配方也不同。几种典型的配方如下。

(1)配方 1

环氧 634：酚醛 616 =6：4；

MoS2 为树脂总量的 4%；

丙酮为树脂总量的 100%；

纤维占模压料总量的 60%。

MoS2 溶于丙酮，再倒入树脂溶液中，充分搅拌再进行浸渍。

(2)配方 2

环氧 648 树脂；

NA 酸酐加入量为树脂质量的 80%；

二甲基苯胺加入量为树脂质量的 1%；

丙酮加入量为树脂质量的 100%；

纤维占模压料总量的 60%。

树脂加热升温到 130 ℃后，加入 NA 酸酐充分搅拌，当温度回升到 120 ℃时滴加二甲基苯胺,并在 120 ~ 130 ℃下反应 6 min 后倒入丙酮,充分搅拌,冷却后待用。

(3)配方 3

酚醛 616 树脂;

KH - 550 加入量为纯树脂质量的 1%;

酒精加入量使树脂的百分浓度为 50% ±3%;

纤维为模压料总量的 60%。

KH - 550 用迁移法直接加入树脂中充分搅拌待用。

(4)配方 4

镁酚醛树脂;

油溶黑(颜料)加入量为树脂的 4% ~5%;

酒精加入量使树脂溶液的相对浓度在 1.0 左右;

油酸加入量为酚醛树脂的 2% ~2.5%;

纤维为模压料总量的 60%。

聚乙烯醇缩丁醇溶于酒精中,再混入镁酚醛树脂溶液中。

三、短纤维模压料的制备工艺

短纤维模压料的制备方法一般有预混法和预渍法。预混法是先将玻璃纤维(或其他纤维型增强材料)短切成 15 ~50 mm 的长度,然后与一定量的树脂混合均匀,撕松后烘干制成模压料的工艺方法。这种工艺方法的特点是纤维比较松散,并且无定向。预渍法是将玻璃纤维束通过浸胶、烘干和短切等工艺程序制成模压料的工艺方法。这种方法的特点是纤维呈束状,比较紧密。下面对上述的两种方法进行简要介绍。

1. 预混法制备短纤维模压料

预混法制备短纤维模压料的方法可根据具体要求条件的不同分为手工法和机械法。

(1)手工预混法制备短纤维模压料　这种方法不需要任何特殊设备,操作简单,以适应要求的变化,多用于中小型研制用料的制备,对于一些特殊材料如高硅氧纤维,一般情况下,只用手工操作,而不采用机械混合。这是因为高硅氧纤维十分脆弱,在强力的机械混合下,其强度的损失很大,在手工预混合批量生产模压料时,也可和机械撕松过程相配合,下面以氨酚醛 - 玻璃纤维 - KH - 550 模压料的手工制备为例,说明手工预混法的工艺过程。

其操作顺序如下:

①将玻璃纤维剪成 15 ~30 mm 长的短切纤维。

②用热处理法除去玻璃纤维表面的石蜡乳剂型浸润剂,使其残油量 <0.3%。

③将氨酚醛树脂配成(50 ±3)% 的工业酒精溶液,按比例(纯树脂质量的 1%)滴入 KH - 550,搅拌均匀后待用。

④将配好的树脂溶液按纤维: 树脂 =60: 40(质量比)的比例准确称量,并与短切纤维用手工均匀混合。

⑤用手工撕松混合料,并均匀铺放在钢丝网屏上。

⑥在(80 ±1)℃的条件下,烘干 50 min。

⑦经烘干的预混料放在塑料袋中封存待用。

(2)机械预混法制备短纤维模压料　这一方法所用的主要设备有捏合机和撕松机。捏合机的作用是将树脂系统与纤维系统充分混合均匀。混合浆一般都采用 Z 桨式结构。在捏合过程中主要控制时间和树脂系统的黏度这两个主要参数，有时在混合室结构中装有加冷热水的夹套，以实现混合温度的控制。混合时间越长，纤维强度损失越大，在有些树脂系统中，过长的捏合时间还会导致明显的热效应产生。混合时间过短，树脂与纤维混合不均匀。树脂的黏度控制不当，也影响树脂对纤维的均匀浸渍及渗透速率，而且也会对纤维强度带来一定的影响。捏合机的结构如图 2－42 所示，捏合机的实物照片如图 2－43 所示。撕松机的作用主要是将捏合的成团物料撕松。撕松机的结构如图 2－44 所示，撕松机的实物照片如图 2－45 所示。

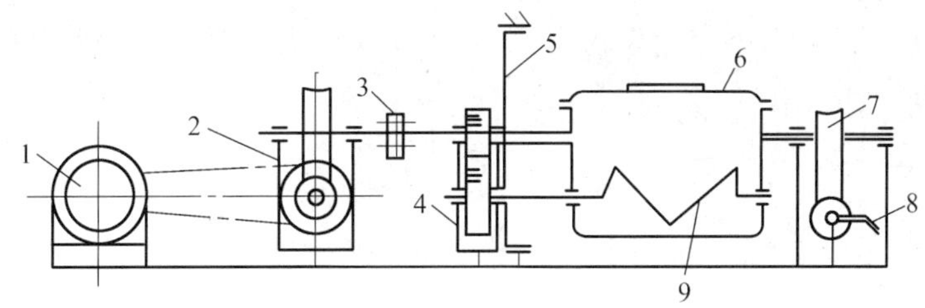

图 2－42 捏合机的结构示意图

1—电动机；2—减速箱；3—联轴；4—转动箱；
5—滑动齿圈；6—混料箱；7—蜗轮；8—手动蜗杆；9—混料桨

图 2－43 捏合机

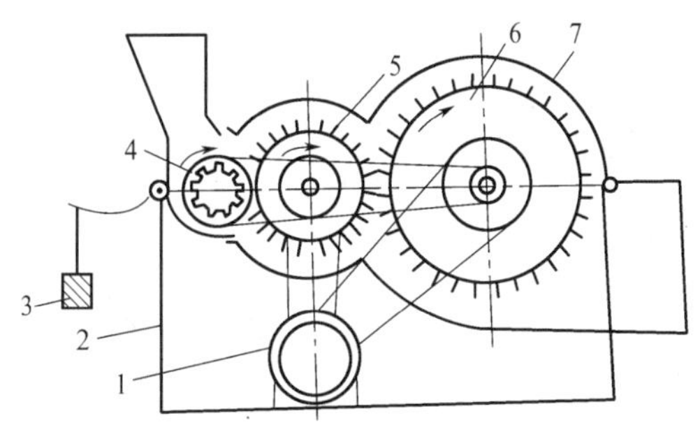

图 2－44 撕松机的结构示意图

1—电动机；2—机体；3—配重；4—进料辊；5、6—撕料辊；7—罩体

图 2－45　撕松机

2. 预渍法制备短纤维模压料

预渍法除手工预渍法之外，一般都采用连续无捻粗纱。由于在备料过程中，纤维不像预混法那样受到捏合和蓬松过程的强力搅动，因而纤维的原始强度不会有严重的损失，而且这种方法制成的预浸料体积小，使用方便，纤维取向性好，便于定向铺设压制成型，该法的机械化程度较高，操作简单，劳动强度低，设备简单，便于制造，可连续化生产；但日产量比预混法小，而且只适用于连续纤维制品（如无捻粗纱）。为了有利于树脂对纤维束的快速渗透和纤维束之间在成型时的互溶性，对粗纱制品有特殊要求，并且集束带性要小。预浸法制备短纤维模压料的方法可分为手工预浸法和机械预浸法两种类型。

（1）手工预浸法制备短纤维模压料　以环氧酚醛－玻璃纤维模压料的手工预浸法为例，操作程序是：①按环氧∶酚醛为 6∶4 的质量比，分别称量树脂后进行混合，并用丙烯稀释树脂，使树脂溶液的相对密度在 1.0～1.025 的范围内；②将纤维剪切成定长纤维（一般在 600～800 min），并进行分束；③按树脂∶纤维＝40∶60（质量比）分别称重，并将纤维在树脂溶液中预浸渍，然后使经浸渍的纤维在一对简易挂胶辊之间，人工牵引；④在预浸过程中，需经常调节树脂溶液的黏度，并保证按比例称量的纤维和树脂同时耗尽；⑤将预浸料在 80 ℃的烘箱中烘干 20～40 min；将烘干的预浸料剪切成所需长度，并在塑料袋中封存，或在使用前取出预浸料再进行切割。

（2）机械预浸法制备短纤维模压料　该法所采用的设备有纤维预浸机和预浸料切割机。预浸机的结构如图 2－46 所示，预浸机的实物照片如图 2－47 所示。玻璃纤维的预浸料的工艺流程是：纤维从纱架导出，经集束环进入胶槽浸渍；纤维经树脂浸渍后，经过挂胶辊进入第 1 级、第 2 级烘干箱烘干，将烘干的预混料由牵引辊引出；采用冲床式物料切割机切割引出浸料。在整个过程中，需要控制的主要参数有树脂溶液的相对浓度、烘干箱各级温度及牵引速度等。

3. 短纤维模压料在制备过程中的主要控制因素

（1）树脂溶液的黏度　在配制树脂溶液时，除了正确地配料计算和称重外，为使树脂能在纤维间均匀快速地渗透与附着，一般需在树脂中加入适量的溶剂来调节树脂溶液的黏

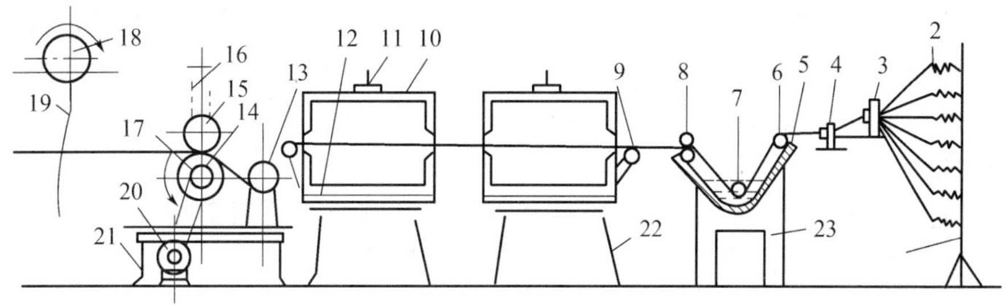

图 2-46 预浸机的结构示意图

1—纱架;2—纱筒;3—瓷扣1(集束环);4—瓷扣2(集束环);5—浸胶槽;6—张力辊;7—浸胶辊;8—挂胶辊;9—张力轮;10—烘箱;11—温度控制仪;12—电热管;13—牵引张力辊;14—牵引主动辊;15—压力辊;16—压力辊调整期;17—牵引机链轮;18—切割机偏心轮;19—切割刀具;20—电动机;21—切割机支架;22—烘箱支架;23—浸胶机支架

图 2-47 预浸机实物图

度。这一点无论在预混法、预浸法还是在浸毡法中都是重要的。树脂溶液黏度的降低，有利于树脂对纤维的渗透和减少对纤维强度的损失。但若黏度过低，在预混过程中反而会导致纤维的离析，影响树脂对纤维的附着，从而影响模压料质量指标的控制。由于黏度与相对密度有一定的关系，黏度的测定又不如相对密度的测定简单易行，因此，在生产过程中，往往用相对密度作为黏度的控制标准，如酚醛预混料中，树脂溶液的相对密度控制在1.00～1.025的范围内。

(2)纤维的短切长度　在预混法生产模压料时，玻璃纤维不应切得过长，否则会导致物料缠结、不易撕松和烘干，但也不易过短，过短会引起模压料制品的力学性能下降。通常，采用机械预混法时纤维切割长度为(3 ±05)mm，采用手工预混法时纤维切割长度为(40 ±5)mm。

(3)浸渍时间　在确保纤维均匀渗透的情况下，浸渍时间应尽量缩短。尤其是在预混料制备的过程中，过长的捏合时间会损失纤维的原始强度，溶剂过多的挥发也会增加浸渍工序的困难。

(4)烘干条件　模压料烘干的目的主要是去除溶剂等挥发物,使树脂部分由A阶向B阶转化。因此烘干条件直接影响模压料的质量优劣,而烘干温度的确定主要取决于模压料的类别,更确切地说是取决于所用树脂的固化性能。在预混料烘干时,料层要铺放均匀,且料层不宜过厚。

(5)其他　在预浸料的制备过程中,除了控制上述几个主要因素外,还需注意挂胶辊的位置、牵引速度及纤维张力等因素,以确保其质量的有效控制。

四、短纤维模压料模压成型工艺

短纤维模压料模压成型工艺的基本过程是,将一定量经一定预处理的模压料放入预热的模具里,施加较高的压力使模压料填充模腔。在一定的压力和温度下使模压料逐步固化,然后将制品从模具中取出,再进行必要的辅助加工即得到产品。其简要的流程如图2-48所示。

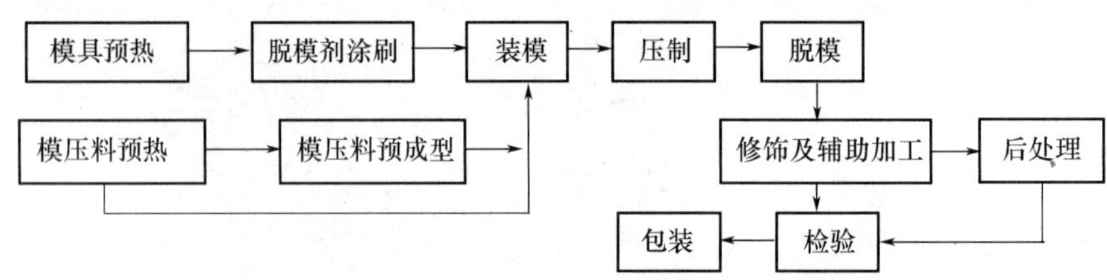

图2-48　短纤维模压料的成型工艺流程

1. 压制前准备

(1)装料量的计算　在模压成型工艺中,对于不同尺寸的模压制品要进行装料量的计算,以保证制品几何尺寸的精确,防止物料不足造成废品,或者物料损失过多而浪费材料。通常的估量方法如下:

①形状、尺寸简单估算法　将复杂形状的制品简化成一系列简单的标准形状,进行装料量的估算。

②密度比较法　对比模压制品及相应制品的密度,已知相应制品的体积,即可估算出模压制品的装料量。

③注型比较法　在模压制品模具中,用树脂、石蜡等注型材料注成产品,再按注型材料的密度、质量及制品的密度求出制品的装料量。

(2)脱模剂的涂刷　在模压成型工艺中,除使用内脱模剂外,还在模具型腔表面上涂刷外脱模剂,常用的有油酸、石蜡、硬脂酸锌、有机硅油、硅脂等。所涂刷的脱模剂在满足脱模要求的前提下。酚醛型模压料多用有机油、油酸、硬脂酸等脱模剂,环氧或环氧酚醛型模压料多用硅脂和有机硅油脱模剂。

(3)预压　在压制前将模压料加热,去除水分和其他挥发物,可以提高固化速度,缩短压制周期,增进制品固化的均匀性,提高制品的物理机械性能,提高模压料的流动性。

(4)表压值的计算　在模压工艺中,首先要根据制品所要求的成型压力,计算出压机的表压值。成型压力是指制品水平投影面上单位面积所承受的压力。它和表压值之间存在

的函数关系如下

$$T = \frac{sf_1 - f_2}{f_{表}} \times 10^3$$

式中 $f_{表}$——成型压力,即表压,MPa;

f_1——制品要求的单位压力,MPa;

f_2——压机额定表压,MPa;

s——制品水平投影面积,m^2;

T——压机吨位,N。

在模压成型工艺中,成型压力的大小取决于模压料的品种结构的复杂程度,成型压力是选择压机吨位的依据。

2. 压制工艺

(1)装料和装模　往模具中加入制品所需的模压料的过程称为装料。装料量按估算结果,经试压后确定。装模应遵循下列原则:物料流动路程最短;物料铺设应均匀;对于狭小通道和死角,应预先进行料的铺设。

(2)模压温度制度　模压温度制度主要包括装模温度、升温速度、成型温度和保温时间的选择。

①装模温度　装模温度是指将物料放入模腔时模具的温度,它主要取决于物料的品种和模压料的质量指标。一般而言,模压料挥发物含量高、不溶性树脂含量低时,装模温度较低;反之,要适当提高装模温度。制品结构复杂及大型制品装模温度一般宜在室温至90 ℃的范围内。

②升温速度　升温速度是指由装模温度到最高压制温度升温的速度。对快速模压工艺,装模温度即为压制温度,不存在升温速度问题。而慢速模压工艺,应依据模压料树脂的类型、制品的厚度选择适当的升温速度。

③成型温度　树脂在固化过程中会放出或吸收一定的热量,根据放热量可判断树脂缩聚反应的程度,从而为确定成型温度提供依据。一般情况下。先确定一个比较大的温度范围,再通过工艺-性能试验选择合理的成型温度。成型温度与模压料的品种有很大的关系。成型温度越高,树脂反应速率过快,物料流动性降低越快,常出现早期局部固化,无法充满模腔。温度过低,制品保温时间不足,则会出现固化不完全等缺陷。

④保温时间　保温时间是指在成型压力和成型温度下保温的时间,其作用是使制品固化完全和消除内应力。保温时间的长短取决于模压料的品种、成型温度的高低及制品的结构尺寸和性能。

⑤降温　在慢速成型中,保温结束后要在一定的压力下逐步降温。模具温度降至60 ℃以下时,方可进行脱模操作。降温的方式有自然冷却和强制降温两种。快速压制工艺可不采用降温操作,待保温结束后即可在成型温度下脱模,取出制品。

(3)压制制度　压制制度包括成型压力、合模速度、加压时机、放气等。

①成型压力　成型压力是指制品水平投影面积上所承受的压力。它的作用是克服物料中挥发物所产生的蒸气压,避免制品产生气泡、分层、结构松散等缺陷,同时也可增加物料的流动性,便于物料充满模具型腔的各个角落,使制品结构密实,机械强度提高。

成型压力的选择取决于以下两个方面的因素。

a. 模压料的种类及质量标准。如酚醛模压料的的成型压力一般为30~50 MPa,环氧酚醛模压料的成型压力为 5～30 MPa。

b. 制品的结构、形状、尺寸。对于结构复杂、壁厚较厚的制品，其成型压力要适当增加。外观性能及平滑度要求高的制品一般也选择较高的成型压力。

②合模速度　装模后，上、下模闭合的过程称为合模。上模下行要快，但在将要与模压料接触时，其速度要放慢。下行要快，有利于操作和提高效率；合模要慢，有利于模内气体的充分排除，减少气泡、砂眼等缺陷的产生。

③加压时机　合模后，进行加压操作。加压时机的选择对制品的质量有很大的影响。加压过早，树脂反应程度低，分子量小，黏度低，树脂在压力下易流失，在制品中产生树脂集聚或局部纤维裸露。加压过迟，树脂反应程度高，黏度大，物料流动性差，难以充满模腔，形成废品。通常，快速成型工艺不存在加压时机的选择。

④卸压排气　将物料中残余的挥发物、固化反应放出的低分子化合物及带入物料的空气排除的过程称为排气。其目的是为了保证制品的密实性，避免制品产生气泡、分层现象。

（4）制品后处理　制品后处理是指将已脱模的制品在较高的温度下进一步加热固化一段时间，其目的是保证树脂的完全固化，提高制品的尺寸稳定性和电能性，消除制品中的内应力，减少制品变形。有时也可根据实际情况，采用冷模方法，矫正产品变形，防止翘曲和收缩。

在模压制品定性出模后，为满足制品设计要求还应建立毛边打磨和辅助加工工序。毛边打磨是去除制品成型时在边缘部位的毛刺、飞边，打磨时一定要注意方法和方向，否则，很有可能把与毛边相连的局部打磨掉。

对于一些机构复杂的产品，往往还需要进行机械加工来满足设计要求。模压制品对机械加工是很敏感的，如加工不当，很容易产生破裂、分层。

3. 典型配方模压成型工艺

选定何种工艺主要取决于模压料类型，此外还应考虑生产效率及制品结构、尺寸性能要求等。慢速成型工艺见表 2－27，快速成型工艺见表 2－28。

表 2－27　慢速成型工艺

工艺参数	616 酚醛预浸料	环氧酚醛模压料	F－46＋NA 层压模压料（在 100 ℃烘干 5～15 min）
装模温度/℃	80～90	60～80	65～75
加压时机	合模后 30～90 min，在（105±2）℃下一次加全压	合模后 20～120 min，在 90～105 ℃下一次加全压	合模后即加全压
成型压力/MPa	29～39	15～29	
升温速度	10～30 ℃/h	10～30 ℃/h	150 前为 36～42 ℃/h；150 后为 25～36 ℃/h
成型温度/℃	175±5	170±5	230
保温时间	2～5 min/mm	3～5 min/mm	150 保温 1h，230 ℃按 15～30 min 保温

表 2－27(续)

工艺参数	616 酚醛预浸料	环氧酚醛模压料	F－46＋NA 层压模压料 (在 100 ℃烘干 5～15 min)
降温方式	强制降温	强制降温	强制降温
脱模温度/℃	<60	<60	<90
脱模剂	硬脂酸	硅脂	硅脂 10% 甲苯溶液

图 2－28 快速成型工艺

模压料	预热		模压		
	温度/℃	时间/min	成型温度/℃	成型压力/MPa	保温时间 /(min/mm)
纤维－改性酚醛树脂 (FX－501)	—	—	155±5	44±5	1～1.5
玻璃纤维－改性酚醛 树脂(FX－502)	90±5	2～5	—	34±5	1～1.5
玻璃纤维－镁酚醛树脂	—			9.8～14.7	0.3～1.0

4. 短纤维模压料制品的常见缺陷及其原因

表 2－29 描述了短纤维模压料制品的常见缺陷及其原因。

表 2－29 短纤维模压料制品的常见缺陷及原因

常见缺陷	产生原因	解决方法
制品表面起泡 及内部鼓泡	1. 物料中挥发物含量太大 2. 模具温度过高或过低 3. 成型压力小 4. 保温时间不够 5. 模具内有其他气体 6. 物料压缩比太大,含空气多 7. 加热不均匀	1. 将物料适当干燥或预热 2. 调节模具温度 3. 增加成型压力 4. 延长保温时间 5. 降低闭模速度,模具开设排气槽,将料预热 6. 进行预压,改变加料方式 7. 改进加热装置
制品翘曲、变形	1. 固化不足 2. 模具型腔温度温差大,制品内应力、收缩率不一致 3. 制品结构形状复杂,造成固化和冷却不均匀 4. 物料流动性太大,物料内水分及发挥物含量高	1. 增加保温时间 2. 调节模具温度 3. 调整配方;优化制品结构设计和改进成型工艺;脱模后在整形模具内冷却 4. 预烘物料后使用

表 2-29(续)

常见缺陷	产生原因	解决方法
裂纹	1. 金属嵌件过多或过大 2. 预热温度不合适 3. 结构设计不合理 4. 顶出不当 5. 物料不符合质量要求 6. 成型温度不合适,冷却速度不合适	1. 调整配方;优化制品结构设计和改进成型工艺 2. 调整预热方式和预热温度 3. 优化制品结构设计和成型工艺 4. 改进顶出装置 5. 严格控制物料质量 6. 调整成型温度,降低冷却速度
缺料	1. 物料流动性过大或过小 2. 加料量不足 3. 固化不良 4. 模具型腔温度过高,物料固化太快 5. 溢料	1. 控制物料的流动性,严格控制物料质量,及时调整工艺 2. 增加加料量 3. 增加成型压力 4. 降低温度 5. 缓慢加压,选择合适的加压时机
黏模	1. 脱模剂不合适 2. 成型温度低 3. 固化不良 4. 模具型腔表面有损伤	1. 调整配方,模具型腔表面涂刷脱模剂 2. 提高成型温度 3. 增加保温时间 4. 修正模具
飞边过厚	1. 加料过多 2. 物料流动性差 3. 模具设计不合理 4. 溢料孔堵塞	1. 准确加料 2. 改进流动性 3. 改进设计或修正模具 4. 精心清理模具
表面颜色不均匀	1. 模具温度不均匀,局部过高 2. 模具温度过高,使有机颜料分解或材料老化 3. 流动性较差,纤维分布不均匀 4. 原材料混有杂质或操作时有污染 5. 脱模剂和材料有反应	1. 调整模具温度 2. 降低模具温度 3. 调整流动性,调节压力和闭模速度 4. 避免污染,去除外来杂质 5. 改用惰性脱模剂

3.3 聚酯模塑料模压成型工艺

一、聚酯模塑料的特点

聚酯模塑料是一种干法制造不饱和聚酯玻璃钢制品的模压料,它特别适应于结构复杂、性能要求高、尺寸精确的制品的规模化生产,具有下述明显的工艺特点,因而在世界各个国家获得了广泛的应用。

(1)设备一次性投入费用较高,一旦形成批量生产,成本将迅速降低,经济性会很快呈现出来,适合工业化生产。

(2)原材料易于采购,价格低,在工艺过程中,损耗很小。产品经济性突出,还可以提高产品刚度。

(3)生产周期短,平均单件产品成型周期为1~8 min,是其他工艺所达不到的,便于集约化生产。

(4)产品具有耐水性好、表面精度高、性能稳定、电绝缘性好、强度均匀、刚度好、产品尺寸精确、受温度影响小、产品厚度容易控制等优良特性。

(5)产品卫生性能好,因SMC成型压力为10~20 MPa,成型温度为120~160 ℃,属于高温加压成型,成型环境干净,在高温下使游离物质迅速解离产品,再加以原料选择的控制,很容易达到相关的卫生标准。

(6)工人的劳动强度较低,并且很快熟练操作。

(7)易于生产出表面质量高且复杂形状的产品。

(8)产品合格率高。

二、聚酯模塑料的主要原材料

聚酯模塑料(以下称为SMC/BMC)主要由不饱和树脂、填料、增强材料三大部分组成,同时还有化学增稠剂、内脱模剂、固化剂、低收缩添加剂、着色剂及其他各种助剂。在SMC/BMC配方中,加入不同品种及数量的添加剂,对材料的某些特殊性能的改善具有十分重要的意义。

1.增强材料

玻璃纤维是SMC的基本组成之一,它的各种特性对SMC的生产工艺、成型工艺及其制品的性能都有明显影响。对SMC的专用纤维的一般要求是切割性好、浸润性好、流动性好、制品强度高、外观质量好。SMC用玻璃纤维的类型一般为短切原丝毡和无捻粗纱。

2.树脂

作为主要基体的不饱和聚酯树脂,其主要作用就是把增强材料和填料黏结在一起,而起到保护增强材料、使增强材料在外加载荷下能同时均匀受力的作用。除此之外,还可赋予SMC模塑料以良好的制品外观、较高的热变形系数、长期储存的稳定性和较高的制品尺寸精度。在有特殊要求的情况下,还可赋予其电绝缘性和阻燃性等性能。因此,对SMC模塑料所用的不饱和聚酯树脂提出了下列要求。

(1)增强材料和填料要有良好的浸润性,以提高树脂和玻璃纤维之间的黏结强度。

(2)树脂要有适当的黏度,一般初始黏度要较低,以适于填料高填充量的要求,但又要有良好的流动性,以适应模塑成型工艺的要求,以便在模塑成型工艺中,树脂和玻璃纤维都能同时流动并充满模腔的各个角落,获得具有均衡强度的模塑制品。

(3)树脂的固化温度要低,在固化过程中挥发物要少,且工艺性好(如其黏度易调节、与各种溶剂互溶性好、易脱模等),并能满足模塑成型制品特定的性能要求等。此外,从应用或其他角度出发,树脂还应满足其他一些特殊性能要求,如耐腐蚀、耐热等。

(4)从生产效率的角度考虑,要求树脂具有较快的固化速度,但对一些结构复杂、要求较高的大型制品,则可以对其固化速度实现适当的调控。

(5)另外,树脂在加入引发剂的情况下也能有几周到几个月的存放期,而在成型升温的条件下却能迅速固化。树脂的固化参数必须满足模塑工艺要求,其凝胶与固化时间应短,在1.5~3 min内即可完成固化并脱模取出制品。

(6)严格控制树脂中的含水量。聚酯树脂中的含水量与树脂稠化过程中黏度的上升有很大的关系，并最终会影响树脂的平均黏度。

3. 填料

填料是用以改善复合材料性能（如硬质、刚度及冲击强度等），并能降低成本的固体添加剂，它与增强材料不同，填料呈颗粒状。填料的作用机理：填料作为添加剂，主要是通过它占据体积发挥作用，由于填料的存在，基体材料的分子链就不能再占据原来的全部空间，使得相连的链段在某种程度上被固定化，并可能引起基体聚合物的取向。由于填料的尺寸稳定性，在填充的聚合物中，聚合物界面区域内的分子链运动受到限制，从而使玻璃化转变温度上升，热变形温度提高，收缩率降低，弹性模量、硬度、刚度、冲击强度提高。

填料是模压塑料的一个重要部分，其用量很大，一般可以起到下列作用：

（1）降低成型制件的收缩率，提高制品的尺寸稳定性、表面光洁度、平滑性以及平光性或无光性等。

（2）树脂黏度有效的调节剂。

（3）可满足不同性能要求，提高耐磨性，改善导电性及导热性等。大多数填料能提高材料的冲击强度及压缩强度，但不能提高拉伸强度。

（4）可提高颜色的着色效果。

（5）某些填料具有极好的光稳定性和耐化学腐蚀性。

（6）有增容作用，可降低成本，提高产品在市场上的竞争能力。

选择填料时应考虑的主要因素有价格、密度、吸附树脂量、填充量及粒度分布；还要考虑的是填料对液态及固化性能的影响。一般来说，对填料的选用有如下一些要求：

（1）填料要求干燥，容易分散于树脂中，所吸附的树脂量低，对树脂有良好的浸润性。

（2）对树脂固化反应及固化后产品性能无不良影响。

（3）对于厚度大的制品还要求有较好的导热性。

（4）成本低。

填料的种类有二氧化硅和硅酸盐类、碳酸盐类、硫酸盐类、氧化物类。这些填料都是天然矿物，在使用前要研磨或经过化学沉淀法加工，使用时应注意其密度，以避免填料在树脂中沉淀分离。

4. 引发剂

引发剂是指在聚合反应中能使单体分子或线型分子链中含有双键的低分子活化而成为游离基，并进行连锁反应的物质。引发剂可按化学组成及结构、成型温度及引发剂本身的物理状态分类。典型 SMC 常用的引发剂类型及其特征见表 2－30。

表 2－30 SMC 常用的引发剂类型及其特性

化学名称	10 h 半衰期温度/℃	典型成型温度范围/℃
叔戊基过氧化苯甲酸酯	100	125～155
叔丁基过氧化苯甲酸酯	104	130～160
叔丁基过氧化乙酸酯	102	125～155
二异丙基过氧化物	117	145～170
乙基－3,3－二（叔戊基过氧化）丁酸酯	112	140～165

表 2-30(续)

化学名称	10 h 半衰期温度/℃	典型成型温度范围/℃
过氧化乙基已酸叔丁酯	74	110~130
1,1-双(叔丁基过氧化)-3,3,5-三甲基环乙烷	95	125~150
过氧化苯甲酰	73	110~130

5. 阻聚剂

阻聚剂是指能迅速与游离基作用,减慢或抑制不希望有的化学反应的物质,用于延长某些单体和树脂的储存期,也称聚合终止剂,它包括阻聚剂和缓聚剂。阻聚剂可以防止聚合作用的进行,在聚合过程中产生诱导期(即聚合速度为零的一段时间)。诱导期的长短与阻聚剂含量成正比,阻聚剂消耗完以后,诱导期结束,即按无阻聚剂存在时的正常速率进行。不饱和聚酯树脂和交联单体的混合物,其树脂中往往无引发剂也会发生自聚,失去使用效能,此时可以加入阻聚剂。SMC 常用的阻聚剂有对苯醌和对苯二酚。

6. 脱模剂

在 SMC 工艺中,常用的脱模剂分为两种类型:一种为外脱模剂,它是在 SMC 成型前,预先涂覆在热的金属模具表面上;另一种为内脱模剂,它是在制造 SMC 模塑料的过程中,加入树脂糊的配方里面。因为不饱和聚酯树脂是极性的,它对金属模具的表面有一定的亲和力。大多数内脱模剂是长链脂肪酸和它们的盐,其在受热时会熔化,作为第二相迁移到模具的表面上,所以可防止聚酯树脂对模具表面的黏结。从这个意义上说,所选用的内脱模剂的熔点最好稍低于固化温度,这样可以使在固化前由于脱模剂过早熔化而附着在表面上的可能性降低到最小。作为内脱模剂还必须满足下列要求:①在加工过程中必须是相容的;②对最终产品的物理性能不应产生有害影响;③不会产生不希望的色泽或颜色的漂移;④便于加入树脂糊的混合操作。在 SMC 中,主要用硬脂酸金属盐作为内脱模剂。

7. 增稠剂

增稠剂是指具有化学增稠剂的作用的化合物,它能使树脂的黏度增加到不黏手。SMC 的理想增稠过程要求,在浸渍阶段树脂增稠要缓慢,保证玻璃纤维的良好浸渍;浸渍后树脂增稠要足够快,使 SMC 尽快进入模压阶段和尽量减少存货量;当 SMC 黏度达到可成型的模压黏度后,增稠过程应立即停止,稳定,以获得尽可能长的储存寿命。

8. 着色剂

着色剂是能使制品着色的有机与无机的、天然与合成的色料总称。着色剂有染料与颜料两类。

(1)染料　染料是施加于基材使之具有颜色的强力着色剂。染料借助于吸附、溶解、机械粘接、离子键化学结合保留于基料中,但染料易在塑料中发生部分溶解。它的特点是具有良好的透明性、高的着色强度和低的密度,但它们的耐热性差,有颜色迁移的倾向,基于这些原因,它们很少在聚酯模塑料中使用。

(2)颜料　颜料是粒度较大,而且通常不溶于普通溶剂的有机物或无机物。有机颜料产生半透明或近乎透明的颜色,比染料具有较好的抗色移性和稍高的耐热性。无机颜料除少数外,均为透明,具有坚牢的耐磨性、耐热性和抗色性,且遮盖好、色泽鲜艳。

9. 低收缩添加剂

通常的聚酯树脂系统有高达5% ~7%的热收缩和聚合收缩,而填料和玻璃纤维增强材料的热收缩很低。在模塑料中这些组分之间不相匹配的收缩行为就会在增强材料之间的树脂/填料向内产生高的应力。在这种不均匀收缩产生的应力的作用下,最好的结果是在表面出现波纹,较差的结果是在制品内产生翘曲和孔穴,同时使得制品表面重复性的精度下降,并会在表面上留下纤维的花纹,内部会产生裂纹,并影响制品获得精密的公差尺寸。

为了使这种影响定量化,有关研究用膨胀率测定仪测量了典型的不饱和聚酯树脂在固化过程中的体积变化,结果表明,最终的体积收缩约为7.1%。

为降低聚酯模压料制品的收缩率,防止加工时树脂开裂,改善制品表面的光滑性,在模压料的配方中加入了低收缩添加剂。低收缩添加剂一般为橡胶弹性体、热塑性高聚物或改性聚氨酯等。

10. 其他助剂

在SMC/BMC成型工艺中,由于其组成的组分多,而且组分的物理形态各异,是一个复杂的多相体系,所以整个制造工艺过程中所涉及的影响因素也相当多。因此,在实际操作过程中会遇到一些难以解决的问题,如模塑料的均匀性、重复性较难控制;各个组分在树脂糊体系中容易发生相分离;生产各个环节很容易混入空气形成气泡;树脂糊的黏度偏大,工艺性能变差等问题。目前解决这些问题的重要途径是添加特殊助剂如湿润分散剂、相分离稳定剂、降黏剂等。

填料湿润分散剂中有两种类型的分子结构:一种是单功能分子结构,它吸附在颗粒表面并降低分子间的相互作用力,从而达到降低黏度的作用;另一种是双功能分子结构,吸附在颗粒表面并降低颗粒间的相互作用力,而且能产生某种架桥作用。这样的结构既降低了体系的黏度,同时也能改善树脂糊的着色均匀性。助剂类添加剂对SMC/BMC产生过程的影响可以归纳在表2-31中。

表2-31 助剂类添加剂对SMC/BMC产生过程的影响

生产过程	树脂糊的制造	模塑料的制造
影响	(1)填料加入容易、快速、容易分散 (2)降低黏度,从而提高黏度的加入量 (3)减少分散过程中的热量积聚 (4)提高不同批次的重复性 (5)改善树脂糊的均匀性 (6)防止填料沉降 (7)防止低收缩添加剂的相分离	(1)提高纤维浸润性 (2)提高生产线速度 (3)由于树脂糊的均匀性提高而减少机组的调整 (4)树脂糊在承载薄膜上涂覆均匀 (5)提高模塑料的储存稳定性
生产过程	模压过程	最终制品
影响	(1)模压黏度重复性好 (2)收缩可以控制 (3)流动性得到改善	(1)提高表面质量 (2)更好的尺寸稳定性 (3)物理性能更稳定 (4)减少微裂纹的形成 (5)减少后处理 (6)可加大填料用量

三、聚酯模塑料的制备

1. SMC 的生产设备

SMC 生产主体上分为两部分：一部分是树脂糊的制备设备，它包括投料、混合、输送三个过程；另一部分是制片设备，它包括上糊、粗纱切割、浸渍、压实和收卷。下面主要介绍 SMC 制片设备。

一个完整的 SMC 机组，大体由机架、输送系统、PE 薄膜供给装置、刮刀、玻璃纤维切割器、浸渍和压实装置、收卷装置 7 个主要部分和玻璃纤维沙架、树脂糊的制备及喂入系统、静电消除器 3 个必备辅助系统组成。

SMC 机组的组成如图 2－50 所示。SMC 机组的典型实物照片如图 2－51 所示，典型 SMC 机组的参数见表 2－32。

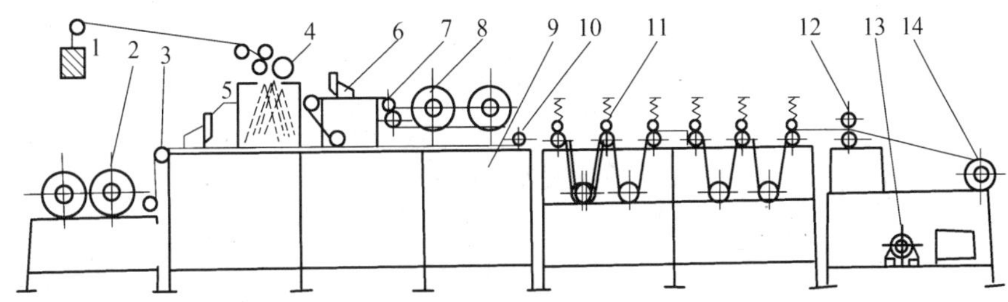

图 2－50 SMC 机组的构成

1—无捻粗纱；2—下薄膜放卷；3，7—展幅辊；4—三辊切割器；5—下树脂刮刀；6—上树脂刮刀；8—上薄膜放卷；9—机架；10—导向辊；11—浸渍压实辊；12—牵引辊；13—传动装置；14—收卷装置

图 2－51 SMC 机组

表 2-32 典型 SMC 机组参数

序号	参数	指标	序号	参数	指标
1	产品宽度	48 in(1 200 mm)	5	产品单重	1.6~6 kg/m^2
2	薄膜宽度	52 in(1 321 mm)	6	生产速度	3~20 m/min±2%
3	树脂糊黏度	12 000~60 000 cP①	7	纤维切割长度	1 in 和 1/2 in
4	纤维含量	20%~50%±2%	8	填料含量	40%~50%

① 1cP=10^{-3}Pa·s。

(1)机架　一般都用各种型钢(如角钢、槽钢等)焊接或用螺栓连接而成,它的主要作用是安装输送系统和各种部件。为防止在各种静载荷、动载荷下的变形,机架应有足够的刚性,并且在新结构设计中,往往应在机架上留有备用空间。

(2)输送系统　一般有两种类型:一种是输送带;另一种是直接用聚乙烯(PE)膜兼起输送带作用。输送带运输轨迹控制装置,在机组设计时要特别注意。

(3)PE 膜供给装置　PE 膜供给装置应保证在生产过程中有充足的薄膜供应,确保薄膜在有可调张力的情况下,无皱褶进入上糊区。在机组中一般设有两套供模装置,而每套能同时安装两卷薄膜,以便在一卷薄膜用完后,另一卷备用薄膜能立即投入使用而不会引起生产过程的停顿。

(4)刮刀装置　在机组上糊区,安有两个刮刀装置。其主要作用是随着薄膜在刮刀及其底板间通过时,均匀地将可控数量的树脂糊施加到 PE 膜上。刮刀应容易调节且调节精度要高。刮刀与底板之间的间隙要均匀,误差应在 0.05 mm 以下。防止树脂糊中结块或外部杂质进入刮糊区引起薄膜的扯裂,刮刀底板或刮刀可实现临时性的瞬间下降。设计时,还应使刮刀刃部的半径尽可能小。

(5)玻璃纤维切割器　在许多较早设计的机组中,切割器单独安装在另一个机器上,当改用玻璃纤维毡时,设备不必做过大的改动就能生产,但是,目前由于价格和性能方面的原因,已很少使用毡作为 SMC 的增强材料,因此切割器大多直接固定在主机架上。玻璃纤维由切割器切断。切割器为三辊式结构,如图 2-52 所示。连续玻璃纤维从纱架引出,经纱线横动杆 2 进入压力辊 5 与橡胶包覆的支承辊 3 之间后,由于两辊的牵引,纤维被导入转动的支承辊与切割辊 8 之间,被切成短切玻璃纤维。

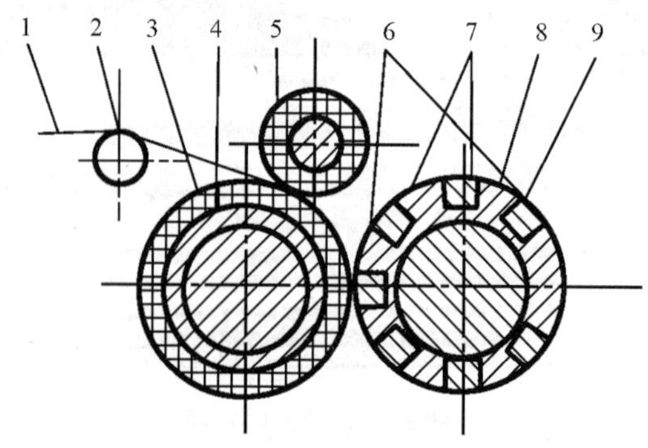

图 2-52　SMC 机组用玻璃纤维三辊切割器

1—连续玻璃纤维;2—横动杆;3—支承辊;4,9—金属辊;5—压力辊;6—刀片;7—压块;8—切割辊

(6)浸渍与压实装置　浸渍与压实装置由一系列光辊和槽辊组成,在个别机组中还加有穿刺辊。它们的作用是实现 SMC 片材的复合、浸渍、脱泡和压实,槽辊的使用可以强化浸渍,而且可以避免发生在浸渍压力下树脂糊外流的现象。在浸渍、压实区,各种辊的压力可采用气体或液体加压,该区尾部的压实辊,还起到调节片材厚度的作用。在 SMC 机组中,浸渍、脱泡、压实主要是靠各种辊及片材自身所产生的弯曲、延伸、压缩和揉捏等作用实现的。为使纤维被树脂浸透、驱赶气泡和使片材膜塑料压实成均匀的厚度,机组中有两种浸渍、压实结构,即多辊筒的环槽压辊式和输送带的弯曲双带式,如图 2－53 和图 2－54 所示。

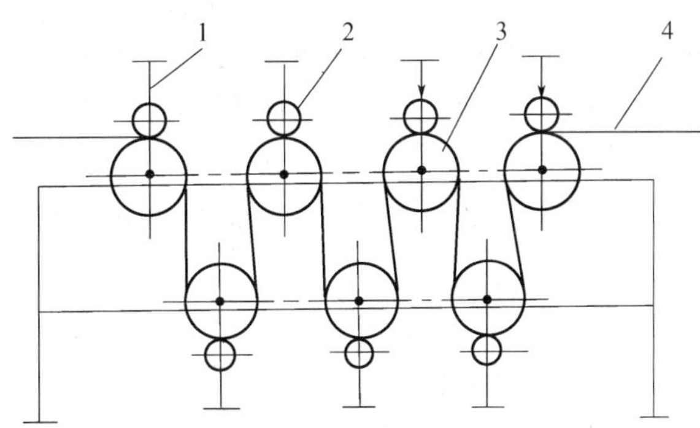

图 2－53　辊筒式浸渍装置

1—压簧;2—螺纹辊;3—光辊;4—SMC 片材

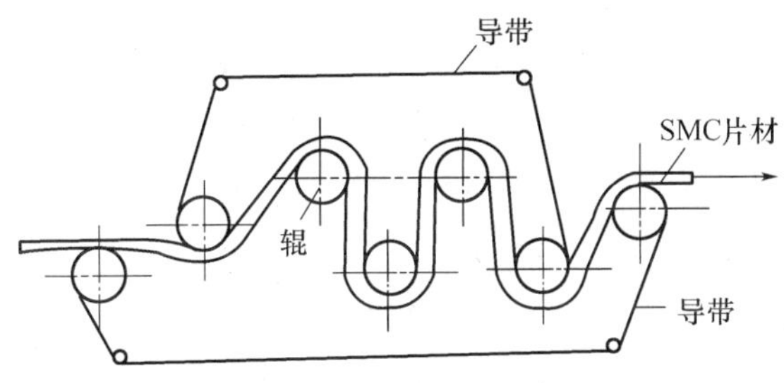

图 2－54　弯曲双带式浸渍装置

(7)收卷装置　收卷装置的作用,就是将经过浸渍的 SMC 收集成卷。对于试验性机组或小批量生产机组,一般采用双轴双位转台式收卷装置,这种装置可在生产过程中实现换卷。

2. SMC 的生产工艺

SMC 片材的制备主要由如下几个部分组成。

(1)树脂糊的制备及上糊过程

树脂糊的制备方法有以下三种:

①批混合法　此法是把增稠剂以外的各种材料按比例加入反应釜中,以一种糊状混合物的形式使用,在上 SMC 机组前加入增稠剂。增稠剂加入后,通常在 30 min 内使用完。

②批混合/连续混合法　该工艺的特点是用两个混料釜系统混合:一个釜里装不饱和聚酯树脂、低收缩添加剂、引发剂、脱模剂和填料;另一个釜里装载体树脂、着色剂、增稠剂。生产时,用计量泵通过混合器进行混合。

③连续混合法　配方中的所有液体或固体的计量、运输、混合全部实现机械化和自动化。此系统装置投资费用大,适合连续大批量生产。

(2)浸渍过程

浸渍过程的目的是使树脂浸透纤维,驱赶气泡、使片材压紧。为此,SMC 机组中排列了各种类型的辊(光辊、槽辊、穿刺辊及螺旋辊等)。当片材从这些辊的上部、下部及周围经过时,因受到弯曲延伸作用而实现浸渍。

(3)增稠过程与存放过程

当 SMC 片材收卷完成后,一般要经过一定的增稠时间后才能使用。如 SMC 片材在室温下存放需要 1 ~2 周。在 40 ℃下稠化需要 48 h 或 72 h。目前也有在 SMC 机组上增设增稠区域或采用一些新型的增稠剂。SMC 制备成片材后即可进行压制。

3. SMC 制造的质量管理

SMC 制造的质量管理由两部分组成,即原材料进厂质量管理和 SMC 生产工艺过程管理。

(1)原材料进厂质量管理

SMC 生产用原材料主要包括不饱和聚酯树脂、低收缩添加剂、苯乙烯、填料、纤维、内脱模剂、引发剂、色浆、化学增稠剂等。需要控制的项目见表 2 – 33。

表 2 – 33　SMC 生产用原材料的主要检验指标

序号	材料名称	质量控制指标
1	树脂	色泽、黏度、固体含量、酸值、羟值、水分含量、80 ℃ SPI 固化特性、增稠性
2	低收缩添加剂	固体含量、酸值、黏度、水分含量、相对分子质量、收缩率
3	硬脂酸锌	主要成分分析、杂质含量、总灰分、可溶性盐、熔点、细度、表现密度、水分含量
4	增稠剂	纯度、水分含量、增稠剂含量、增稠性
5	苯乙烯	色泽、纯度、闪点、顶聚物含量、杂质含量
6	引发剂	纯度、活性氧含量、其他过氧化物含量、固化特性
7	填料	主要成分分析、水分含量、平均粒径、粒度分布、吸油值、相对密度、色泽、杂质
8	纤维	强度、浸润剂含量、特克斯(Tex)数、水分含量、成带性、溶解度、单丝直径、外观、切割性、静电性

(2)SMC 生产工艺过程管理

SMC 生产过程包括如下步骤:投料、混合树脂糊的输送与涂覆、纤维的输送与切割、复合与浸渍、收卷与计量、热化。通过剪裁 SMC 并称重的方法在 SMC 宽度方向的不同位置处测量单位面积 SMC 的质量;在生产开始时,生产过程中间以及生产结束时分别测量单位面积 SMC 的质量(控制 SMC 厚度均匀的一种方法)。在更换树脂及使用新的批次的填料时应测试树脂糊的黏度和温度;将 SMC 储存在恒定和受控的环境中,即较高温度的熟化室(如 28 ℃)和较低温度的储存室(如 18 ℃)。为了控制 SMC/BMC 糊的黏度增长,生产中需将 SMC/BMC 树脂糊样品储存在 SMC/BMC 熟化室,并按规定使用布氏黏度计测量 SMC/BMC 树脂糊的增稠情况;在添加原料如树脂、填料、助剂、氧化镁糊时添加量要准确。用放热试验设备测试 SMC 的反应性，如没有反应性测试仪，通过热电偶测量平板成型过程中的温度随时间的变化曲线；测量平板的收缩率；用塑化仪测试 SMC 的稠度（塑性程度），该方法非常适合于相同配方 SMC 的生产监控。如果生产中的纤维有变化，测试结果就会不同。

4. SMC 生产过程中常见问题及解决方法

表 2－34 列出了 SMC 片材在生产过程中的常见问题、产生原因及解决方法。

表 2－34　SMC 片材在生产过程中的常见问题、产生原因及解决方法

常见问题	生产原因	解决方法
薄膜打皱	薄膜张力偏低 和展幅辊贴合不良 展幅辊排列不良薄膜与膜行走方向不一致 薄膜在刮糊区打皱	增加薄膜张力 增加膜与辊的接触面 调整展幅辊 调整薄膜卷 清洁刮糊槽
薄膜撕裂	挡板与薄膜之间没有足够的间隙 薄膜边缘损伤 填料结块或者有杂质	铜挡板升高 更换薄膜 过滤树脂糊
树脂糊出现沟状涂覆	填料结块或者有杂质	过滤树脂糊
干纤维	纤维结团后坠落 树脂糊黏度偏高 浸渍辊数量不够 初期增稠速度过快 沉降区有杂质 静电积累	安装气吹系统 控制配糊区温度和 SMC 生产环境温度；检查混合物的组分和浓度；检查 SMC 糊的初期增稠性能、主要成分的含水量 增加浸渍辊数量 控制配糊区温度和 SMC 生产环境温度；检查混合物的组分和温度；检查 SMC 糊的初期增稠性能、主要成分的含水量 密闭切割区 安装防静电杆，所有机架和辊接地
SMC 分布不均匀	SMC 宽度方向厚薄不均匀 粗纱间隔不均匀 粗纱数量不足 静电积累	粗纱重新排列 增加粗纱数量 安装静电清除器；机架、辊接地
	SMC 边缘纤维含量偏高 进入切割器的粗纱排列过宽 侧挡板调节不当	在切割器处调窄粗纱排布 调整侧挡板
	SMC 边缘纤维含量偏低 切割器下方有气流 切割器粗纱排列过窄 侧挡板调节不当	密闭切割区 调整粗纱排布 调整侧挡板
长纤维	切割器操作不当	校准切割器辊套和辊的直线度；更换刀片；更换辊套；增加压辊压力

表 2-34(续)

常见问题	生产原因	解决方法
纤维在切割器机架和辊上堆积	静电过大 粗纱在纱架、导钩和导管等处破损 生产区域湿度过低 粗纱抽拉速度过高	调节静电消除器、更换损坏的销子 检查粗纱接触点的粗糙度 增加相对湿度 增加粗纱数量、降低切纱速度
纤维和 SMC 之间有空气	浸渍压力不足 SMC 边缘有富树脂层	增加浸渍压力 调节 SMC 边缘有少量干纱
纤维浸渍差	纤维分布不均匀 树脂糊黏度过高 浸渍压力不足 对设备而言纤维含量偏高	检查静电和切割器状况 降低树脂糊黏度 增加浸渍压力 增加浸渍辊的温度;改变纤维含量到易于浸渍的程度
SMC 局部少量纤维浸渍不良	粗纱间隔不适合 树脂糊在薄膜上涂覆不均匀 浸渍辊压力不均匀	重新调整粗纱间隙 检查刮刀间隙;检查刮刀下有无杂质 检查浸渍辊是否变形;检查浸渍辊上是否有杂质堆积
在收卷区有挤出物	收卷张力过大 收卷机和机组排列直线度差	降低机器收卷张力,调整树脂糊的黏度 更宽的薄膜或者减小片材宽度
在收卷区 SMC 片材呈伸缩状或者卷成蛋形	收卷张力过大 收卷机和机组排列直线度差	降低机器收缩张力 调整收卷设备和机组的直线度
单重不适当	玻璃纤维和树脂的量需要调整 机组校准不正确 树脂糊组分比例不当	调整切割速度和刮糊间隙 再校准设备参数:切割速度/车走速度 检查树脂糊的相对密度

四、聚酯膜塑料模压成型工艺

1. 模压成型设备

(1) 压机

压机是模压成型的主要设备。压机的作用是提供成型时所需的压力以及开膜脱时所需的脱模力。最早使用的是手扳压机,因其操作强度太大已被淘汰;此后出现的机动压机减轻了劳动强度,但操作和维修复杂,噪声大,吨位低;液压机吨位大,动静平稳,压力和速度可自由调整,现大多采用液压机。SMC 多用来制造大型薄壁或结构不规则的高深制度品,所需成型压力和温度较低,但成型时间短,需要在一定程度上控制流程状态,因此针对 SMC 制品的成型特点发展了低成型压力的液压机,并出现了专用的 SMC 液压机。SMC 专用液压机总压力高,工作台面大,活塞空载运行速度高,并具有多种加压速度,对上、下工作台面的平行度和刚度要求高。

（2）模具

①模具结构

典型模具的结构如图2－55所示。它是由上模和下模两部分组成的。上、下模闭合便于加料室和型腔中的模压料受热受压变为熔融状态充满整个型腔。当制品固化成型后，上、下模打开，利用顶出装置顶出制品。模具可进一步分为如下各个部件。

a. 型腔　直接成型制品的部位。图示的模具由上凸模3、下凸模8、凹模4构成。

b. 加料室　是指凹模4的上半部。

c. 由布置在模具上模周边的四根导柱6和装有导向套10的导柱孔组成。导向机构用以确保模具上、下模不出现大的位移。

d. 侧向分型抽芯机构　模压带有侧孔和侧凹的制品，模具必须设有各种侧向分型轴芯机构，制品才能脱出。

e. 脱模机构　由顶杆固定板17顶出杆11等零件组成。

f. 加热系统　一般热固性模压料成型需要在较高的温度下进行，因此模具必须加热。常见的加热方式有电加热、蒸汽加热等。

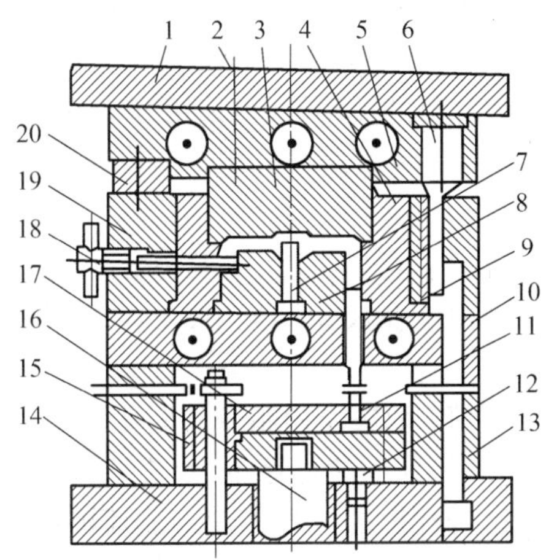

图2－55　典型模具结构

1—上板；2—螺钉；3—上凸模；4—凹模；5—加热板；6—导柱；7—型芯；8—下凸模；9—加热板；10—导向套；11—顶出杆；12—挡钉；13，15—垫板；14—底板；16—拉杆；17—顶杆固定板；18—侧型芯；19—型腔固定板；20—承压板

2. SMC/BMC模压成型工艺

（1）压制前准备

①SMC/BMC的质量检查　SMC片材的质量对成型工艺过程及制品质量有很大的影响。因此，压制前必须了解料的质量，如树脂糊的配方、树脂糊的增稠曲线、玻璃纤维含量、玻璃纤维浸润剂类型、单重、薄膜剥离性、硬度及质量均匀性等。

②剪裁　按制品的结构形状、加料位置、流程决定片材剪裁的形状与尺寸，制做样板，再按样板裁料。剪裁的形状多为方形或圆形，尺寸多按制品表面投影面积的40%～80%。为防止外界杂质的污染，上、下薄膜在装料前才揭去。

（2）设备的准备

①熟悉压机的各项操作参数，尤其是要调整好工作压力和压机运行速度及台面平行

度等。

②模具安装一定要保持水平，并确保安装位置在压机台面的中心，压制前要彻底清理模具，并涂脱模剂。加料前要用干净纱布将脱模剂擦均匀，以免影响制品的外观。对于新模具，用前先去油。

(3)加料

①加料量的确定　每个制品的加料量在首次压制时可按下式计算

$$加料量 = 制品体积 \times 1.8$$

②加料面积的确定　加料面积的大小直接影响制品的密实程度、料的流动距离和制品的表面质量。它与 SMC 的流动与固化特性、制品性能要求、模具结构等有关。一般加料面积为 40% ~80%，过小，会因流程长而导致玻璃纤维取向，降低强度，增加波纹度，甚至不能充满模腔；过大，不利于排气，易产生制品内裂纹。

③加料位置与方式　加料位置与方式直接影响制品的外观、强度与方向性。通常情况下，料的加料位置应在模腔中部。对于非对称性的复杂制品，加料位置须确保成型时料流同时到达模具成型内腔各端部。加料方式必须有利于排气。多层材叠合时，最好将料块按上小下大成宝塔形叠置。另外，料块尽量不要分开加，否则会产生空气裹集和熔接区，导致制品强度下降。

④其他　在加料前，为增加片材的流动性，可采用 100 ℃或 120 ℃下预热操作。这一点对成型深拉制品尤其有利。

(4)成型

当料块进入模腔后，压机快速下行。当上、下模吻合时，缓慢施加所需成型压力，经过一定的固化制度后，制品成型结束。在成型过程中，要合理地选定各种成型工艺参数及压机操作条件。

①成型温度　成型温度的高低，取决于树脂糊的固化体系、制品厚度、生产效率和制品结构的复杂程度。成型温度必须保证固化体系引发、交联反应的顺利进行，并实现完全的固化。一般来说，厚度大的制品所选择的成型温度应比薄壁制品低，这样可以防止过高温度在厚壁制品内部产生过度的热积聚。如制品厚度为 25 ~ 32 mm，其成型温度为 135 ~ 145 ℃，而更薄的制品可在 171 ℃下成型。

成型温度的提高，可缩短相应的固化时间；反之，当成型温度降低时，则需延长相应的固化时间。成型温度应在最高固化速度和最佳成型条件之间权衡选定。一般认为，SMC 成型温度在 120 ~ 155 ℃之间。

②成型压力　SMC/BMC 成型压力随制品结构、形状、尺寸及 SMC 增稠程度而异。形状简单的制品仅需 5 ~ 7 MPa 的成型压力；形状复杂的制品，成型压力可达 7 ~ 15 MPa。SMC 增稠程度越高，所需成型压力也越大。

成型压力的大小与模具结构也有关系。垂直分型结构模具所需的成型压力低于水平分型结构模具。配合间隙较小的模具比间隙较大的模具需较高的压力。

外观性能和平滑度要求高的制品，在成型时需较高的成型压力。

总之，成型压力的确定应考虑多方面因素。一般来说，SMC 成型压力在 3 ~ 7 MPa 之间。

③固化时间　SMC/BMC 在成型温度下的固化时间（也称保温时间）与它的性质及固化体系、成型温度、制品厚度和颜色等因素有关。

固化时间一般按 40 s/mm 计算。对 3 mm 以上的厚壁制品,有人认为每增加 4 mm,固化时间增加 1 min。

3. 模压生产过程控制

(1)工艺控制　在压制时 SMC 的黏度(稠度)应总保持一致;揭开 SMC 的载体薄膜后,不能长时间放置,应在揭开薄膜后立即压制,不要暴露在空气中,防止苯乙烯过量挥发;保持 SMC 片材在模具中的加料形状和加料位置一致;保持模具在不同位置处的温度均匀、恒定,应定时检查。保持成型过程中的成型温度、成型压力恒定,应定时检查。

(2)制品测试　应进行以下几方面的产品测试:

①外观检查　如光泽度、平整度、斑点、颜色、流动纹、裂纹等。

②力学性能测试　弯曲强度、拉伸强度、弹性模量等;整件制品性能测试;其他性能,如耐电性、耐介质腐蚀性。

4. SMC/BMC 制品的缺陷与防治

SMC/BMC 制品的常见缺陷及解决措施见表 2-35。

表 2-35　SMC/BMC 制品的常见缺陷及解决措施

缺陷	说明	生产原因	解决措施
模腔未充满	模具边缘部位未充满	加料不足 成型度温太高 压机闭合时间太长 成型压力过低 加料面积过小	增加加料量 降低成型温度 缩短闭合时间 加大成型压力 增加加料面积
	模具边缘少数部位未充满	加料不足 模具闭合前物料损失 上、下模配合间隙过大或者配合长度过短	增加加料量 更细心地放料 缩小配合间隙,增加配合长度
	虽然整个边缘充满,但是某些部位未充满	加料不足 空气未排出 盲孔处空气无法排出	增加加料量 改进加料方式 改善模具结构或者增加成型压力
焦化	在未完全充满的位置上,制品表面呈暗褐色或者黑色	被困的空气和苯乙烯蒸气受压缩使温度上升达到燃点	改进加料方式,使空气随料流出、不发生聚集;若斑点出现在盲孔处,需要修改此处的模具结构
内部开裂		厚壁制品个别层间存在过大的收缩应力所致	减小铺料面积;降低成型温度
表面多孔	加料面积过大,表面空气因为流程过短而无法排出	减小铺料面积;在大的块料上增加小的块料,使空气容易排出	
鼓泡	在已经固化的产品表面有半圆形鼓起	片材间聚集空气	温度太高导致单体蒸发,固化时间太短,减小加料面积,降低模具温度,延长固化时间
	厚壁制品的表面有半圆形鼓起	内应力使个别层间扯开	减小加料面积;降低模具温度

表 2-35(续)

缺陷	说明	生产原因	解决措施
强度降低		产生熔接痕,在具有较长流程区某方向上强度下降	改变料块形状,用增加加料面积的方法缩短流程
		由于以下原因在脱模过程中引起产品损坏 形成切口 顶出面积太小 顶出杆数量过少 黏模 未完全固化	去除切口 增加顶出面积 增加顶出杆数量 见“黏模”项 增加固化时间或者固化温度
黏模	制品难以从模具中脱出,在某些部位材料粘在模具上	模具温度太低,固化时间太短,使用新模具或者长期不用的模具,模具表面太粗糙	提高模具温度,延长固化时间,模具使用前涂脱模剂,模具表面抛光
	制品某些部位材料粘在模具上,且制品表面有微孔和伤痕	加料面积过大,空气未能排出,且空气阻碍固化	减少铺料面积,在大料块上加小料块
模具磨损	在已经固化的产品表面有暗黑斑点	模具磨损	表面镀铬
翘曲	制品稍有翘曲	在固化和冷却过程中产生翘曲	制品在夹具中冷却;在配方中增加低收缩添加剂
	制品严重翘曲	由于特别长的流程导致纤维取向,产生翘曲	增加铺料面积;在配方中增加低收缩添加剂
表面起伏	在与流动方向垂直的长度方向,薄壁产品表面产生波纹,或者由于厚度差大而产生不规则的表面起伏	制品的复杂设计妨碍了物料的流动	可以用以下方法改善: (1) 增加压力; (2)改变模具结构; (3)改变加料位置; (4)在配方中增加低收缩添加剂
	在制品表面或者筋凸起部位背面的凹痕	成型过程中的不均匀收缩	配方中加入低收缩添加剂
表面发暗	表面没有足够的光泽	压力太低;模具温度太低,模具表面不理想	加大压力,提高模具温度,模具镀铬
流痕	表面上局部波纹	模具闭合设计不合适 模具温度太低 纤维在极长流程或者不利流动处发生取向 由于一边缘过度的压力降低,引起模具移动	改进模具结构设计 提高模具温度 加大辅料面积,缩短流程 改进模具导向

五、聚酯模塑料的二次加工

在实际应用中,SMC/BMC 制品往往是作为一个部件使用,因此,存在与其他材料部件的配合、连接及加工问题。SMC/BMC 制品具有其他材料不具备的优点。可以成型非常复杂的形状,但是,要成型出全部细节是不可能的。因此,必须用到 SMC/BMC 制品的机械加工性能。一般来说,SMC/BMC 制品质脆、层间强度低、抗冲击性差。在进行材料加工时,一定要考虑这些特点。

1. 机械加工

(1)切割加工　SMC 制品的切割加工方法有手工切割、机械切割、高压水射流切割。

①手工切割　SMC 制品的手工加工工具是非常多的。常用的使用工具有刮刀、锉刀、钢锯、刻刀、纱带抛光机、砂轮打磨机、金刚石研磨盘、钻头等。根据加工部分是平面还是曲面,是切断还是切削等不同情况分别使用。常用的手动切割工具如图 2 - 56 所示。常见的手动切割工具内容 2 - 57 所示。

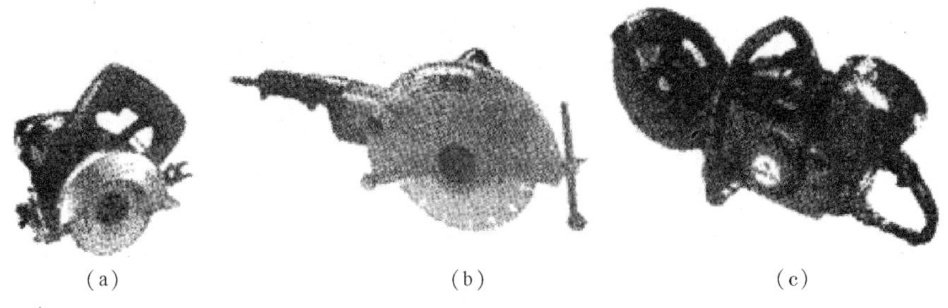

(a)　(b)　(c)

图 2 - 56　常用的手动切割工具

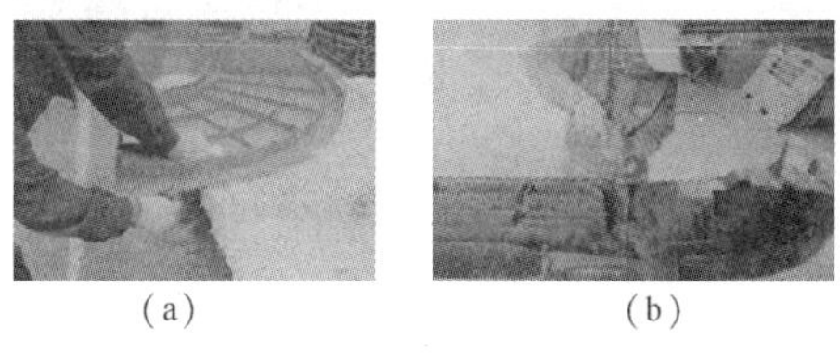

(a)　(b)

图 2 - 57　常见的手动切割工具内容

(a)飞边处理;(b)打孔

②机械切割　图 2 - 58 为顺切和逆切示意图。在各种切割形式中,顺切效果要比逆切效果好得多。原因在于逆切时,工件的进给方向与刀具的切割方向相反,刀具切入工件后,最终在 A 点切割上表面,使纤维首先被扯起,然后才撕开,从而在工作表面产生纤维隆起现象。顺切时,工件的进给方向与刀具的旋转方向一致。刀具在 B 点开始进入工件,显然最上层材料受到向下压的切割分力作用,因此,不会产生逆切时的纤维隆起。

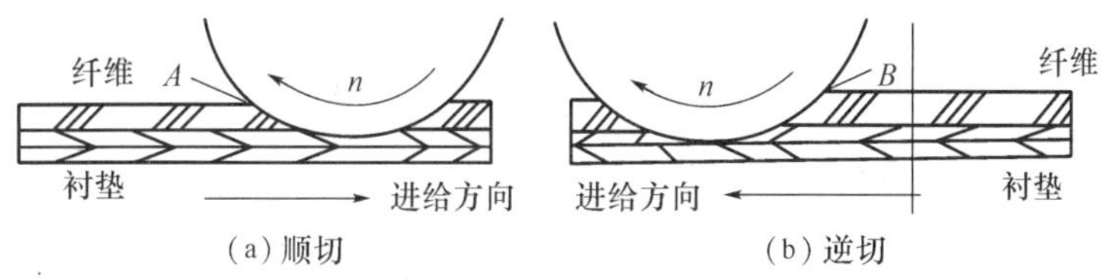

(a) 顺切　(b) 逆切

图 2 - 58　顺切和逆切示意图

(a)顺切;(b)逆切

③高压水射流切割技术　高压水射流切割的原理是将水通过增压器,使系统压力增加到 400 MPa,再由蓝宝石喷嘴(孔径为 0.2 mm)喷出,形成喷射速度高于声速的高压切割水流,可对各种复合材料进行切割和开孔。高压水射流切割的优点是切缝窄,切割不发热,无

粉尘飞扬,工作环境不受污染,工件无变形等。高压水射流一般分为高压水射流和磨料水射流两种。高压水射流是指形成射流的工作介质由水和磨料组成,其中水作为载体使磨料获得足够的动能,对被切割件进行磨削和冲蚀。其切割系统流程如图 2-59 所示,高压水射流切割设备如图 2-60 所示,切割厚度范围见表 2-35。

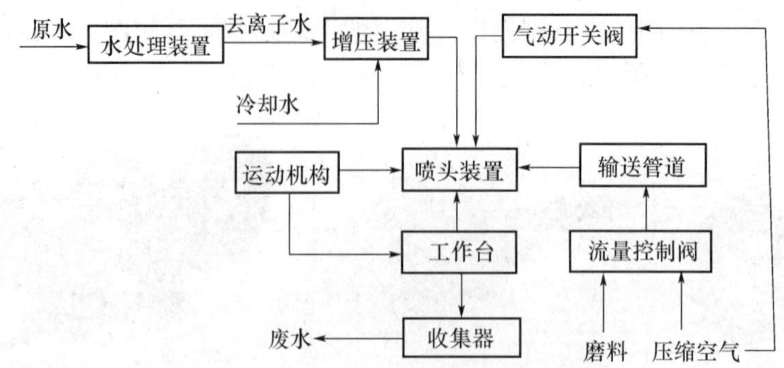

图 2-59 高压水射流切割系统流程

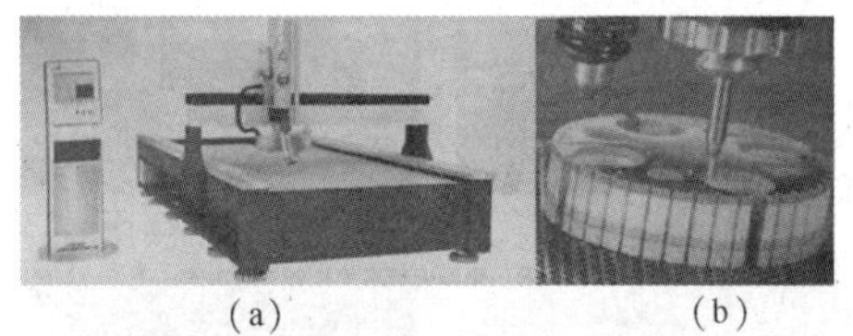

(a) (b)

图 2-60 高压水射流切割设备

表 2-35 切割厚度范围

切割类型	材料	厚度范围 / mm
高压水射流切割	碳纤维 / 树脂	< 4
	芳纶纤维 / 树脂	< 6
	玻璃纤维 / 树脂	< 8
	天然纤维 / 树脂	< 12
磨料水射流切割	碳纤维 / 树脂	4 ~ 80
	芳纶纤维 / 树脂	6 ~ 100
	玻璃纤维 / 树脂	8 ~ 100
	天然纤维 / 树脂	8 ~ 120

(2)打孔 在复合材料构件的连接中,机械连接占据着主要地位。当复合材料构件装配时,需加工出许多紧固件孔。SMC 打孔的方法主要有手枪钻加工、数控加工中心加工和机器加工。典型的手枪钻加工如图 2-61 所示,数控加工中心如图 2-62 所示,机器人加工中心如图 2-63 所示。

图 2-61　手枪钻加工

图 2-62　数控加工中心

图 2-63　机器人加工中心

2. 连接设计

通常用于金属结构部件之间的两种主要连接方法，即机械紧固件连接和胶接连接，也适用于复合材料的连接。SMC/BMC 与一般金属材料的区别是层间强度低，在连接部位的应力集中或应变集中严重，在此区域载荷重新分配的能力较弱。对复合材料的连接进行分析和正确设计，是保证结构连接成功的首要条件。

(1)酯模塑料机械连接

聚酯模塑料的机械连接方式一般有金属螺纹及嵌件连接、螺栓(螺钉)连接、铆接。聚酯模塑料常用的机械连接方式如图 2-64 所示。

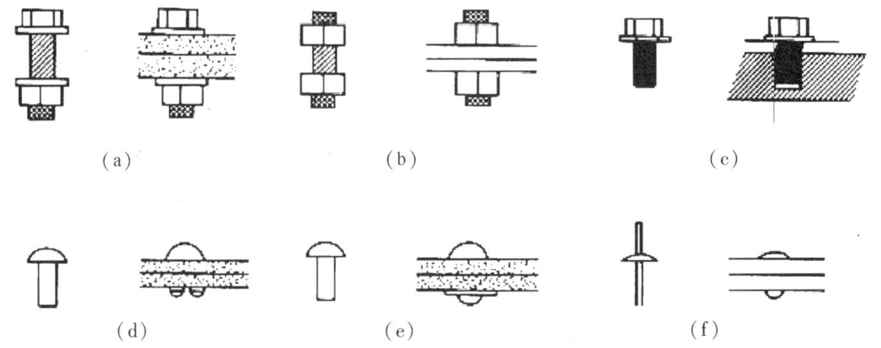

图 2-64　聚酯模塑料常用的机械连接方式

(a)螺钉连接；(b)螺旋链接；(c)螺钉连接；(d)管状铆钉连接；(e)实心铆钉连接；(f)封闭铆钉连接

适用于聚酯模塑料的专用结构件，在安装时必须满足一些特殊要求。只有这样，机械连接在复合材料结构中应用才有可能。

(2)聚酯模塑料胶接连接

胶接连接的主要优点有不会因钻孔引起应力集中和纤维切断，不减少承载横剖面面积；与连接形式相同的机械连接件比较，在受力较小的次要结构上，胶接连接件能够减重约25%，在受力大的主要结构上，胶接连接件能够减重5%～10%；能够获得平滑的结构表面，连接元件的裂纹不易扩张，密封性较好；大面积胶接成本低；可用于不同材料之间的连接，无电偶腐蚀问题；加载后的永久变形较小；便于实现连接强度的优化设计。

胶接连接的主要缺点：连接元件需要仔细处理；强度分散性大，由于湿度、温度等环境因素的影响，胶接强度会逐渐降低；对胶接质量的无损探伤比较困难；在大多数情况下是不可拆卸的。

①胶黏剂的选择　复合材料的黏结要选用强度高、耐热性好的胶黏剂。复合材料常用的胶黏剂有环氧胶、酚醛－缩醛胶、快固丙烯酸酯胶、α－氰基丙烯酸酯胶、聚氨酯胶等。

②黏接接头的设计　黏接接头由被黏物与夹在之间的胶层构成，是结构部件上的不连续部分，起着传递应力的作用。接头强度取决于胶黏剂的内聚强度、被黏物本身的强度和胶黏剂与被黏物界面的结合强度。而实测强度主要由三者之中最薄弱环节所支配，还受接头形式、几何尺寸和加工质量的影响。为使黏接的优点得到充分发挥，而将其缺点尽量缩小，必须确定合理的黏接接头结构。

接头的形式很重要，因为有机胶黏剂的最佳使用效果，是用于承受单纯或扭转的剪切力。实际上应用的接头形式可以形式各异、变化多端，但总的来说都是几种基本类型的单独或相互组合的结果。图2－65列举了几种聚酯模塑料的典型黏接接头的形式。

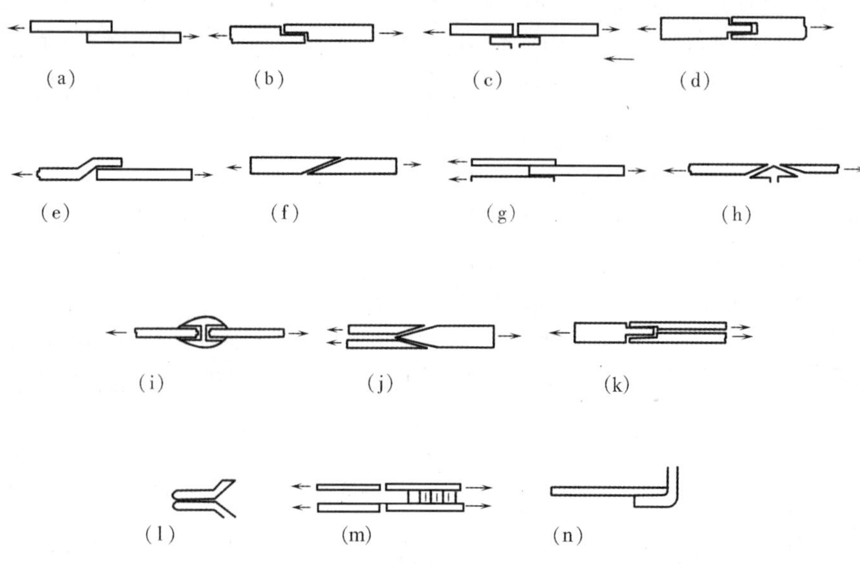

图2－65　聚酯模塑料的典型黏接接头形式

(a)单搭接；(b)双搭接；(c)单搭接；(d)插接；(e)弯头搭接；(f)斜搭接；(g)双搭接；
(h)斜搭接；(i)对切双搭接；(j)双斜搭接；(k)双搭接；(l)角单搭接；(m)双搭接；(n)角单搭接

六、聚酯膜塑料模压成型工艺的典型应用

1. SMC/BMC 在汽车领域中的应用

按其特性可以分为功能性、结构性、外观性产品。若按其在汽车结构上的应用部位可以分为外部应用、内部应用和发动机罩下应用三种类型。

SMC/BMC 在轿车领域中的应用如图 2－66 所示，在卡车领域中的应用如图 2－67 所示，在发动机周边件领域中的应用如图 2－68 所示。

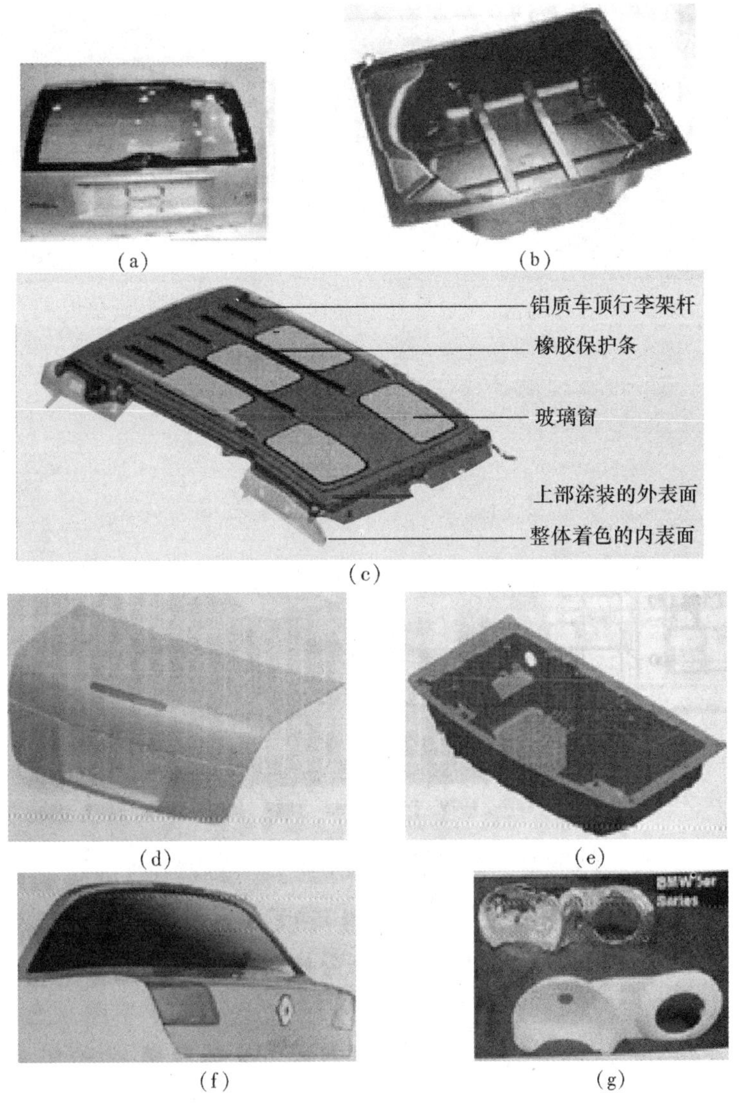

(a)　(b)　(c)　(d)　(e)　(f)　(g)

图 2－66　SMC/BMC 在轿车领域中的应用

(a) volvoV70 后尾门；(b) 标致 607 备胎箱；(c) 雪铁龙 Berlngo 车顶模板；(d) Audi A4 后备箱盖；(e) Audi A2 分割式贮物箱；(f) 雷诺 Vel Satis 后尾门；(g) BMW5 系列车灯反光罩

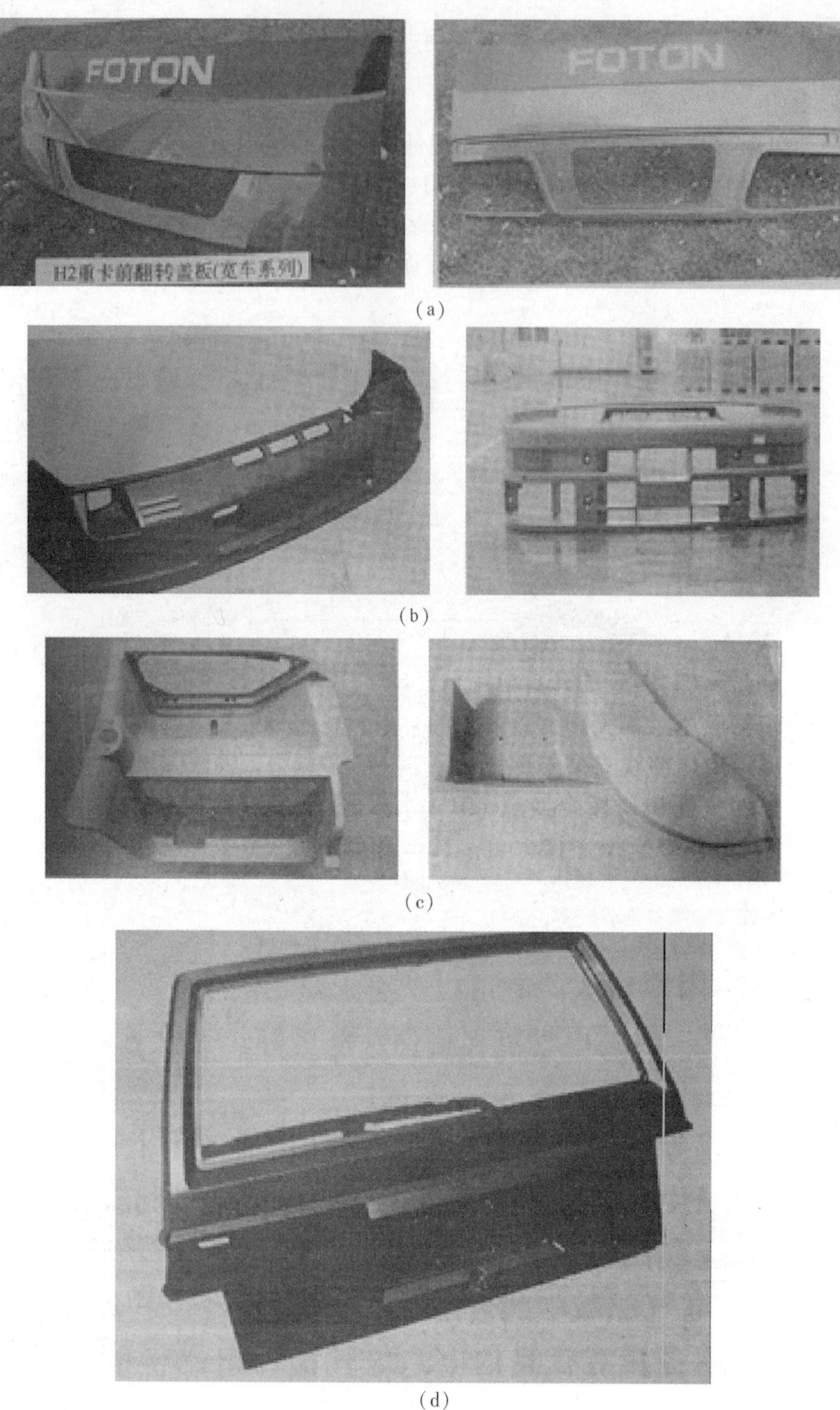

(a)

(b)

(c)

(d)

图 2-67 SMC/BMC 在卡车领域中的应用

(a) 面罩系列产品;(b) 保险杠系列产品;(c) 脚踏板系列产品;(d) 后举升门总成

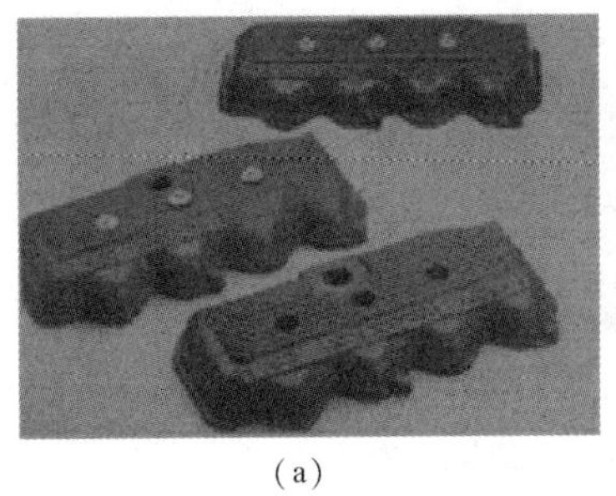
(a)

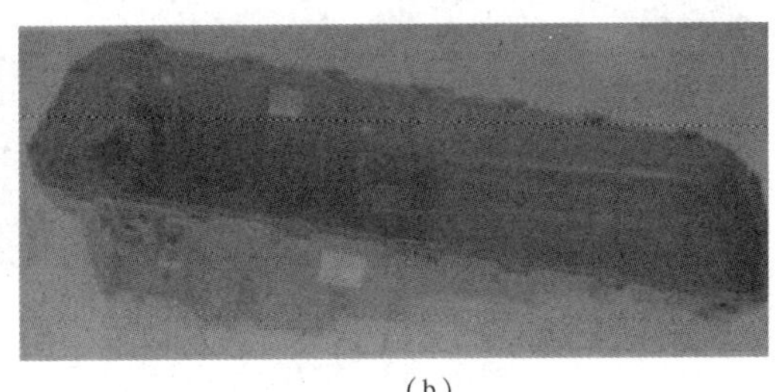
(b)

图2-68 SMC/BMC在发动机周边件领域中的应用

(a)摇臂式罩盖;(b)油壳底

2. SMC/BMC在铁路车辆中的应用

随着铁路工业的发展,人们对轻量化、使用寿命、费用和破坏价值等问题重要性的认识越来越深,使FRP在铁路车辆的制造和修复过程中越来越多地采用并取代钢、铁、铝等传统金属材料,FRP的消耗量逐年稳步增加,而SMC/BMC以优越的工艺性与材料特性成为许多场合的首选材料。当前,SMC/BMC在铁路车辆中的应用主要包括铁路车辆窗框、卫生间组件、座椅、茶几台面、车厢壁板与顶板等。

3. SMC/BMC在电气领域中的应用

SMC/BMC由于本身具有优良的电绝缘性能、阻燃性能,并且整体成型性能、耐热性能高、耐腐蚀、耐水及理想的力学性能,在电气领域中获得了广泛的应用。SMC在电气领域中的应用主要包括如下内容:

(1)电器罩壳,如电气开关盒、电气配电盒、仪表盘罩、电线分配箱外壳、防爆灯罩,蓄电池箱、保险丝盒和空调外灯壳。

(2)电气元件,如绝缘子、电机风罩、电机换向器等。

(3)通信设备,如电话亭、电话及外壳等。

具体产品的应用实例如图2-69所示。

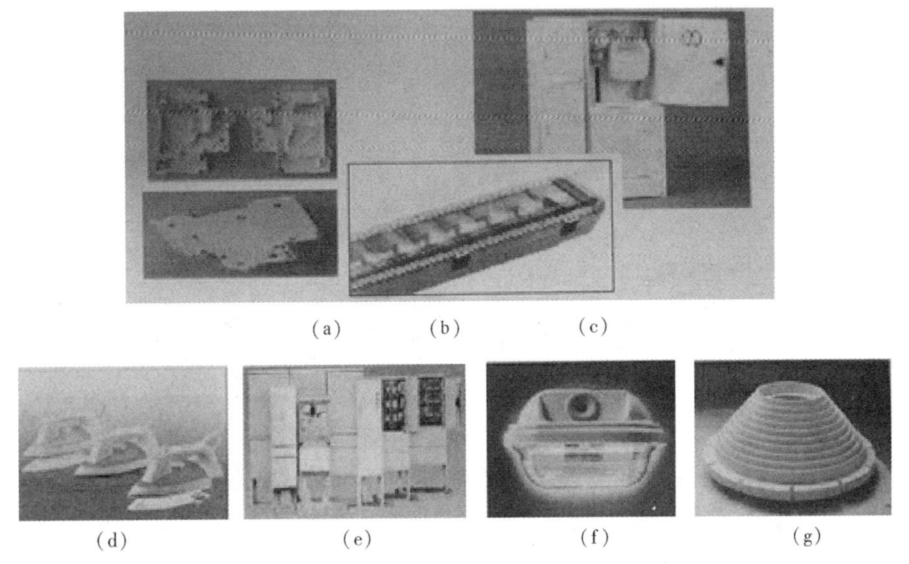
(a) (b) (c)

(d) (e) (f) (g)

(h)

(i)

(j)

图 2－69　SMC/BMC 在电气领域中的典型应用产品

(a)配电盒;(b)防湿灯罩;(c)保险丝盒;(d)电熨斗;(e)电线分配箱;
(f)防爆灯罩;(g)绝缘子;(h)空调外壳;(i)电话亭;(j)天线罩

4. SMC/BMC 在建筑领域中的应用

SMC/BMC 在建筑领域中的应用已有许多年的历史。SMC/BMC 在建筑领域中的应用主要有淋浴用品,主要产品有浴缸、淋浴间、洗池、防水盘、座便器、化妆台等,特别是浴缸、整体浴室设备给水槽等;组合式水箱;净化槽、屋面板及座椅等产品。SMC/BMC 在建筑领域中的典型应用如图 2－70 所示。

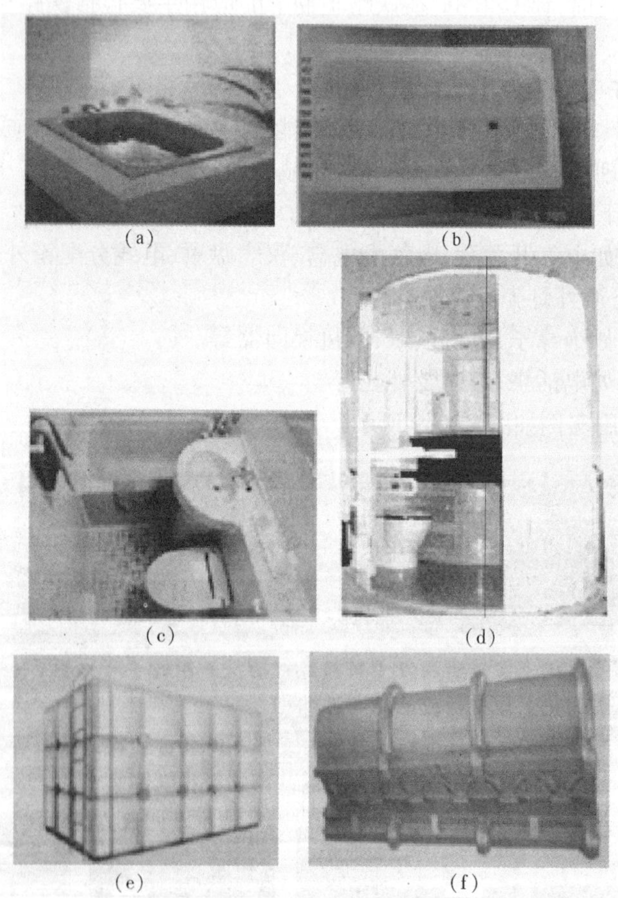
(a) (b) (c) (d) (e) (f)

图 2－70　SMC/BMC 在建设领域中的典型应用

(a)洗脸池;(b)浴盆;(c)整体浴池;(d)整体卫生间;(e)组合式水箱;(f)屋面瓦

3.4 吸附预成型坯模压工艺

一、概述

吸附预成型坯模压工艺是指在成型模压制品之前预先将模压制品的结构、形状、尺寸相一致的坯料，然后将其放入金属对模中与液体树脂混合，加温，加压成型玻璃的一种工艺方法。与一般模压工艺相比，吸附预成型坯模压工艺可以采用较长的短切纤维，且可实现较高的玻璃纤维含量，因而制品具备优良的物理机械性能。但是由于在预成型坯的模压过程中，纤维基本上不发生流动，因而该工艺不适合制造机构复杂的制品，只适于生产深度及外形尺寸较大的大型玻璃钢制品或者大量生产的形状不复杂而要求强度较高的短切纤维模压制品。吸附预成型坯模压工艺的基本工艺流程如图 2-71 所示。

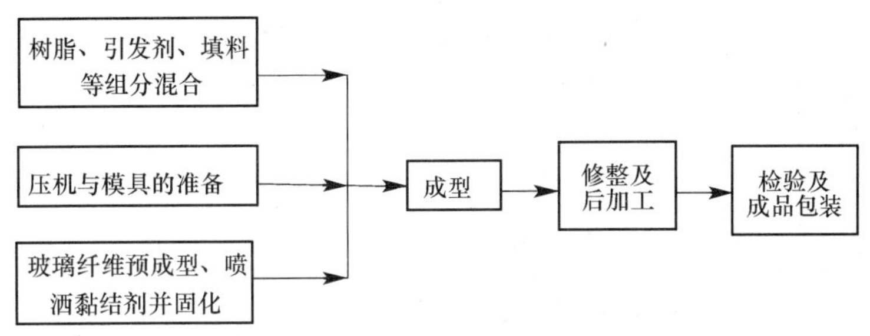

图 2-71 吸附预成型坯模压工艺的基本工艺流程

二、主要原材料

1. 树脂

吸附预成型坯模压工艺的树脂选择依据产品特性的不同选择范围较宽。主要使用三种类型的不饱和聚酯树脂：邻苯型树脂、间苯型树脂和丙烯酸树脂，以及一些热塑性树脂改性的低收缩型树脂。

2. 增强材料

吸附预成型坯模压工艺中所采用增强材料有两种类型：无捻玻璃纤维粗纱和玻璃纤维原丝毡，其类型和性能要求见表 2-36 和表 2-37。

表 2-36 预成型用玻璃纤维粗纱的性能和技术要求

性能	技术要求
类型	主要选用硅烷偶联剂
集束性	中等硬度，最少起毛
灼烧减量/%	0.5~0.8
静电性	最小
切割性	为使纤维束在小半径部位产生良好的结合和均匀型而无须进行挖补操作。应该使纤维具有良好的短切性能和最小的单丝化倾向，为良好控制在预成型筛模纤维的结合及分布，有时希望复合使用硬质和中等集束性纤维

表 2-37　预成型模型压法用增强材料的类型的性能的类型的性能要求

类型	一般介绍及优点	黏结剂	灼烧减少/%	毡厚	毡重
纱	粗纱短切后落在筛模上。施加低溶解性聚脂黏结剂。并就地固化。预成型中零件形状能获得严格的重复性，但需要3~4步人工操作	低溶解性粉状或液体聚酯树脂	5~10	—	—
	玻璃纤维长度为25 mm和50 mm经常混合使用。用粉状的黏结纤维树脂和液状黏结剂并固化成平面毡，为防止发生冲刷常使用低溶解性黏结剂	低溶解性粉状和液体聚酯树脂	5~10	1.0~2.3	0.23~0.9
	玻璃纤维长度为25~50 mm，任意铺放在带上。采用机械的针刺结合。该毡在曲率处有良好的覆盖能力。受冲刷程度低但是由于原纱易弯曲制品强度较低	无	0.5~1.0	1.5~7.6	0.45~3
连续原丝毡	连续玻璃纤维以漩涡方式经非溶解性液体聚酯喷洒而固化成毡它具有良好的覆盖性。模压的数值为通过能力高。但制品表面有纤维裸露倾向，需增加表面毡覆盖	非溶解性聚酯树脂	5~14	1.0~2.3	0.23~0.9
鼓轮缠绕展开法制成的毡	通过纤维熔化设备的往复运动将玻璃纤维抽拉在旋转鼓轮上，黏结剂在缠绕过程中或者完成后喷洒。该毡具有良好的覆盖性、松散度和树脂通过能力比短切原丝毡的强度低	非溶解性聚酯树脂、硼酚醛等	5	0.8~2.9	0.23~0.9
表面毡	用缠绕展开法或者喷吹纤维法制造。用于模压制品的保护层，消除纤维裸露	可溶解性聚酯树脂	5~12	0.25~0.75	—

3. 预成型用的黏合剂

黏合剂的的作用是黏接短切纤维，使其保持预成型坯的形状，以便从筛模上取下后，完整无损地进入下一道模压成型工序。在预成型坯料中，根据要求的不同，树脂黏结剂的含量在5%~10%的范围内。表2-38列出了预成型与黏结剂的类型和性质。

表 2-38　预成型与黏结剂的类型和性质

粘合剂材料	类型	冲刷倾向	颜色	固化温度/%	备注
浆液	机械化学	低	棕色	104	会降低电性能
聚苯乙烯	热塑性	高	白色	104	用于浅色零件
聚乙酸乙烯酯	热塑性	高	白色	104	—

表 2 – 38(续)

粘合剂材料	类型	冲刷倾向	颜色	固化温度/%	备注
聚乙烯醇	热塑性	高	白色	104	溶于水
甲基纤维素	热塑性	高	介色	149	—
丙烯酸酯	热塑性	低	白色	149 ~ 204	广泛应用
脲醛	热固性	低	褐色	149	优良的外观
脲聚苯乙烯	热固性	低	白色	149	不常用
脲橡胶	热固性	低	白色	149	不常用
三聚氰胺甲醛	热固性	低	白色	232	高吸水率
酚醛	热固性	低	棕色	177	有抑制树脂固化风险
聚酯 – 苯乙烯	热固性	低 ~ 中等	褐色	149 ~ 204	广泛使用
聚酯 – DAP	热固性	低 ~ 中等	白色	177	—
粉状聚酯	热固性	高	白色	149 ~ 204	用于扁平制品
淀粉	化学	高	棕色	149	能空气干燥
纤维素	热塑性	低 ~ 中等	白色	93 ~ 121	很少见

三、吸附预成型工艺及设备

预成型设备的类型有很多,依据玻璃纤维的运载载体不同,可以分为空气式和湿浆式两种。空气式预成型机可以分为闭式和开式两种。

1. 闭式预成型机

闭式预成型机又称压力通风型预成型机。在该成型工艺中,筛模安装在压力通风室底部的转盘上,用风机通过筛模抽出空气。玻璃纤维粗纱经过切割吸入室的顶部,这些短切纤维通过分散器时由于气流的作用沉积在筛模上,纤维分布的均匀性通过压力通风室侧壁气孔、倾斜转盘和筛模上安装抑流板实现。粉状黏结剂用振动法与玻璃纤维一同引入通风室,乳液状黏结剂则是通过通风室上的喷枪自动喷洒,可在纤维沉降于筛模的过程中或沉降结束后喷洒在预成型坯上。粗纱吸入量和黏结剂的喷洒量均可自动控制,因此,制成的坯料质量稳定性好。

闭式预成型机适用于制造对称或者近似对称的预成型坯。好的预成型机的纤维沉积量可控制在5%以内。但由于转盘尺寸有一定限制,预成型坯的尺寸要受到限制。一般来讲,单位闭式预成型机每小时能产生 35 个预成型坯,自动旋转式预成型机每小时能生产 90 ~ 120 个预成型坯。闭式预成型机分为单位压力通风室型预成型机、往复式预成型机、自固化式预成型机。自固化旋转压力通风型预成型机四种。图 2 – 72 为自固化旋转压力通风型预成型机的成型工艺。

2. 开式预成型机

开式预成型机又称开式喷射性预成型机或者纤维直接喷射型预成型机。在该预成型工艺中,短切纤维的喷射和黏结剂的使用是通过两根软管分别由操纵者的双手控制。图 2 – 73、图 2 – 74 分别为纤维直接预成型机和开式喷射旋转预成型机的成型工艺。

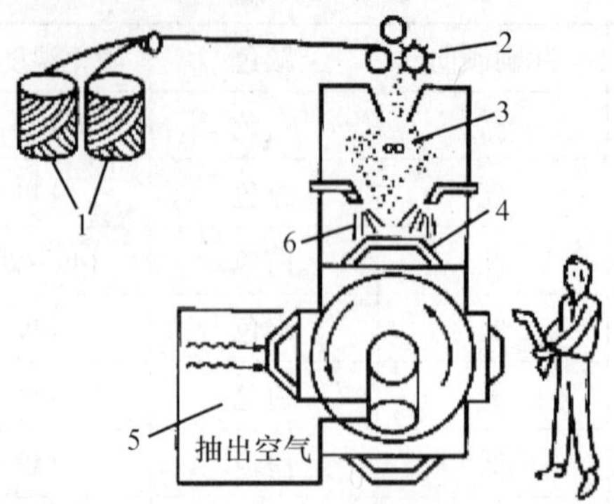

图 2－72　自固化旋转压力通风型预成型机的成型工艺示意图

1—无捻粗纱；2—无捻粗纱切割器；3—纤维分布器；
4—预成型筛；5—干燥炉；6—树脂

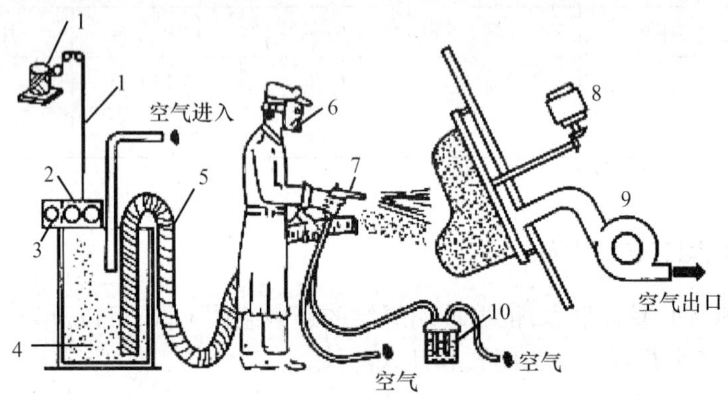

图 2－73　纤维直接预称型机的成型工艺示意图

1—无捻粗纱；2—粗纱切割器；3—计时器；4—通风室；5—软皮带管；
6—面罩和过滤器；7—黏结剂喷枪；8—电动机；9—抽风机；10—黏结剂乳液

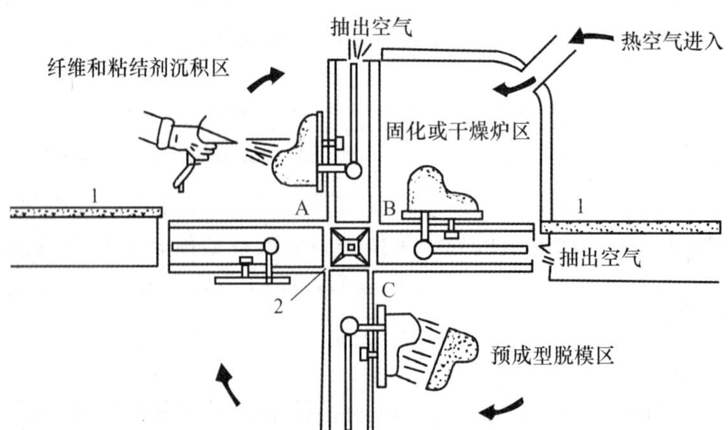

图 2－74　开式喷射旋转型预成型机的成型工艺示意图

1—楼板；2—旋转轴

3. 湿浆式预成型机

湿浆式预成型机与上述空气式预成型机的区别在于,以水代替空气作为纤维的运载介质。水把纤维运送到预成型筛模上,先将短切纤维制成湿浆或者悬浮在含有某种可溶性树脂或者纤维素作为黏结剂的水中,开动水泵通过筛模向外排水,于是纤维沉积在筛模上。经过一定时间,当达到一定的纤维沉积量后,把筛模提升到液面以上,预成型坯连同筛模一道送入干燥烘房,除去其中的水分。

四、预成型坯模压成型工艺

1. 预成型坯模压成工艺简述

(1)树脂糊混合物的制备 在预成型坯压制过程中所用的树脂混合物一般都是由批混合法制备的。其加料顺序依次为树脂、单体、引发剂、填料。为使混合时产生的气泡在模压前溢出,混合物使用前静置 1 h;为防止树脂混合物在容器中凝胶,必须在 8 h 内用完混合物。树脂糊混合物的黏度一般控制在 15 ~ 35 Pa·s。

(2)检查预成型坯的质量 主要包括预成型坯的松散性、质量均匀性及黏结剂的均匀性。

(3)模具的准备 主要是模具型面与剪切边部位的清洁。

(4)准备加料 称取并调整预成型坯的质量,进行局部的增强材料的添加。

(5)树脂混合物的灌注 按用量称量树脂混合物并按照一定方式灌注到预成型坯上。树脂混合物的灌注可在预成型坯放入模具之前或者之后进行。最基本的灌注方式是“×”型,从一个拐角灌注到另一个拐角。最终的灌注方式要根据制件的形状、总的尺寸或者面积及零件曲率的复杂程度确定。

(6)压机的闭合 采用两速制,快速闭合速度为 125 mm/s,慢速闭合速度为 1.55 mm/s。

(7)成型压力 一般成型压力为 1.75 ~ 2.8 MPa。

(8)固化时间 小零件固化时间为 1.0 ~ 3.0 min;大零件可以达到 20 min。

(9)零件取出 借助于压缩空气、铜件及真空装置将制品取出。

(10)冷却定型 为防止制件翘曲、变形,需要脱膜后在夹具上进行产品的定型。

(11)检查、试验 对试件进行全面检查和性能试验。

2. 预成型模压制品常见缺陷及解决办法

预成型模压制品常见的缺陷及解决办法见表 2-39。

表 2-39 预成型模压制品常见的缺陷及解决办法

缺陷	说明	可能的原因	解决办法或者建议
起泡	表面上的半圆形突起	固化不完全;内部气体膨胀或者蒸发	延长模压时间,增加引发剂用量,预成型坯充分干燥,避免树脂混合物中的气泡
裂纹	树脂层轻微开裂,可以从表面延伸到内部,甚至贯穿整个零件	高活性树脂固化速度太快刚性树脂的固化收缩和热膨胀	降低引发剂用量;降低模压温度;加入惰性填料加入韧性树脂;减少苯乙烯用量
		富树脂区应力开裂	改进预成型坯的均匀性,避免预成型坯的冲刷

表 2-39(续)

缺陷	说明	可能的原因	解决办法或者建议
气味	苯乙烯气味	固化不完全	延长模压时间;增加引发剂用量;提高模压温度;检查颜料的抑制作用
	苯甲醛气味	苯乙烯对产生苯甲醛的副反应	减少引发剂用量;用活性大的树脂;降低模具温度;在 120 ℃的烘箱中进行处理
针孔	制品表面规则或者不规则的孔	空气被固结	改进上、下模的配合情况
		树脂混合物中有空气	模压前将树脂糊静置;或者降低树脂糊的黏度以消除气泡
纤维裸露	制品表面纤维花纹过于显露或者突出	模压温度不适当预成型坯粗糙	提高或者降低模压温度采用表面毡
富树脂区	树脂混合物很多的区域	设计不当	改进设计
贫树脂区	树脂混合物很少的区域	流动性差 早期凝胶 纤维含量偏高 上下模配合不好	降低树脂混合物黏度 减少引发剂用量;降低模具温度或者增加阻聚剂 采用更加均匀的预成形坯 改进上下模之间的配合
翘曲	制品变形	结构不平衡 固化不均匀 弯曲制品有向小曲率一侧收缩的倾向	力求纤维分布均匀化;采用冷却夹具限制变形;降低树脂混合物固化收缩;采用较低模压温度 调整上下模温度;消除模具表面过热点;采用冷却夹具;采用热变形小的树脂;采用尽可能大的曲率半径;并在产品边缘加厚或者用金属加强
预成型坯的冲刷	模压过程中增强材料不规则位移或者扯离	树脂混合物黏度高,流动阻力大 早起凝胶 预成型坯质量差玻璃纤维松散 预成型黏结剂溶于树脂也容易发生冲刷现象	减慢压机闭合速度,降低树脂混合物黏度 减少引发剂用量,加入阻聚剂 调节黏结剂分布 纤维冲刷之处增加黏结剂

3.5 定向铺设模压成型工艺

一、概述

由于纤维增强复合材料中的纤维是主要的承载体,基体树脂仅为应力的传递者,纤维在复合材料中的取向、排布的规律性、纤维含量对复合材料的强度和刚度的充分发挥起着至关重要的作用。一般而言,纤维含量越高,其增强效果越大;纤维排列次序性越强,增强效果越明显。

由于纤维增强复合材料的强度和刚度与纤维取向密切相关,在实际应用中只有纤维随产品受力的主应力方向取向时,材料的强度和刚度才能充分发挥。为了达到这一目的,充分了解产品的应力分布,特别是主应力的方向和大小,以及如何根据主应力的方向和大小来合理地安排纤维的取向和数量是不可缺少的两个因素。

二、工艺简介

定向铺设模压工艺一般分为三个阶段。

1. 制品的应力分布

该阶段首先是充分了解制品的结构、实际使用状态并进行受力分析,分析制品各个部位的受力状态、主应力方向、数量和大小,从而确定制品各个部位需要配置的增强材料的铺设方向及理论密度。

2. 定向铺设工艺过程

该阶段是在工艺上达到制品各个部位配置的增强材料的铺设方向和理论密度与应力分析所要求的一致。为此,通常采用的办法是首先根据制品的受力状态,设计多种预浸渍定向铺设制品,然后按照一定的程序铺放,最后经过适当的调整,即成压制的毛坯。预浸渍制品的优点是①纤维均匀直线排列,能充分发挥纤维的强度和刚度;②纤维含量、树脂含量准确的定量及纤维准确的定向排布可以预测产品的各项性能及在应力条件下的可信度,提高产品的性能;③在工艺上可以使预浸渍材料的制备与铺设程序分为两套系统,便于过程控制。

3. 制品的压制成型

该阶段是将定向铺设制品毛坯放入金属模具中,按照一定的要求在温度、高压下成型制品。定向铺设模压成型与一般短纤维模压成型具有相同的工艺。其主要区别在于①定向铺设模压制品的压缩比小,因此模具不需要做很大的装料腔;②压制时所加的成型压力仅用于压紧制品和去除挥发物及其仅使物料产生局部位移,实现小范围的尺寸调节,而无需克服物料的内摩擦,因此成型压力可以降低;③由于成型压力低,模具材料的要求可以稍低,模具结构可相应简单一些。

三、制品的力学性能

在定向铺设模压成型工艺中,若按照纤维的取向可以分为短纤维模压成型、定向铺设模压成型和单向纤维模压成型。表2-40对此三种工艺制备的模压复合材料的力学性能进行了分析。

表2-40 三种类型的模压复合材料的力学性能

性能		短纤维复合材料(纤维任意取向)	定向铺设复合材料(纤维正交取向)	单项复合材料(纤维单一取向)
拉伸强度/MPa	均值	76.8	436.0	533.0
	单值范围	39.6~106.0	431.0~471.0	468.0~603.0

表 2-40(续)

性能		短纤维复合材料(纤维任意取向)	定向铺设复合材料(纤维正交取向)	单项复合材料(纤维单一取向)
拉伸模量/GPa	均值	27.2	28.8	39.4
	单值范围	26.3~28.6	28.2~29.9	39.0~39.7
弯曲强度/MPa	均值	94.9	605.0	866.0
	单值范围	65.0~174.0	525.0~675.0	845.0~895.0
弯曲模量/GPa	均值	16.8	25.4	32.3
	单值范围	15.5~18.2	24.4~26.7	30.2~32.2
压缩强度/MPa	均值	192.0	184.0	308.7
	单值范围	181.0~216.0	171.0~192.0	295.0~328.0
压缩模量/GPa	均值	30.2	29.9	42.0
	单值范围	25.2~36.0	27.6~31.9	40.3~43.8
冲击强度/(kj/m^2)	均值	55.0	304	383
	单值范围	38.6 ~69.5	278~356	353~405
泊松比		0.449	0.160	0.332
密度/(g/cm^2)		1.819	1.854	1.839
含胶量/%		37.0	35.95	35.25

四、定向铺设模压成型工艺的典型应用——送风器转子成型技术

1. 定向铺设模压工艺的典型应用是送风器转子,如图 2-75 所示。

树脂 634#环氧;615#酚醛 =6:4(质量比)。

玻璃纤维:40 支 / 20 股 4114 无碱无捻粗纱。

配比:树脂:纤维 =40:60。

按照此种比例制备设计要求的预浸渍条、带及环向板。预浸渍条、带的浸渍制度和质量指标见表 2-41。环向板是转子铺设环向纤维时使用的一种预浸渍制品。它是用预浸渍条在环向片缠绕装置(见图 2-76)上,采用干法缠绕工艺制备而成的。制备的径向带和辅板环向片如图 2-77、图 2-78 所示。

图 2－75 送风机转子

表 2－41 预浸渍条、带的浸渍制度和质量指标

项目			条	带
浸渍制度	温度控制 / ℃	1 级	130	166
		2 级	160	180
	胶液相对密度		0.99	0.99
	牵引速度 / (m / min)		3.2	3.2
质量指标	含胶量		35%～38%	35%～38%
	挥发物		1%～3%	1%～3%
	不溶性树脂含量		1%～3%	1%～3%

图 2－76 幻想片缠绕装置

图 2－77 径向带

2. 转子定向铺设工艺

转子定向铺设的整个工艺过程是在一个方形木模图中进行的。铺设程序及方法按照图 2－79 中所标顺序号进行。叶片径向带与第一轮沿环向片的结合方式依据图 2－80 所示的结构进行。整个转子定向铺设完成后，压制前的状态如图 2－81 所示。

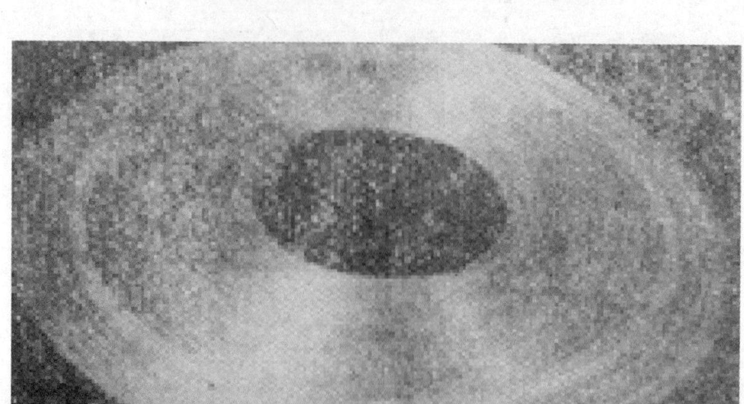

图 2-78 辐板环向片

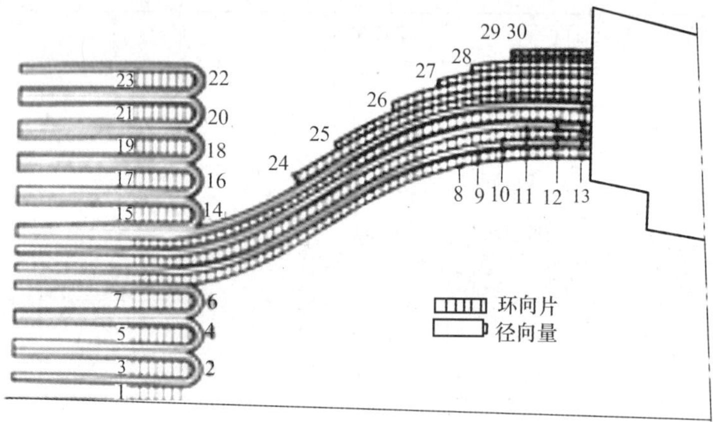

图 2-79 转子定向铺设工艺程序

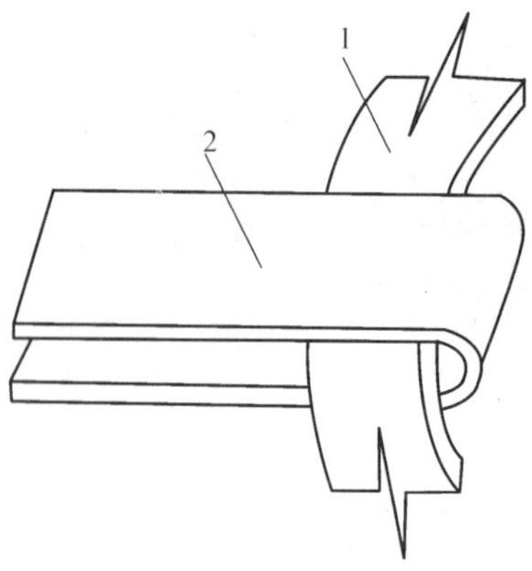

图 2-80 叶片径向带与一轮沿环向片的结合方式

图 2－81 压制前转子毛坯

3. 转子压制工艺

转子压制的主要工艺参数如下：装模温度 80～90 ℃；加压时机 105 ℃（约 50 min）；成型压力 12 MPa；升温速度 30 ℃/h；成型温度 170～180 ℃；保温时间 4～6 min/mm；脱模温度 <60 ℃。

任务 4 掌握层压成型工艺

4.1 层压工艺的主要原材料

一、层压工艺发展现状

层压成型是玻璃钢成型工艺中发展较早、也较成熟的一种成型方法，采用增强材料浸胶机浸渍树脂，烘干后制成预浸料，预浸料经过裁切、叠合，在压力机中施加一定的压力、温度，保持适宜的时间而制成层压制品。

国外早在 20 世纪 30 年代就开始用氨基树脂和植物纤维及矿物纤维复合，生产纸质层压板、拇指层压板、棉布层压板、石棉层压板和玻璃纤维层压板等，广泛用于各个工业技术部门，特别是电气工业、电信器材制造工业、船舶与汽车工业等部门。

层压工艺直接继承了木胶合板的生产方法和设备，并根据树脂的流变性能进行了改善。与手糊与喷射成型不同，层压工艺将逐层铺垫的浸胶玻璃布放置于上、下平板模之间加压，加温固化，使产品质量得到改善，易于实现连续大批量生产。1994 年美国采用玻璃钢机翼的军用飞机试飞成功，这种机翼上、下蒙皮均是玻璃布层合板，其采用层压工艺，制品的密度、表面质量和强度均大大优于之前使用的手糊工艺。

我国电工和电子用层压制品是新中国成立后逐步发展起来的，高绝缘性、高强度、耐高温和适用各种使用环境的层压制品相继出现，覆铜箔层压板是制作印刷电路板的基板材料，是以环氧树脂等为融合剂将玻璃纤维布和铜箔压在一起的产物，它用于支撑各种元器件,并能实现他们之间的电气连接或电绝缘。1956年,随着环氧树脂的开发和应用的发展,采用层压工艺生产出了玻璃布-环氧树脂层合板,迄今为止它仍是制造印刷电路板的理想材料。2008年全球印刷电路板厂家总共2 430家,总产值482.30亿美元,多层板,微孔板,绕性线路板数量有所增长;其中中国是印刷电路板产值最大的国家。

1958年我国以层压和卷质工艺制备了玻璃钢板、管和火箭筒等。20世纪60~70年代,随着科学技术的发展,高性能的增强树脂与耐高温、耐腐蚀的合成树脂相继出现。高强度,高质量的碳纤维,硼纤维、劳伦纤维和耐热性能好的聚酰亚胺等树脂相继在层压制品种获得应用,使得纤维增强复合材料层压制品的性能得到很大的提高。

目前,热固性能制品已形成了完整的系统,在航空、航天、汽车、船舶等工业领域得到广泛应用,已成为现代科学技术发展中不可缺少的一种新型工业材料。随着电气工业的发展,电路用覆铜箔层压板和作为高电压电器用电容式套管的胶质电容套管芯的发展规模得到迅速发展。

二、层压工艺特点及生产流程

层压成型工艺主要用于生产各种平面尺寸大、厚度大的层压板、绝缘板、波形板、覆铜箔层板或结构形状简单的制品。其优点是生产的机械化、自动化程度较高,制品质量比较稳定;其缺点是规格会爱到设备的限制,一次性投资较大,且生产效率低。

根据所用增强材料的不同,可分为玻璃布层压制品、棉布层压制品、纸质层压制品、石油纤维层压制品、复合层压板等。玻璃布层压制品可作为结构材料,用于飞机、汽车、船舶、轴承及皮带轮和无声齿轮等;纸质层压制品主要用于制造电绝缘部件。

层压成型的整个工艺流程如图2-82所示。尽管此工艺比较简单,但对制品的质量控制是一个较为复杂的问题,因此对工艺操作规程的要求十分严格。

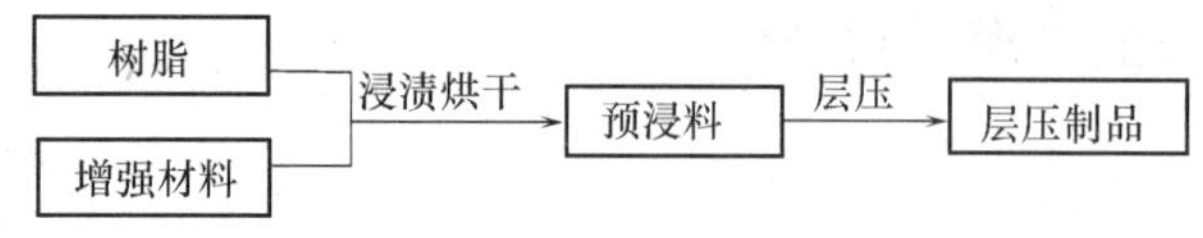

图2-82 层压成型的工艺流程

三、层压工艺的主要原材料

层压工艺所用的原材料主要有基体树脂和增强材料。基体树脂和增强材料的千差万别导致了层压产品性能的差异,所以原材料的合理选择对最终产品尤为重要。

1. 基体树脂

适合用作预浸料的基体树脂主要有聚酯、环氧、酚醛、聚酰亚胺、有机硅树脂、聚四氟乙烯乳液、聚酰胺树脂等。

聚酯树脂价格低廉,工艺性能良好(可常压或低压成型、室温固化、易染色等),固化后树脂综合性能良好,但耐热性不如其他树脂。

环氧树脂具有优良的黏合性能,强度高,耐化学腐蚀性好,尺寸稳定性好,吸水率低,综合性能良好。

酚醛树脂耐热性好,电能性良好,具有优良的耐腐蚀性。

聚酰亚胺树脂具有极高的耐热性和优良的电性能,但价格昂贵。

有机硅树脂耐热性好,性能优良,在 260 ~427 ℃仍保持其强度和电性能。

聚四氟乙烯乳业耐化学腐蚀性好,电绝缘性好,耐热,尺寸稳定性好。

聚苯硫醚树脂具有极好的黏结性能,良好的耐高温性、阻燃性、电绝缘性,以及优异的力学性能。

除上述树脂外,还有聚酰胺、邻苯二甲酸二烯丙酯等树脂均可做预浸料用树脂。

2. 增强材料

适合用作预浸料的增强材料有玻璃布、高硅氧石英纤维织物、碳纤维织物、芳纶布、粉云母布、棉布、纸等。

玻璃布一般为平纹无碱玻璃布,是一种硼硅酸盐玻璃,它是目前应用最广泛的一种玻璃纤维用玻璃成分,具有良好的电绝缘性及力学性能,广泛用于生产电绝缘用玻璃纤维,也大量用于生产玻璃钢用玻璃纤维,它的缺点是易被无机酸侵蚀。

高硅氧石英纤维植物耐高温性、绝热性和耐烧蚀性好。

碳纤维织物具有良好的耐腐蚀性和耐热蚀性,强度高,与之相匹配的树脂主要有环氧、酚醛和聚酰亚胺等。

棉布具有良好的浸渍性能,柔性好,耐磨。棉布层压制品加工性能比纸质层压制品和玻璃布层压制品好,黏合强度和冲击强度比纸质层压制品高,但吸水率大,吸水后电绝缘性下降,且易长霉,不适于湿热地区使用。因此一般用于低压电机电器的绝缘结构零部件,如垫圈、槽、螺杆等。用于层压板的棉布种类如下:

(1)煮炼布　表面布纹均匀,无显著破洞、花壳、污渍及结子等疵病,棉布不需漂白。煮炼布易透胶,能增加其黏结力,用于机械强度要求高、加工性能较好的特种布质层压板。

(2)不煮炼布　表面布纹均匀,无显著破洞、油纱、污渍、结子及跳纱等疵病,但必须是轻浆布,不呈碱性,浆料配方中应避免同时使用水玻璃及牛油。不煮炼布用于机械强度和电性能要求不太高的层压板。

纸质层压制品能承受锯、钻、扯、铣、刨等加工,厚度在 3 mm 以下的可冲孔加工,用于高低压电机电器及电子工业的绝缘零部件。生产纸质层压板的纸,要求有良好的浸渍能力(即吸水性),湿态时要有足够的机械强度,并要有一定的纤维长度。一般制造电工材料及高压绝缘的层压板材料都采用木质纤维硫酸盐纸。

3. 辅助材料

辅助材料是指固化剂、促进剂、染色剂等,主要根据树脂及其性能和制品的要求选择辅助材料。

4. 溶剂

溶剂的选择主要依据树脂的种类。原则上有四点:①能使树脂充分溶解;②毒性小;③价格低廉;④适当的沸程。在实际生产中常采用混合溶剂,如环氧树脂主要用丙酮、乙醇和甲苯。

4.2　预浸料的制备

浸胶工艺规程是连续的,用黏度被严格控制的树脂亲自连续纤维织物,经过烘干,制得预浸料。以布为增强材料的预浸料成为胶布,是玻璃布层压板、玻璃钢管和布带缠绕玻璃钢制品的原材料,胶布的质量是影响层压产品的一个重要因素。

一、浸胶设备

制备浸胶布的主要设备是浸胶机，一般由送布架、热处理炉、浸胶槽、烘干箱和牵引辊等部分组成。

浸胶机一般根据烘干箱的形式分为立式和卧式两种。立式浸胶机适用于拉伸强度较高的增强材料，如玻璃纤维布，占地面积小，但要求厂房较高，热能利用率高，适用于大规模生产。卧式浸胶机适用于强度较低，质量较小的增强材料，如纸，长度较长，占地面积大，热能利用率低。图2－83、图2－84分别为立式浸胶机实物图和示意图。图2－85、图2－86分别为卧式浸胶机实物图和示意图。

浸胶机的性能和参数控制水平，影响胶布含胶量的均匀性、胶液的浸透性、流动性（可溶性的高低）和挥发物含量。

图2－83　立式浸胶机实物图

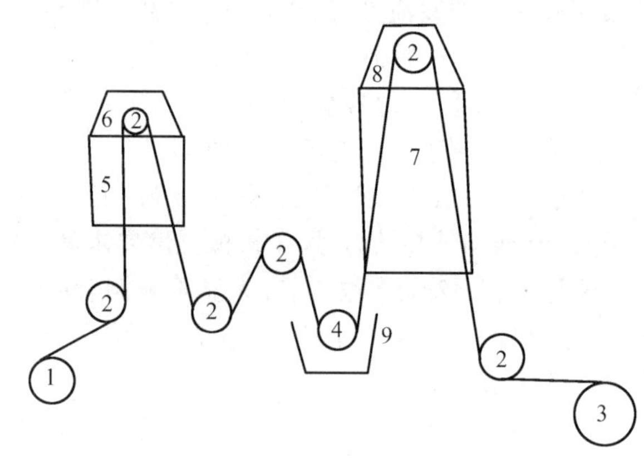

图2－84　立式浸胶机示意图

1—玻璃布卷；2—导向辊；3—牵引辊；4—上胶辊；5—热处理炉；6，8—抽风罩；7—烘干箱；9—浸胶槽

图2－85　卧式浸胶机实物图

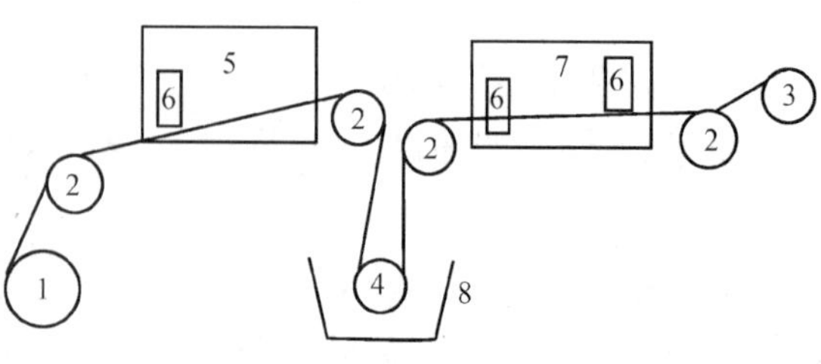

图2－86　卧式浸胶机示意图

1－玻璃布卷；2－导向辊；3－牵引辊；4－上胶辊；5－热处理炉；6－抽风口；7－烘干箱；8－浸胶槽

二、浸胶工艺过程

织物以一定的速度均匀向前移动，经过浸胶槽，浸渍一定量的树脂溶液，再经过烘烤干炉，除去大部分溶剂等挥发物，并使树脂有一定程度的固化，最后裁切成胶布块或胶布带。玻璃胶布的质量指标主要有三项：树脂含量、不溶性树脂含量和挥发物含量。

影响浸胶的主要因素有胶液浓度、黏度、浸渍时间，此外浸渍过程中的张力、挤胶辊等的密切配合也应给予注意。

1. 胶液的浓度

胶液的浓度是指树脂质量在浸渍溶液总质量中占的百分率，它直接影响树脂溶液对织物的渗透能力和织物表面黏结的树脂量。另外，胶槽内胶液浓度是否均匀也是影响胶布均匀性的一个重要因素。由于胶液浓度和密度受温度影响，还应根据环境条件来确定胶液的密度。采用不同织物、不同树脂时，胶液浓度也不一样。在实际生产中，通常测量和调节相对密度来控制胶液的浓度，不同规格织物所采用的胶液密度见表 2－42。

表 2－42 不同规格织物所采用的胶液密度

布	厚度/mm	经向密度(根/cm)	经向密度(根/cm)	树脂	含胶量/%	胶液相对密度(胶槽)
玻璃布	0.2 ±0.01	18 ±1	14 ±1	氨酚醛	29 ±3	1.07 ~1.09
	0.2 ±0.01	18 ±1	14 ±1	氨酚醛	33 ±3	1.10 ~1.12
	0.2 ±0.01	18 ±1	14 ±1	环氧酚醛	33 ±3	1.06 ~1.08
	0.2 ±0.01	18 ±1	14 ±1	钡酚醛	32 ±3	1.07 ~1.09
	0.1 ±0.005	20 ±1	20 ±1	氨酚醛	35 ±3	1.02 左右
	0.1 ±0.005	20 ±1	20 ±1	钡酚醛	33 ±3	1.03 ~1.05
	0.1 ±0.005	20 ±1	20 ±1	环氧酚醛	35 ±3	1.00 ~1.02
	0.165 (人字纹)	16 ±1	16 ±1	环氧 634	41 ~43	1.035 ~1.039(夏) 1.045 ~1.046(冬)
高硅氧布	0.25 ±0.015 0.25 ±0.015	12 ±1 12 ±1	12 ±1 12 ±1	钡酚醛 氨酚醛	40 ±3 37 ±3	1.06 ~1.08 1.045 ~1.06
涤纶布				钡酚醛	35 ~43	1.01 ~1.04

2. 胶液的黏度

胶液的黏度直接影响织物的浸渍能力和胶层的厚度。若胶液的黏度太大，纤维织物不易渗透；黏度过小，会导致胶布的含胶量太低。由于它与树脂的浓度、温度有关，故一般可用胶液浓度和浸胶环境温度来控制。控制浸胶温度的方法有两种：一种是浸胶厂房实行空调恒温；另一种是胶槽采用夹套式恒温。

3. 浸胶时间

浸胶时间是指纤维织物通过胶液的时间。实践证明，一般浸胶时间不宜低于 30 s，时间过短会导致胶布含胶量不够，或使胶液大部分浮在织物表面，影响胶布质量；但时间过长也会影响生产效率，应根据实际情况进行合理控制。

4. 张力

在浸胶过程中，纤维织物所受张力的大小和均匀性会影响胶布的含胶量和均匀性，张力的大小应根据织物的规格和特性来决定，不应太大，否则会使玻璃布在运行过程中产生横向收缩和变形。玻璃布的变形会对层压板的平整度产生很大影响，因此浸胶过程中应严格控制纤维织物所受的张力及其均匀性。

5. 浸渍方法

浸胶工序中胶液必须浸透玻璃布。低捻布或薄玻璃布可采取一次浸渍法，而厚玻璃布应采取两次浸渍法。第一次浸渍时胶液由玻璃布的一面向另一面渗透，第二次浸渍时，达到上下表面充分浸透，再经过对挤辊或刮胶装置，达到所需树脂含量。这种浸渍方法即可充分排出玻璃布内的气泡，又能使树脂浸透玻璃布。

6. 其他因素

挤胶辊的作用是帮助织物浸透胶液，同时保证织物表面均匀地涂上一薄层胶液，控制含胶量。稀释剂对织物的浸透和含胶量也有一定的影响，一般要求稀释剂能充分溶解树脂、在常温下挥发慢、沸点低、无毒或低毒，如果一种溶剂不能同时满足要求可采用混合溶剂。此外，树脂品种、玻璃布规格都对浸胶过程有影响，生产中应根据具体情况，结合实践经验和试运行效果，确定合适的工艺参数。

三、胶布的质量指标及控制

浸胶布必须经过三项质量指标的检测，如三项指标合格，在经外观监察后即可根据制品和成型工艺的要求进行裁剪。

浸胶布的外观质量一般要求不能有油污、严重机械损伤和异常现象、严重浮胶和含胶量不均匀，严防掺入其他杂质和粉尘、水分等。

1. 挥发物含量

挥发物含量通常是指胶布里的挥发性物质在胶布质量中所占的百分率，基层增强材料浸胶后所含的挥发物要求适中。如果含量过高，则会影响预浸料的绝缘性能、力学性能，导致产品表面气泡、周围边缘气泡排不干净等；但也不能太低，因为这样会影响生产效率，影响压制工艺。一般预浸料的挥发物含量为 1.8% ~4%，而覆铜箔层压板的胶布的挥发物含量必须控制在 0.4% 以下，卷管用胶布的挥发物含量应控制在 1.5% ~3% 的范围内。可以通过调节烘干温度和烘干时间来控制挥发物的含量。

其测定方法是在经过烘干的胶布上，取两边及中间不同部位的式样 3 块，规格为 80 mm×80 mm，称重为 g_2，用下式计算

$$\text{挥发物 } V = \frac{g_1 - g_2}{g_1} \times 100\%$$

2. 不溶性树脂含量

不溶性树脂含量表示不溶性树脂在树脂总质量中所占的百分率。不溶性树脂含量过高，会降低树脂含量的黏结性，压制时流动性不好；若含量过低，则意味着树脂流动性好，但

相应的挥发物也增加，压制时流胶多，还可能造成树脂滑出，造成浪费，甚至使产品报废。不同用途的胶布其要求的不溶性树脂含量不同，卷管用胶布一般小于5%，而层压用胶布一般为5% ~30%。一般烘箱温度高，烘干时间长，则不溶性树脂含量上升；反之降低。

其测定方法是在经过烘干的胶布上，取两边及中间不同部位的式样 3 块，规格为 80 mm×80 mm，称重为 g_1（精确至 0.001 g），放入盛有溶剂的烧杯内溶解 3 次（依次为 3 min,3 min,4 min）。取出后放入（180 ±2）℃的烘箱内烘 5 min，取出冷却至常温，称重为 g_3，然后送入 500 ~600 ℃的高温炉内灼烧 5 ~10 min，取出冷却至常温，称重为 g_4，V 为挥发物，按上面提到的"挥发物含量的测定方法"计算。用下式计算

不溶性树脂含量 $$C = \frac{g_3 - g_4}{g_1(1 - V) - g_4} \times 100\%$$

3. 含胶量

不同规格的纤维织物，含胶量也各不相同，通常使用树脂含量的质量百分率来表示。含胶量对制品的力学性能有很大影响，制品的其他性能如吸湿性、电气性能及耐化学腐蚀性也取决于树脂种类及其含量，因此在制造层压板时，含胶量的控制极为重要。控制胶布含胶量的方法有调节树脂胶液的黏度、浸胶时间、刮胶辊的辊距等。

其测定方法是将取出的胶布样称重为 g_1（精确至 0.001 g），送入 500 ~600 ℃的高温炉内灼烧 5 ~10 min，取出冷却至常温，称重为 g_5，用下式计算

$$含胶量\ R = \frac{g_1 - g_5}{g_1} \times 100\%$$

也可利用测的得挥发物和不溶性树脂的数据进行计算

$$含胶量\ R = \frac{g_1(1 - v) - g_5}{g_1(1 - v)} \times 100\%$$

对酚醛玻璃来说，树脂含量在 25% ~46% 范围内时玻璃钢的力学性能较高，树脂含量在（29 ±3）% 时力学性能最佳。含胶量对电性能的影响一般是随含胶量的增加，制品的电绝缘性提高，这对与含胶量小于 60% 的层压板尤为明显。含胶量对层压板的吸水性和密度也有明显的影响，一般是层压板的吸水性随树脂含量的增加而降低，密度也随树脂含量的增加而减小。

四、胶布的存放

浸胶布在存放过程中，不溶性树脂含量随着时间增加而增长，尤其是当环境温度较高时，这种增长尤为明显。环境湿度对胶布的存放也有影响，一般来说，温度不宜过高。存放时间过长时，胶布变老、发脆；环境温度过高时，胶布会发黏、流胶，甚至不能使用。

不同类别的胶布对存放条件的敏感度不同，所以在储存胶布是要考虑所用树脂的性能。如果环境温度低于 20 ℃，酚醛胶布可存放 1 个月左右，环氧酚醛胶布也可短期存放。为了保证质量指标的稳定，胶布应储存在干燥的室内，严格控制室内温度和湿度。

五、浸胶中易产生的问题和解决方法

综上所述，影响胶布质量的因素很多，而各因素之间又相互联系，一旦出现异常情况，要冷静分析情况找出原因，确保生产正常进行。生产中出现的问题、原因和对策见表 2 -43。

表 2-43　生产中出现的问题、原因和对策

问题	原因	对策
胶布的含胶量不均匀	(1)胶液不均匀 (2)浸胶时张力不均匀	(1)搅匀胶液 (2)调节张力
胶布的流动性、挥发物含量突然增大	(1)烘箱温度没有调节好,风量不均匀 (2)浸胶速度过快	(1)待烘箱温度达到要求后再开动机器 (2)适当调节浸胶速度
胶布上有黑斑或黑点污迹	烘箱出口处墙壁和排风管口上有积聚的低分子物	用棉布将墙壁和排风管口擦干净
挤压辊间发生多层布反卷	胶布运行速度与收卷速度不同步	立即停止电机运转,检修挤压

4.3　层压板成型工艺

层压工艺是层压成型中的重要工序。层压工艺是将浸渍胶布按压制厚度要求配叠成板坯,置于两个抛光的金属模板之中,放在热压机上,对两层模版之间加热、加压,经热压固化后冷却脱模。

一、层压设备

层压设备主要为热压机组,辅助设备有装卸机、模板回转机、模板清洗机、铺模清理机(叠铺机)等设备。从生产组合上分为单机热压、冷却和两台热压、冷却机。

目前国内使用的热压机有两种:开式热压机和真空热压机。与开式热压机相比,真空热压机具有两个突出优点:①成型单位压力低 1/3~1/2,即降低胶的流动,布的经纬线移动小,降低层压板的内应力,最终达到降低翘曲度的目的;②可避免板内和边角产生气泡,产品的质量较高。真空热压机在复合材料成型中的应用越来越广泛。

热压机的性能和控制水平直接影响产品的质量,同时与成型工艺有直接关系。热压机主要控制加热板的温度场和压力。

加热板的结构所使用的热介质直接影响加热板的温度场的均匀性、板面温度的均匀性、胶布胶融化的均匀性,以及胶化后产生的气体和胶布层间的空气的排出。因此加热板升温速度要快且均匀,板面温度差应小于 3 ℃。

加热板的通道有单进单出和双进双出两种。后者制造工艺复杂,配管也复杂,且成本高,一般很少采用。前者采用蒸气加热,板面温度差较大(约为 5 ℃);当采用热水或导热油时,板面温度差低于 3 ℃;采用导热油效果更好,因为导热油的压力低(小于 0.5 MPa)、温度高(可达 300 ℃左右)。

对整机温度控制,一般热压机开口 12~20 个,这样加热板从下而上呈现温度梯度。蒸汽加热为单点总控较多,梯度约为 5 ℃。热水或导热油一般采用分区(一般分 2~3 个区)控制,温度梯度只是控制误差低于 3 ℃。这样有利于在同一压力下,上、中、下的固化速度相同,有利于提高产品质量。

目前热压大都采用液压机,可满足产品成型所需的单位压力,最高可达 12.5 MPa,压力

稳定小于 ±500 kPa，可根据工艺要求设定。多层压机的吨位一般较大，通常为 2 000 ~ 3 000 t。图 2 - 87 为 2 800 t 多层压机实物图。

图 2 - 87 2 800 t 多层压机实物图

二、层压工艺过程

1. 胶布剪裁、配叠

胶布裁剪是将胶布剪成一定的尺寸（按压机大小），剪切设备可能连续定长切片机，也可以手工裁剪。胶布的剪切要求尺寸准确，不能过长或过短。将剪好的胶布整齐叠放，把不同含胶量及流动性的胶布分别堆放，做好记号储存备用。为尽可能地避免胶布挥发物的增加及可溶性树脂含量的降低，胶布应储存在干燥室内。

不同用途的浸胶布的裁剪方式也不同。用于层压的胶布生产规格进行裁剪，同时留有加工毛边的余量；用于不带缠绕的胶布则先把胶布切割成缠绕成型所要求的胶布带，然后通过缝纫搭接、倒盘、卷成一定直径的胶布带盘使用。

胶布配叠工序对层压板的质量好坏至关重要，如配叠不当会发生层压板裂开、表面花麻等弊病。所以在具体操作中应注意以下几点。

①再配叠板材的面层，每面应放 2 ~ 3 张表面胶布，其含较量和流动性应比里布略高。

②挥发物含量不宜太大。如果挥发物含量太大，应干燥处理后再用；否则会影响制品的电性能、耐热性，易产生边角气泡及花麻。

③配叠的计算。要使压制的板材厚度准确，一般采用质量法确定板材的胶布用量。每块板材所需胶布（或胶纸）材料的质量与层压板的厚度、面积、成板后的密度及成板后切去废边率的因素有关，计算公式为

$$p = Fhd(1 + a)/1\ 000$$

式中 p——需要层压胶布（纸）的总质量，g；

F——压制板材的面积，cm^3；

h——压制板材的厚度,cm;

d——成品板的密度,g/cm^3;

a——修正系数。

密度在压制布质、纸质板时按 1.40 ~ 1.45 g/cm^3,环氧酚醛玻璃布板按 1.65 ~ 1.70 g/cm^3计算(视含胶量和浸渍材料的坯重而定)。α 的大小视成品板厚度而定,$h<5$ mm 时,α 取 0.02 ~ 0.03;$h>5$ mm 时,α 取 0.03 ~ 0.08。

大面积的层压板可先取几张胶布(纸),称取质量,确定 1 mm 所需胶布(纸)的厚度,然后视要求厚度点清张数。

2. 热压工艺

将装料车的组合推入多层压机的热板中间,热板缓缓上升,闭合后加压通入蒸汽压制。

压制工艺中的关键是确定工艺参数,其中最重要的参数是温度、压力和时间。压力制度首先取决于物料的品种和性质,其次考虑制品的厚度、板面积和设备条件。

(1)温度　一般压制工艺的升温过程可分为 5 个阶段,如图 2 - 88 所示。

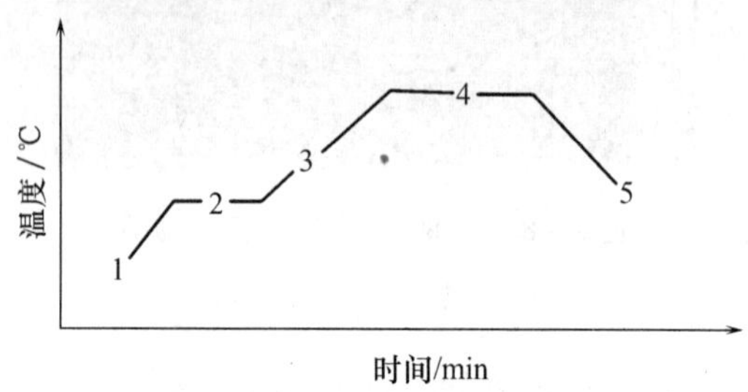

图 2 - 88　一般压制工艺的升温过程

第一阶段是从室内升到物料的显著反应温度,即预热阶段。此时树脂融化并排除部分挥发物,压力一般为全压力的 1/3 ~ 1/2 。

第二阶段是中间保温阶段。这时树脂融化、渗透,反应速率较低。保温时间根据胶布的老嫩程度和制品板的厚度而定。当流出树脂接近凝胶化并拉长丝时,应加大压力并升温。

第三阶段为升温阶段。这是为了提高树脂的固化程度。此时,树脂反应速率加快。

第四阶段为保温阶段。目的是使树脂充分固化,该温度取决于树脂的固化特性,而固化时间则取决于板材的厚度。

最后阶段为冷却阶段,达到保温阶段终点即可停止加热,然后缓慢冷却,并保持所需的最高压力。冷却速度对制品表面的平整度有影响,应控制冷却速度,开始冷却时不易过快,温度降至 50 ℃以下时才可脱模。

(2)压力　压力的作用是用来克服挥发物的蒸汽压,使黏结树脂流动,使胶布层间密切接触,防止板材冷却时变形。

成型压力的大小根据树脂的固化特性确定。固化时若有小分子物逸出,压力应大一些;树脂固化温度高时,成型压力也要相应增大。成型压力的大小还需考虑制品的厚度、胶布的含胶量和升温速度等因素。

几种常见的玻璃布层压板的热压制度见表 2 - 43。

表 2-43 几种常见的玻璃布层压板的热压制度

压制工艺	3 240 酚醛环氧树脂	3 230 酚醛树脂胶布	FR-4 环氧树脂胶布	酚醛改性二苯醚胶布
加压时机	110~120 ℃ 6 MPa,15 min	80 ℃,7~9 MPa	130~150 ℃ 3 MPa,30~50 min	110~120 ℃ 6 MPa,15 min
成型温度、压力	160 ℃,6 MPa	160 ℃,6 MPa	160 ℃,6 MPa	160 ℃,6 MPa
保温时间	5~8 min/mm	8 min/mm	5~8 min/mm	5~8 min/mm
脱模	室温脱模	室温脱模	室温脱模	室温脱模

(3)时间　从预热加压开始到取出制品为止的时间即压制时间,它是预压时间、热压时间和冷却时间之和,压制时间与树脂的固化速度、层压板的厚度和压制温度有关,以层压板能否被充分固化为依据。

预压时间取决于胶布的性能,若胶布的不溶性树脂含量高,挥发物含量低,则预压时间就短;反之要相对延长。热压时间应保证胶布中树脂充分固化,太短则树脂固化不完全,太长则是制品性能下降,需要通过反复实验来确定。冷却时间是保证产品质量的最后一个环节,冷却时间过短则容易使产品产生翘曲、开裂等现象;太长则降低生产效率。

(4)冷却脱模　保温结束后即可关闭热源,自然降温或采用冷风、冷水等冷却,但不应过早降压,否则会使产品表面产生气泡或翘曲现象。脱模温度一般低于 60 ℃。

(5)后处理　后处理的目的是使树脂进一步固化直到完全固化,同时部分消除制品内应力,提高制品的性能。环氧板、环氧酚醛板的后处理是在 120~130 ℃的环境中持续120~150 min,这样可提高制品的力学性能和电学性能。

三、层压板的性能

几种典型层压板产品的部分性能见表 2-44 。

表 2-44 几种典型层压产品的部分性能

性能	3 240 环氧酚醛玻璃布板	亚胺酚醛云母纸层压板	EBMCA 玻璃布层压板	改性二苯醚玻璃布板
马丁耐热温度/℃	>200	170	273	
吸水率	<1%	0.3%		0.026%~0.033%
弯曲强度/MPa	250	230.4	458	456~599
拉伸强度/MPa	200	207.2		358.7
耐油性(在变压器油中浸 4 h)/℃	130			
布氏强度/MPa	≥294			
冲击强度/MPa	14.7	2.2		29.2~36.7
断裂强度(10 mm 厚)	>294			
体积电阻率/Ω·cm 常态 湿态(24 h 后)	$>10^{13}$ $>10^{12}$	5.6×10^{15}	4×10^{13} 2.0×10^{13}	2.4×10^{14}

表 2-44(续)

性能	3 240 环氧酚醛玻璃布板	亚胺酚醛云母纸层压板	EBMCA 玻璃布层压板	改性二苯醚玻璃布板
表面电阻率/Ω 常态 湿态(24 h 后)	$>10^{13}$ $>10^{12}$		2.2×10^{14}	
介电损耗角正切(工频)	0.05	0.004 7	0.026	0.032
介电常数(工频)	6	3.6	4.9	4.9
介电强度(常态)/(kV/mm)	20	17.3	22	32.2
热膨胀系数/℃$^{-1}$ 100 ℃ 200 ℃			2.44×10^{-5} 4.05×10^{-5}	

四、制品缺陷的分析及对策

以胶布为原料的层压板在生产中可能出现的主要质量问题及解决措施见表 2-45。

表 2-45 层压板常见的质量问题及解决措施

缺陷	原因	对策
层压板表面花麻或不平整	(1)胶布的可溶性树脂含量太小,树脂流动性差;浸胶温度不均匀,胶布横向树脂可溶性不均匀 (2) 玻璃布受潮,局部浸润性不好,难以浸渍 (3) 热压时预压时间长,加压太迟 (4)压制时的压力过小,不能使树脂均匀流动	(1)制作胶布时,提高可溶性树脂含量,调整浸胶机温度 (2)浸胶前,玻璃布应烘干,调整浸胶机 (3)调整压制工艺,寻找合适的加压点 (4)增加压力使树脂均匀流动
板材表面有树脂裂纹	(1)压制时中心部位温度过高,热应力引起裂纹 (2)树脂分布不均匀,在树脂较多的地方由热应力造成裂纹	(1)调整压机加热板的温度 (2)浸胶时应使胶布的含胶量均匀
板材表面粘钢板	(1)没有放面布,或面布中润滑剂含量太少 (2)钢板的光洁度太差 (3)脱模温度太高 (4)胶布树脂流出太多	(1)注意选好面布 (2)在钢板上涂一层脱模剂,及时更换不平整的钢板 (3)调整脱模温度 (4)调节加压时机避免树脂流出太多
板材分层	(1)树脂质量不好,黏结性能差 (2)胶布过老,热压时间太短且压力过低 (3)胶布中夹有杂质	(1)加强各工序质量和中控检查 (2)压制时保持应有压力,避免加压太晚 (3)保持胶布清洁

表 2-45(续)

缺陷	原因	对策
表面树脂积聚	(1)压制时制品内外的温度差太大,导致制品中间和边缘、面布和里布的树脂流动性都产生差异 (2)胶布的含胶量不均匀	(1)压制时物料不能升温过快或过高;施压(尤其是预压阶段)尽可能小而及时 (2)使胶布尽可能浸胶均匀
压制时胶布滑出	(1)胶布含胶量不均匀,叠合胶布不是高低搭配,以致压制时随树脂流动而滑出 (2)胶布可溶性树脂含量太高 (3)在压制时升温、加压时间过早 (4)起始压力过大 (5)使用的玻璃布不合要求	(1)使胶布浸胶均匀且注意铺层方式,压制板四周采用机械挡板或金属框架,限制胶布滑移 (2)降低树脂可溶性树脂含量 (3)延迟升温、加压时间 (4)降低起始压力 (5)控制玻璃布质量
板材翘曲	(1)压制时物料升温、冷却速度过快,导致板材内应力集中 (2) 脱模温度过高,板材产生热应力 (3)叠合、铺层的方案不合理,纤维排列方向不对称 (4)胶布的纤维发生变形,浸胶时张力不均匀 (5)使用的玻璃布不合要求	(1)适当降低升温、冷却速度 (2)降低脱模温度 (3)叠合、铺层时片材合理选配 (4)调整浸胶设备 (5)更换玻璃布
厚度偏差大	(1)胶布含胶量不均匀,老嫩不均匀 (2)加热板的温度不均匀以及该板的位置倾斜	(1)在铺叠物料时有效地搭配物料,控制浸胶布质量 (2)调整设备及加热板的温度分布

实际生产时出现的问题还远不止这些,应针对不用问题具体分析,做出正确判断,不断总结,问题是可以解决的。

任务5 掌握灌注成型工艺

5.1 RTM 工艺特点

树脂罐注成型工艺(Resin Transfer Molding, RTM)是从湿法铺层和注塑工艺演变而来的一种新的复合材料成型工艺。

RTM 工艺一个重要的发展方向是大型部件的整体成型。工艺方法以 VAR - TM, Light - RTM,SCRIMP 工艺为代表,主要应用于汽车、游艇、风机叶片等大型或者特大型部件的整体成型。进入 21 世纪以后,RTM 工艺在大型结构部件的制造中表现出了明显的优势,在各领域中得到了越来越多的应用。

RTM 工艺技术的研究和应用涉及材料学、流体力学、化学、计算机模拟仿真及实时监控技术等诸多交叉学科领域,是当前国际复合材料最活跃的研究领域之一。其主要研究的方向包括低黏度、高性能树脂的制备及其化学动力学和流变特性;纤维预成型体的制备及渗透特性；成型过程的计算机模拟仿真技术；成型过程的在线监控技术；模具优化设计技术；新型工艺设备的开发；成本分析技术等。

RTM 以其优异的工艺能，已广泛的应用于舰船、军事设施、国防工程、交通运输、航空航天和民用工业等。其主要特点如下：

(1)模具的制造和材料的选择灵活性强，根据不同的生产规模，设备的变化也很灵活，制品产量在 1 000 ~ 20 000 件 / 年，采用 RTM 成型工艺可获得最佳的生产经济效益。

(2)能制造具有良好表面质量、高尺寸精度的复杂部件，在大型部件的制造方面优势更为明显。

(3)以实现局部方面的增强，夹心结构；容易灵活的调整增强材料的类型、结构设计以满足从民用到航空航天工业不同的性能要求。

(4)纤维含量最高可达 60%。

(5)RTM 成型工艺属于一种闭模操作工艺，工作环境清洁，成型过程苯乙烯排放量小，有利于环保。

(6)RTM 成型工艺对原材料体系要求严格，要求增强材料具有良好的耐树脂流动冲刷和浸润性，要求树脂黏度低，高反应活性，中温固化，固化放热峰值低，尽责过程黏度较小，注射完毕后能很快凝胶。

(7)低压注射，一般注射压力 <207 kPa，可采用玻璃钢模具(包括环氧模具、玻璃钢表面电镀镍模具等)，铝模具等，模具设计自由度高，模具成本较低。

(8)制品孔隙率较低。与预浸料模压工艺相比，RTM 无须制备，运输、储藏冷冻的预浸料，无须复杂的手工铺层和真空袋压过程。也无须热处理时间，操作简单。技术的开发和扩大应用之所以活跃，主要是因为其工艺过程前期树脂和纤维相对分离，纤维材料的组合自由度非常大，不同类型的纤维以及不同结构形式的编织方法都可以应用，多种类型的树脂也可以根据产品需要来选择。

但是 RTM 工艺由于在成型阶段树脂和纤维通过浸渍过程实现赋形，纤维在模腔中的流动、纤维在模腔中的流动、纤维浸渍过程以及树脂的固化过程都对最终产品的性能有很大的影响，因而导致了工艺的复杂性和不可控性增大。表 2 – 46 列出了手糊，RTM，SMC，BMC 成型工艺适用性的比较。

表 2 – 46　成型工艺优缺点的比较

比较	手糊	RTM	SMC/BMC
生产规模/(件/年)	<1 000	5 000 ~ 10 000	10 000 以上
模塑温度/℃	室温	40 ~ 60(室温也可以)	130 ~ 150
成型周期	1 ~ 4 h	5 ~ 30 min	1 ~ 15 min
生产效率(8h)/件	2 ~ 3	16 ~ 90	50 ~ 400
模具类型	FRP	FRP 或金属	金属
模具费(以开模为 1)	1	2 ~ 4	5 ~ 10
制品表面效果	一面光	两面光	两面光
部件重复性	人为因素影响较大	较好	很好

表 2-46(续)

比较	手糊	RTM	SMC/BMC
部件尺度精度	人为因素影响较大	较好	很好
树脂与纤维比例	人为因素影响较大	较好	很好
填料含量	高	较低	高
脱模剂	外脱模	内外都可	内脱模
压力/MPa	接触压力	0.1~0.25	4~10

5.2 RTM 成型工艺

一、RTM 成型工艺过程

RTM 工艺的基本原理如图 2-89 所示，先在模腔内预先铺放增强材料预成型体、芯材和预埋件，然后在真空作用力下将树脂注入闭合模腔，浸润纤维，固化后脱模，再进行二次加工等后续处理工序。

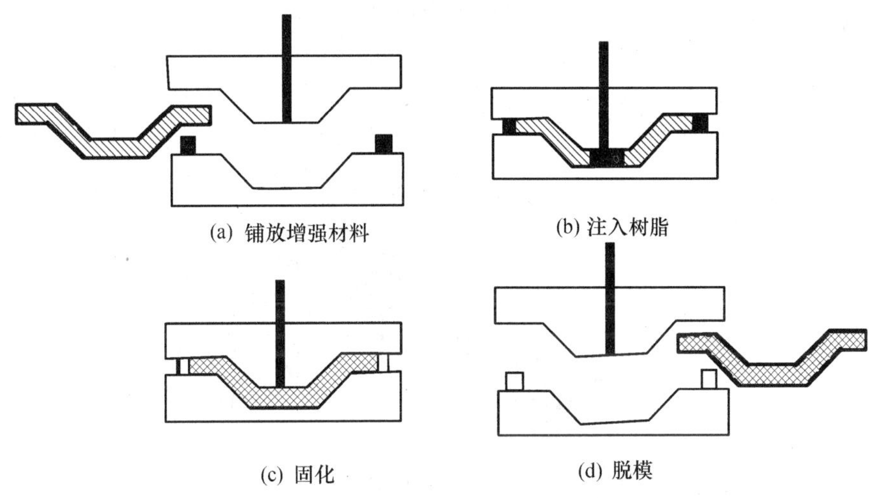

图 2-89 RTM 工艺的基本原理

纤维预成型有手工铺放、手工纤维铺层加模具热压预成型、机械手喷射短切纤维加热压预成型、三维立体编织等多种形式，需要达到的效果就是纤维能够相对均匀地填充模腔，以利于接下来的树脂充模过程。

在合模和锁紧模具的过程中，根据不同的生产形式，有的锁模机构安装在模具上，有的采用外置的合模设备，也可以在锁紧模具的同时利用真空铺助来提供锁紧力，模具抽真空的同时可以降低树脂充模产生的内压对模具变形的影响。

在树脂注入阶段，要求树脂的黏度尽量不要发生变化，以保证树脂在模腔内的均匀流动和充分浸渍。在充模过程结束后，要求模具内各部分的树脂能够同步固化，以降低由于固化产生的热应力对产品变形的影响。这种工艺特点对于树脂的黏度和固化反应过程以及相应的固化体系都提出了比较高的要求。

二、不同类型的 RTM 产生布局

随着原材料技术、模具技术、设备技术的快速发展,RTM 的生产布局也出现了多种多样的形式。

按照生产效率划分,可以将 RTM 工艺的发展规划分为三代。第一代 RTM 工艺通常为常温固化或外部加热,生产周期取决于时间最长的工序,通常为固化工序,如图 2-90 所示。

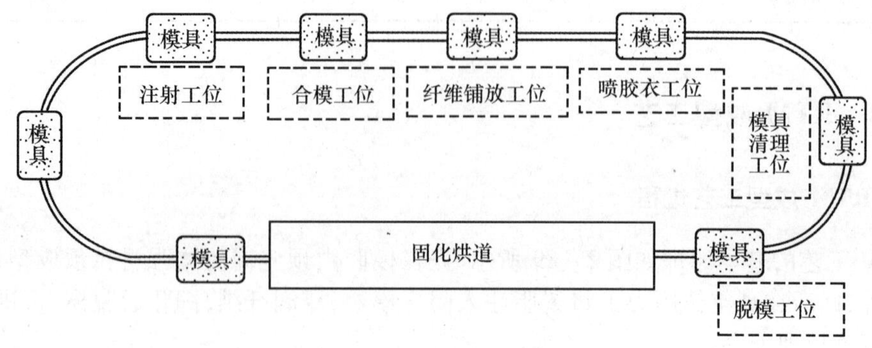

图 2-90 RTM 环形生产线

第二代 RTM 工艺的特点是模具自带加热系统,同时采用了专门的开合模锁紧机构,生产效率可以达到 20~30 min。图 2-91 所示的是有代表性的双工位 RTM 工艺布局,一个工位在喷射胶衣、铺放纤维时,另一个工位可以进行注射、固化过程。

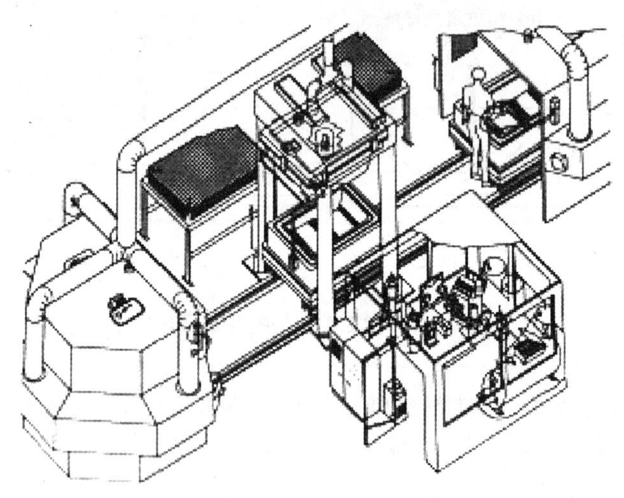

图 2-91 第二代 RTM 工艺布局

第三代 RTM 工艺采用的是 120 ℃左右的固化温度,模具由专用的压机带动实现开模、合模、锁紧,设备采用高速注射设备,模具使用金属模具,整体布局和 SMC 工艺类似,成型周期小于 10 min,如图 2-92 所示。

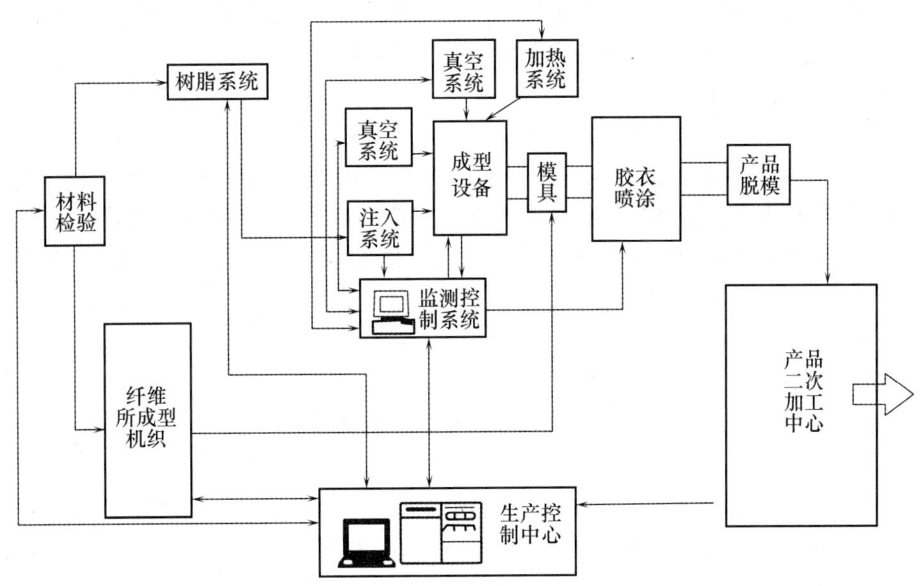

图 2-92 第三代 RTM 工艺自动化生产线布局

三、RTM 工艺参数对工艺过程的影响

影响 RTM 工艺的工艺参数包括树脂黏度、注射压力、成型温度、真空度等,同时这些参数在成型过程中是相互关联和互相影响的。

(1)树脂黏度 适用于 RTM 工艺的树脂应该具有较低的黏度,通常应小于 600 MPa·s,小于 300 MPa·s 时工艺性能会表现得更好。当所使用的树脂黏度较高时,通常提高树脂的成型温度来降低树脂黏度,以利于更好地实现充模过程

(2)注射压力 注射压力的选择取决于纤维的结构形式和纤维含量以及所需要的成型周期。很多研究资料都表明,较低的注射压力有利于纤维的充分浸渍,有利于化学性能的提高。通过改变产品的结构设计、纤维铺层设计、降低树脂的黏度、优化注射口和排需要的成型周期。很多的研究资料都表明,较低的注射压力有利于纤维的充分浸渍。有利于气口的位置、使用真空辅助手段,都可以实现降低注射压力。

(3)成型温度 成型温度的选择受模具自身能提供的加热方式、树脂固化特性及所使用的固化体系的影响。较高的成型温度能够降低树脂的黏度,促进树脂在纤维束内部的流动和浸渍,增强树脂和纤维的界面结力。有资料数据显示,较高的温度能够提高产品的拉伸强度。

(4)真空度 在成型过程中使用真空辅助可以有效降低模具的刚度需求,同时促进注射过程中空气的排除,减少产品的孔隙含量。通过实验数据测定,在真空条件下成型的平板平均孔隙含量只有 0.15%,而没有真空的平板孔隙含量达到 1%。

5.3 增强材料和纤维预成型技术

在 RTM 模具中手工铺放增强材料是一个比较困难的工序。在铺放过程中,增强材料容易错位,同时增强材料的变形不能够与模具的幸免变化相适应,需要手工剪开,然后黏接或

合缝,这对于连续生产的一致性和效率都会产生影响。通过将纤维用一定的工艺手段预先制作和模腔结构一样的预成体,可以很好地解决这个问题。

一、增强材料的类型

增强材料以及各种高强高模碳纤维和芳纶纤维所用的玻璃纤维织物结构形式包 RTM 用的纤维类型包括 E 玻璃纤维、R 玻璃纤维和 S 玻璃纤维,包括表面毡、机织布、短切毡、连续毡、缝编毡、多轴向织物、RTM 专用复合毡以及立体编织物等多种类型。碳纤维等高性能纤维通常使用不同织造方法的布,在很多高性能部件的制造场合,三维立体仿形织物的应用越来越多。

1. 机织布

方格布是最为常见的织布,其他类型的机织布,如斜纹布、缎文布等都可以用于 RTM 工艺。

各种类型的机织布在铺层时很容易发生褶皱和扭曲,不容易铺放到位。因此机织布通常用于一些型面变化比较简单的产品,为保证纤维在模具内的稳定,可以使用特定的黏结剂固定织物。也可采用手工缝编的方式,用涤纶线将布与布之间缝合在一起。

2. 短切毡

短切毡用于 RTM 工艺的优点是成本低、变形性好,缺点是耐冲刷性差,但是如果再靠近模具注射口的短切毡上面铺放机织布,可以降低树脂对纤维的冲刷。从实际使用的情况来看,短切毡和机织布配合使用可以提高制品层间的剪切性能,同时实现纤维在不同分布方向上的互补。

3. 连续毡

玻璃纤维连续原丝毡是一种重要的玻璃纤维无纺增强基材,它是以一定数量的连续玻璃纤维原丝随机分散成圈状均匀分布于网带上,靠原丝间互相交搭的连锁作用及少量黏结剂合成毡。连续毡的单位面积质量为 225 ~ 900 g/m^2。厚度为 2 ~ 5 mm。由于连续毡具有各向同性、抗移性好、耐树脂冲刷性好、贴覆性好、制品强度高等优点,成为 RTM 工艺中非常重要的一种增强材料。

国外连续毡生产工艺主要采用“一步法”成毡技术,即在玻璃池窑拉丝漏板下布置多台成型工艺装置,通过数台抛丝机将纤维拉出并直接铺撒在行进的网带上形成毛坯,在经过施胶、烘干,收卷成毡。这种工艺的特点是纤维分散性好,产量大,自动化程度高。

4. 缝编毡

缝编毡是通过缝编机将不同类型的纤维缝合成纤维毡的结构形式。缝编毡可以通过不同的缝合方式实现纤维织物的多种增强结构形式,是 RTM 工艺中应用最多、成本较低的一种增强材料。各种缝编毡的类型如下:

(1)单轴向织物　仅在与织物长度方向成 0°(经向)或 90°(纬向)的一个方向平行铺设无捻粗砂并缝合成织物。

(2)双轴向织物　在于织物长度方向成 0°,90°, ±45°的四个方向任意两个方向平行铺设无捻粗砂,每个方向各自形成独立的纱层并缝合成双轴向织物。

(3)多轴向织物　在于织物长度成 0°,90°, ±45°的四个方向任意三个或四个方向平行铺设无捻粗砂然后缝合成多轴向织物。

(4)缝编短切毡　用组合在缝编机上的短切机,将无捻粗纱短切并铺撒均匀,然后缝合成毡。

(5)缝编复合毡　将单轴向织物、双轴向织物、多轴向织物中的任意一种与缝编短切毡在缝编机上可缝合制成2~5层缝编复合毡。

5. 三维立体织物

三维编织是通过长短纤维相互交织而获得的三维无缝合的完整结构，其工艺特点是能制造出规则形状及异形实心体，并可以使结构件具有多功能性，即编织多层性等整体构件。三维织物主要应用于对力学性能要求非常高的航空航天结构部件的构造。

编织工艺的原理是：由许多按同一方向排列的纤维卷通过纱线运载器精确地沿着预先确定的轨迹在平面上移动，使各纤维相互交叉或交织构成网络状结构，最后打紧交织面而形成各种形态增强结构的三维织物。

(1)三维编织的优点如下：

①异形件一次编织整体成型，实现了人们“直接对材料进行设计”的构想；

②结构不分层，层间强度高，综合力学性能好。

(2)三维编织的缺点如下：

①生产成本高，人力、物力消耗大；

②编织速度慢；

③制件尺寸受到很大限制。

二、纤维预成型技术

预成型体制备的常用方法有三种：第一种方法是纺织、针织或编织净外形或接近净外形的预成型体；第二种方法是将增强材料缝合成弹性、半弹性的增强材料部件嵌入模具中；第三种方法是黏结预成型方法，对于某些具体的部件，它们常常可以独立或混合使用。

1. 预成型体的工艺性

预成型体必须满足一系列的工艺要求才能保证复合材料制品的质量和性能，而这些都与增强材料的性质、织物结构、定型剂种类和预成型体制造工艺等密切相关。下面这几个方面是纤维预成型体所要求的工艺特性。

(1)浸渗特征　纤维预成型体最基本的要求是树脂必须对它能充分浸渗，并且要在尽可能小的压力下和尽可能短的时间内完成这一过程。其中一个重要的浸渗参数是纤维预成型体的渗透率。渗透率与纤维预成型体的纺织结构有密切关系，特别是纤维的排列方向，纤维的体积分数和纤维对树脂的浸润性等。

(2)纤维浸润性　这种性能是基于纤维的自由表变，由他它们的接触角决定的。为了使树脂充分浸润纤维，纤维的表面能必须大于树脂的表面能，因此商业用的纤维大都进行了表面处理。采用定型剂时，必须考虑树脂对含定型纤维的浸润性，通过定型剂处理能提高浸润性。

(3)预成型体的抗冲刷性　对于纤维体积分数高的预成型体，为了提高浸渗速率，通常需要比较大的树脂注射压力，为保证纤维的排列方向不被冲乱，这就要求预成型体有良好的抗冲刷性，采用定型剂预成型时，保证定型剂有一定的黏结力和刚度。

(4)预成型体的均匀性　预成型体的各部分浸渗参数相差尽可能小，以利于树脂能按照预计方向流动。因此制备预成型体时均匀分散定型剂很重要。

(5)预成型体的可操作性　预成型体的可操作性依赖于预成型体的刚性和预成型体的

整体性，目的是使预成型体在工艺过程中易于操作而不会对纤维的排列和体积分数造成影响。

(6)预成型体的表面平整性　对于表面质量要求的制件(如汽车零部件)。预成型体的表面质量直接影响产品的使用，有时还必须通过应用胶衣树脂才能达到使用要求。

2. 预成型工艺方法

(1)短切纤维喷射预成型　短切纤维喷射预成型体的制备方法，即经常提到的直接纤维预成型，短切纤维与黏结剂一起被喷射到开有预留孔的模版或网屏上(通常采用组合的粗纱和热固性树脂乳胶作为胶黏剂)，喷洒完成后需将预成型体烘干，也可以采用粉末纤维式的热塑性胶黏剂。在传统工艺中，通过有孔模版吸入空气，在沉积纤维的同时保持或部分干燥预成型体。喷射完成后，加热预成型至胶黏剂固化定型。短切纤维喷射预成型工艺原理和预成型胚如图 2－93 所示。

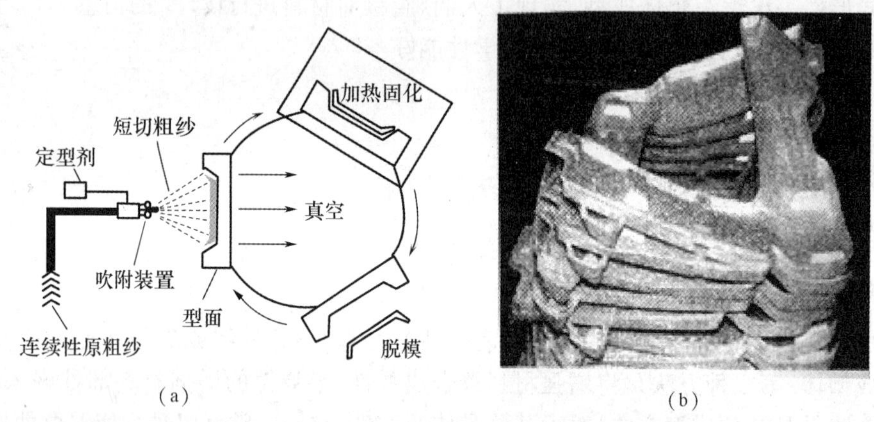

图 2－93　短切纤维喷射预成型工艺原理和预成型坯

其中工艺特点是原材料成本低，可以产生净外形预成型体。但由于短切纤维力学性能低，限制了其应用范围；而且模具工装费用成本较高，能量消耗大。

(2)CompForm 方法　CompForm 预成型体是唯一能使用多种增强材料成型工艺。它能使用一种或几种增强材料混合成型。该预成型体工艺使用液态热塑性黏结剂，通过紫外线照射固化。由于这些黏胶剂有紫外线提供固化能力，固化非常迅速，且可通过几种方式实现。CompForm 工艺的特点就是通过逐次的预成型或组合程序，能制造复杂的预成型体。这种预成型件可包括夹芯材料及嵌件。

由于黏结剂是热塑性的，可以实现稳定的工艺重复，或不止一步的进行预成型。逐次地组合，就像装配线上的焊接工艺一样，都能很容易地实现，另外，在选定部分可使用不透明的遮光罩，使的选定部分的黏结剂不固化以备后面的组装或成型用。被遮住没有固化的的区域，允许复杂的形状被“展开”成简单的形状，经“再包裹”成最终的形状，然后将前面的遮光部分用紫外线照射固化胶黏剂进行固化。

(3)P4 预成型体工艺　P4 预成型体工艺项目受 ACC(汽车符合材料国际联合组织)的 FocalProject2 和 FocalProject3 的支持，是以实现 FocalProject2 为目的，即制备复合材料小吨位卡车轴承箱的 SRIM 模型要求的高容量纤维预成型产品。P4 预成型工艺技术如图 2－94 所示。

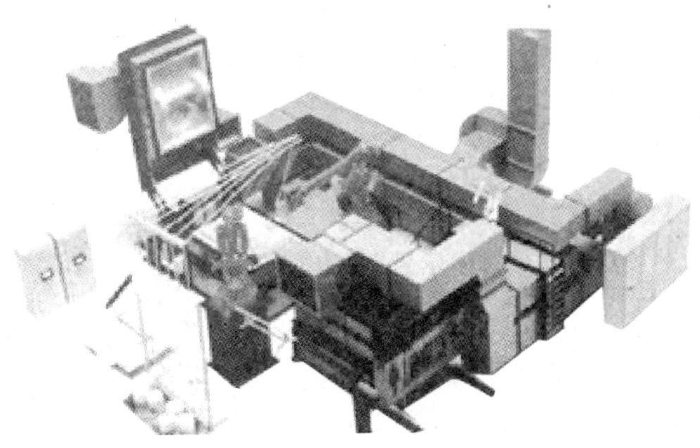

图 2-94 P4 预成型工艺技术

P4 包括三个主要步骤:纤维铺层、固化及预成型脱模。工艺的第一步是切碎纤维及黏结剂的附着。纤维粗纱被切碎后与热塑性粉末状黏结剂一起喷射到预成型模具上。通过表面的整箱气流保证切碎纤维固定在模具表面。一旦喷射完成,模具锁紧,预成型体就被压缩到所要求的厚度。然后向模具内吹热空气融化黏结剂。黏结剂被融化后,热气流停止,黏结剂固化使纤维定型模具开模,完成预成型体脱模。与短切纤维和成型制备工艺比较,P4 工艺从本质上和原理上并没有太大的区别。只是在最后的定型阶段上,P4 工艺用到了对模压制方法,这样将有效保证纤维的体积含量,同时为预成型体提供足够的刚度,即能产生高度坚固、净外形、净尺寸的预成型体,而这仅需要通过适当的模具来实现,模具能将预成型体压缩到要求的厚度,同时也增加了整个预成型体的刚度和可操作性、净外形净尺寸特征可以通过真空消除玻璃前卫的过多喷涂,也可以通过净边模具设计来满足分模边设计来满足分模边的确定。该净尺寸能省去修理造作的需要。

热模压预成型才用含有定型机的片状增强材料,铺贴在磨具上,通过加温,加压冷却和脱模等工艺。靠物理作用固定片状纤维。增强材料主要是织物和玻璃纤维毡。片状预成型分为热模压预成型和直接成型。直接成型不需要预成型体,热模压预成型是通过加热融化定型剂并加压成型的方法(见图 2-95)。

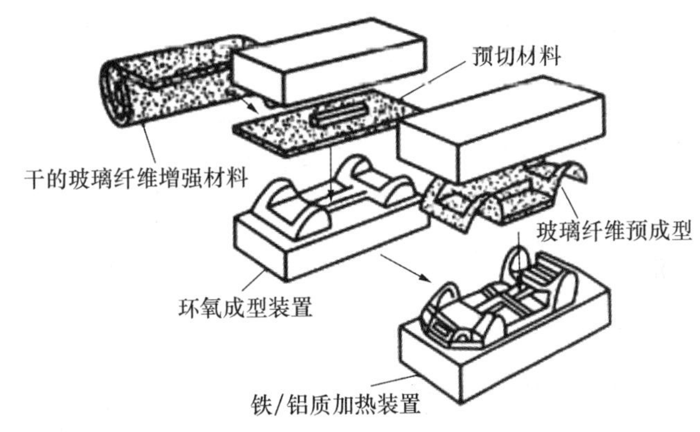

图 2-95 热模压预成型技术示意图

热模压预成型包括以下过程：

①增强型材料的建材：把增强性材料建材成比产品外形尺寸大 10 cm 的形状，在预成型模距离不加热条件下模压，切成所需的形状。

②铺贴增强材料。

③在加热磨具里加热加压温度和时间于定型剂有关，一般为 110 ~ 150 ℃，60 ~ 180 s。

④冷却、脱模、必要时修理修剪。

5.4　RTM 工艺用树脂

RTM 工艺用树脂需要满足以下的一些基本要求

（1）黏度　树脂黏度范围在 0.1 ~ 1 Pa · s，一般为 0.12 ~ 0.5 Pa · s，黏度太高或太低可能导致浸渍不良，或形成大量的孔隙和违背浸渍的区域，影响制品的性能和质量。黏度太高的树脂需要较高的注射压力，容易导致纤维被冲刷。

（2）相容性　树脂对增强材料应具有良好的浸润性、匹配性和新界面性。

（3）反应活性　RTM 工艺用树脂的反应活性应表现为两个阶段：在充膜过程种，反应速率慢，不影响冲模；冲模结束后，树脂在固化温度条件下开始凝胶，并迅速达到一定的固化程度。这样才能减少磨具占用时间，提高生产效率。

（4）收缩率　树脂收缩率要低，树脂收缩率过大会增加孔隙率和制品裂纹机会。

（5）模量　在满足力学性能的前提下，树脂模量适中，高模量的树脂产生高热应力，容易引起制品变形和产生裂纹。

（6）韧性和断裂延伸率　树脂的这两个指标主要与制品抗冲击与耐裂纹性能成正比，较高值可提高树脂耐热裂纹的能力。

一、不饱和聚酯树脂

Norpol 42 ~ 96 是一种中等反应活性的不饱和聚酯树脂，特别适用于低压注射工艺和发泡注射工艺，其发泡过程是先加入 1.12% 的发泡剂 Lu - perpoan329，而后再加入 3% 的 Luperox DP33 促进剂。这种聚酯泡沫制品的密度要比适用聚酯的小很多。Norpol 42 ~ 96 的聚焦时间约为 9 ~ 14 min，含 15% 玻璃纤维毡复合材料的密度约为 0.9 ~ 1.0 g/cm^3，拉伸强度为 20 ~ 30 MPa，拉伸模量为 2.7 ~ 3.2 GPa，弯曲度强度为 45 ~ 55 MPa，冲击强度为 31 kJ/m^2。当玻璃纤维含量达到 25% 时，其密度约为 1.0 ~ 1.2 g/cm^3 拉，拉伸强度为 60 ~ 70 MPa，拉伸模量为 6.3 ~ 7.2 GPa，弯曲强度为 100 ~ 110 MPa，冲击强度为 46 kJ/m^2。

Palaprog R30 - 01V 低收缩型树脂，可以达到 A 级表面质量。只要工艺条件合适，该系统可适用于各种 RTM 用途，不管是否使用胶衣，都能获得良好的表面质量。RTM 成型时，模具的最低温度为 60 ℃，最佳温度为 80 ℃。当模塑制品在常温下固化，放置 24 h 后，尺寸则没有变化。成型的复合材料性能为：弯曲强度 175 MPa，弯曲模量 7 GPa，拉伸强度 120 MPa，冲击强度 80 kJ/m^2。

Arotran 树脂，由于采用了新的聚酯化学技术，可用于制造 A 级汽车覆盖件。该树脂的模塑温度为 60 ℃，聚合反应中出现的物理微孔，可消除收缩，从而得到光滑表面。其配方和工艺条件为：100 份树脂，70 份碳酸钙和 2 份 Luperso/DDM - 9。增强材料包括一层表面毡，24% 的连续纤维毡及定向布毡，RTM 注射机的气压为 275 ~ 550 kPa，树脂与过氧化物的比率为 100∶1.2。

二、乙烯基酯树脂

乙烯基树脂是用于环氧树脂和不饱和酸反应制成的,其分子链末端具有高交联度,高反应活性的双键,化学性能稳定,其中稳定的苯醚键使乙烯基树脂耐腐蚀。另外,酯基只位于分子链端部,固化反应时交联也只在端部进行,整个分子链都不参与反应。因此,分子链可以拉伸,并表现出较好的韧性,延伸率可以达到1% ~8%。由于乙烯基酯独特的分子链和合成方法,使其固化物的力学性能接近环氧,工艺性能类似聚酯,具有高度耐腐蚀性。它的耐酸性优于胺类环氧,耐碱性优于酸类固化环氧和不饱和树脂。乙烯基酯分子中的羟基,增加了树脂对玻璃纤维的浸蚀性。

三、环氧树脂

环氧树脂主要用于成型高性能复合材料,一个环氧树脂体系是否能适用于 RTM 成型,是否能成为高性能复合材料的树脂基体,不仅与环氧树脂的品种有关,同时也取决于所用的固化剂及促进剂。为使树脂体系适用于 RTM 成型,固化剂体系在室温下应为低黏度液体,与环氧树脂配合后树脂在注射温度下具有良好的储存稳定性,固化树脂具有良好的耐热性,高强度,高韧性。目前常用的固化剂为液体胺类和多官能团的液体酸酐等。

针对高性能环氧树脂体系工艺性差的问题,另一个解决的办法是通过升高温度或加入活性稀释剂。但升高温度将缩短工作期,而活性稀释剂在有效降低体系黏度的同时又常常降低制品的耐热性。所以,开发研制耐高温活性稀释剂也是环氧树脂体系改性的一条重要途径。

适用于高温成型工艺的代表性环氧树脂主要有 LUS940/XU205 和 PR 500 环氧树脂体系,主要应用于航空复合材料制件。温室成型用环氧树脂通常是双组份的,由环氧树脂和温室下黏度较小的固化剂组成。代表性的有 CYCOM 823 和 RTM 6。国内比较有代表性的温室注射 RTM 树脂有 3266 环氧树脂体系。3266 环氧树脂是一种 80 ℃固化、120 ℃后处理、中温 75 ℃长期使用的结构性 RTM 专用环氧树脂。主要应用在高动态载荷的部件,如飞机螺旋桨桨叶,舰船或鱼雷推进螺旋桨桨叶以及其他主承力结构上。

5.5 设备和模具

一、RTM 树脂注射设备

树脂注射设备包括加热恒温系统,混合搅拌器,计量泵以及各种自动化仪表。注射机按混合方式可分为单组分式,双组分加压式,双组分泵式和加催化剂泵式四种。现用于批量生产的注射机主要是加催化剂泵式。

图 2 -96 为 RI -2 设备,它使 RTM 工艺朝高质量,高速度的全系统生产方面迈了一大步。它既可以用于制造玻璃纤维含量的结构件,也可以生产 A 级表面的汽车部件。RI -2 有一个单冲程液压泵,两个输送气缸,其中一个输送气缸用于输送树脂,另一个输送催化剂。还有一个专用的输入阀直接将泵和模具连接起来,混合料就该阀流进,没有溶剂和树脂暴露于工作区。该系统及喷枪都由一台程控机(PLC)控制。所有的注射参数都可预先设定,供生产选择。注射在一个连续地冲程内进行,这可避免传统活塞泵中因压力下降以及流量脉动所引起的问题。控制注射既可以用压力,也可也用流量。通过一个在喷枪或模具

内的压力传感器,可以在注射过程中以设定的压力注射。

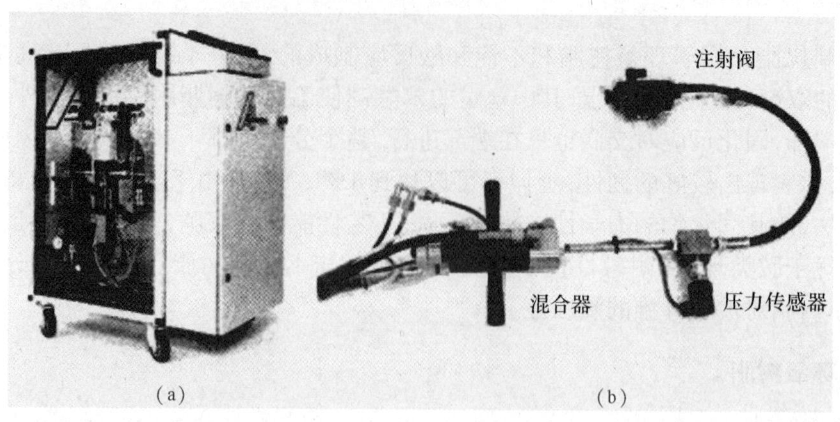

图 2-96 RI-2 设备

二、模具

根据不同的树脂体系和不同的模具要求及糊制进行操作。一般情况下,每固化一次糊制的层数越少,模具尺寸精确度较高,模具强度低,模具变形的概率较小;相反,每固化一次糊制的层数越多,整体强度较大,收缩变形的概率也较大。

有加热层设计的模具,增强层的制作厚度应为 6 ~ 8 mm,这样,既保证了表面强度,其隔热作用也不至于过分突出。加热层由加热管路和导热介质构成,加热管路采用铜管制成,并贴附于增强层的表面,先局部固定后,再用导热材料浇铸成型。模具的加固要使用金属材料等刚性材料,按板壳理论设计结果确定平板单元区域大小并进行网格式加固,框架焊接完成后必须进行去应力处理,糊在模具背后使其与模具黏接成为一体。有加热层的模具还要在最后制作保温层,根据保温材料的不同,保温层厚度一般为 50 ~ 100 mm,然后浇铸成型。

任务 6　掌握真空辅助成型工艺

FRP 船艇的原材料、结构设计和制造工艺这三者之间是密切相关的,当原材料和设计确定后,船体的成型工艺与质量控制水平就成为决定船体性能的主要因素,而且成型车间的环境条件及人员的技术素质对船体性能和质量控制也有很大关系。FRP 船体的成型方法主要有接触成型法和模压成型法。迄今为止 FRP 船体建造中最常用的方法仍是在开式阴模中采用接触成型法,其铺敷方式有以下几种,即手糊成型、喷射成型、自动化或半自动化铺敷成型等。船体的成型工艺和质量控制一直是国内 FRP 船舶制造中最薄弱的环节,大部分船厂至今仍沿用落后的手糊成型方式,间或铺以喷射成型,也有少数船厂曾局部采用过模压成型法中的真空袋压成型方式。它也可视为接触成型法的改进。

但是,传统的 FRP 成型工艺(如手糊、喷射、模压和缠绕等)在成型如舰船等几何形状复杂的大型结构时存在一些难以逾越的技术障碍,而挥发性有机化合物引起的环保问题也与日俱增,加之居高不下的制造成本等都严重地影响了 FRP 的广泛应用。近十余年来,在 RTM 工艺基础上逐渐开发出一种新的综合性优良、低成本、高效率的环保型真空辅助成型工艺,其中包括一系列的专利和商业技术。与此类似的工艺方法目前已有多种不同名称,诸如 SCRIMP,VARI,VARTM,VIMP`PM,RIRM 和 Quick Dran VARTM 等,SCRIMP 是其中最具代表性的一种,如图 2-98 所示。

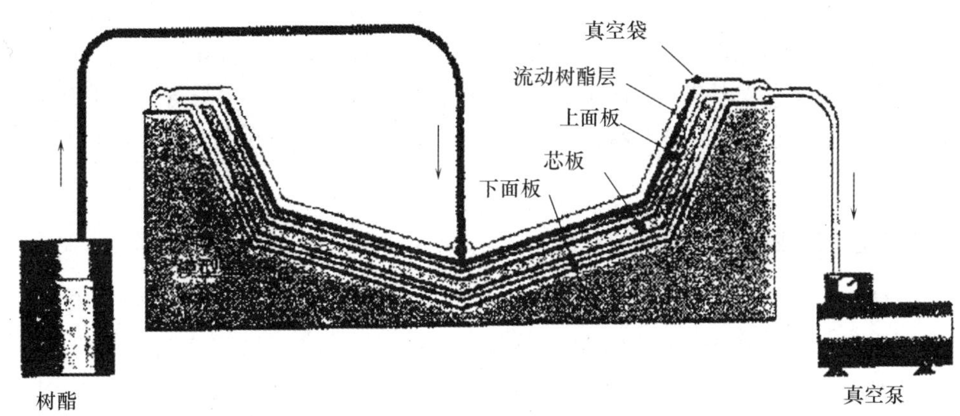

图 2-98 SCRIMP 工艺流程图

一、真空辅助成型工艺的开发及其基本工作原理

SCRIMP(Seamann Composites Resin Infusin Manufacturing Process)是由美国 Seamann Composites 公司在 20 世纪 80 年代末开发出来的一种真空辅助成型工艺,1990 年初获得注册专利,但当时公众反应平平,未实现预期的商业利益,直到 1996 年在船舶中获得应用后,才得到人们的首肯。国外对真空辅助成型技术已进行了十余年的开发研究,并形成上述多种各具特色的工艺方法,而我国直到本世纪初才有个别单位(如由航空 625 所与船舶 708 所合作进行研究的项目)开始自行研究并开发该先进成型工艺在 FRP 舰船领域中的应用。此外,值得指出的是,近两年来科拉斯复合材料有限责任公司在引进和推广 Airtech 公司的真空袋成型工艺方面也做了大量卓有成效的工作。

真空辅助成型工艺的基本原理和步骤是:在模具型面上先铺放纤维增强材料。将型腔边缘严密密封后,再将型腔内抽真空,然后让树脂通过精心设计的树脂分配系统在真空作用下注入模腔内。真空辅助成型是在真空状态下排除纤维增强材料中的气体,利用树脂的流动和渗透,来实现对纤维及其织物的浸渍,并在室温下进行固化,最后形成具有一定树脂/纤维比例的 FRP 结构。

二、真空辅助成型的特点

(1) 力学性能好 在不增加成本的情况下,与手糊构件相比,真空辅助成型构件的强度、刚度或硬度及其他的物理特性可提高 125 倍以上。

(2) 重复性好 采用真空辅助成型制作的构件,不论是同一构件还是构件与构件间都具有高度的一致性,构件有相对恒定的树脂比,空隙率低(不超过 1%),更容易检测构件缺陷,高度固化的层合板可在日光下目测空隙或其他缺陷。

(3) 质量轻 真空辅助成型时树脂消耗量受到严格的控制,其比例几乎由真空值决定,纤维含量可高达 75% ~80%,无需额外的材料来连接芯材。因此,对强度或刚度要求相同的构件,采用真空辅助成型工艺制作可节约材料,减轻质量。

(4)环保　这是真空辅助工艺最突出的优点。开模成型时,苯乙烯的挥发量高达35% ~45%。真空辅助成型工艺则几乎是闭膜成型过程,挥发性有机物和有毒空气污染物均被局限于真空袋中。仅在真空泵中排气(可过滤)和打开树脂桶时才有微量的挥发物。

(5)成本低　采用真空辅助式型制作的构件效率高且纤维含量高,树脂浪费率低于5%,比开模成型工艺节约劳动力50%以上。在芯材加入的前后,无需等待树脂的预浸和固化,可一次成型大型复杂几何形状的夹层和加筋结构。尤其对单板加筋结构,其材料和人工费的节省相当可观。

三、真空辅助成型在船舶中的应用

真空辅助成型工艺自1996年在船舶中获得成功应用后,经过几年应用技术的积累,现已在海军舰船中有了较大规模的发展。英国著名的研制FRP/CM反水雷舰艇的VT公司采用该工艺制造了Sandown级猎扫雷舰的所有上层建筑和主船体中的部分内部结构,这些结构能承受很强的爆炸冲击载荷,VT公司还为Compton Marine和Westerly等公司提供技术支持,用经济的SCRIMP工艺替代原来传统的开模成型工艺,制造了长14 m的游艇,并开发了新一代游艇系列;瑞典海军73 m长的Visby级隐身轻型护卫舰的船体、甲板和上层建筑等也是采用SCRIMP工艺制造的。采用该工艺制造的还有Skjold级隐身巡逻艇;此外美国海军正在研制的新型DD21Zum walt级隐身驱逐舰也将采用SCRIMP成型工艺建造。

美国海军对真空辅助成型工艺大为赞赏,认为该工艺成型的制件性能与可采用昂贵材料和高成本工艺制造的航空、航天结构的性能相媲美,甚至要优于航空、航天结构的性能。在对英国Samdown级猎扫雷舰采用真空辅助成型的结构件进行力学性能分析后,美国海军水面作战中心得出的结论是:真空辅助成型工艺将是制造未来FRP战舰主要壳体结构的重要成型手段。

项目测试

一、填空

1. 低压接触成型工艺,俗称(　　)是复合材料工业最早使用的一种工艺方法。

2. 低压接触成型工艺设计(　　)较大,(　　)容易,因此可根据产品的技术要求设计出理想的外观、造型及多种多样、品种繁多的复合材料制品。

3. 低压接触成型工艺(　　)是指作为复合材料基体黏结剂的聚合物,它的主要作用:一是将纤维(　　)黏结成一体;二是在产品受力过程中(　　)。

4. 低压接触成型模具是低压接触成型工艺的重要工具,合理选用模具是保证复合材料(　　)和(　　)的关键之一。

5. 喷射成型工艺是利用喷射设备将树脂(　　),并与(　　)在空间混合后,落在模具面上,然后(　　),固化成型的一种工艺方法。

6. 喷射机主要由树脂(　　)系统、树脂喷射系统和(　　)切割系统组成。

7. 模压成型工艺是将一定量的模压料放入(　　)中,在一定(　　)和压力作用下,固化成型制品的一种方法。

8. (　　)是一种干法制造不饱和聚酯玻璃钢制品的模压料,它特别适应于结构复杂、性能要求高、尺寸精确的制品的规模化生产。

9. 吸附预成型坯模压工艺是指在(　　)之前预先将模压制品的结构、形状、尺寸相一致的坯料,然后将其放入(　　)中与液体树脂混合,加温,加压成型的一种工艺方法。

10. RTM 工艺是先在模腔内预先铺放(　　)、芯材和(　　),然后在真空作用力下将(　　)注入闭合模腔,浸润纤维,固化后(　　),再进行二次加工等后处理工序。

二、简答

1. 低压接触成型工艺的优缺点?
2. 低压接触成型工艺增强材料的要求?
3. 低压接触成型工艺模具设计的内容?
4. 玻璃钢模具的制作流程?
5. 低压接触成型工艺流程?
6. 喷射成型工艺的分类?
7. 喷射成型工艺的优缺点
8. 喷射成型操作时需要控制的或可以调整的参数主要有哪几项?
9. 喷射成型制品的缺陷及防治方法?
10. 短纤维模压料的主要原材料?
11. 聚酯模塑料的主要原材料?
12. 吸附预成型粘合剂的的作用?
13. 预成型坯模压成工艺流程?
14. 定向铺设模压工艺的三个工艺阶段?
15. 层压工艺特点及生产流程?
16. 浸胶工艺过程?
17. 层压板常见的质量问题及解决措施?
18. RTM 工艺的主要特点?
19. RTM 工艺参数对工艺过程的影响?
20. 真空辅助成型工艺的基本原理和步骤?

项目3　游艇艇体用钢材加工工艺

项目目标：使学生了解钢材变形原因和矫正原理，钢材表面清理与防护的方法；了解构件边缘切割的设备及方法，焊接坡口的加工方法；了解型材构件及板材构件的成形加工方法及工艺流程。

任务1　掌握游艇钢材预处理工艺

一、钢材的矫正

1. 矫正原理

钢材的任何一种变形都是由于其中一部分纤维比另一部分纤维缩得短些或伸得长些所致。因此，矫正就是将较短的纤维拉长或将较长的纤维缩短，使它们和周围的纤维有同样的长度。但实际上一般都采用拉长纤维的方法，因为压缩纤维难以实现。

2. 钢板的矫正

钢板的矫正一般是在多辊矫平机上进行的，一般有5~11工作辊。

常用的矫平机的工作部分是由上下两列工作轴辊所组成，下列辊是主动轴辊，由轴承固定在机体上，不能做任何调节，由电动机通过减速器带动它旋转；上列辊为从动辊，可借手动螺杆或电动装置来做上下垂直调节，以便调节矫平机上下辊列之间的间隙，来适应矫平各种不同厚度的钢板。

矫平时，钢板随着轴辊的转动而啮入，并在上下辊列间受到方向相反的力而发生多次交变的弯曲，因弯曲应力超过材料的屈服极限而发生塑性变形，使钢板中较短的纤维伸长，从而矫平钢板。

钢板越厚，矫正越容易。薄板容易变形，矫正比较困难。厚度在3 mm以上的钢板通常在5辊或7辊矫平机上进行矫正。厚度在3 mm以下的钢板通常在9辊、11辊或更多辊的矫平机上进行矫正，若仍不满足要求，可辅以手工矫正。

对厚度超过矫平机加工范围的，可使用液压机或3辊弯板机进行矫正。

对于已矫正好的钢板，应根据规定的技术标准进行检验。表3-1所列为钢板在矫正后的允许翘曲度。

表3-1　矫正后钢板允许翘曲度

钢板厚度/mm	3~5	6~8	9~11	12
允许翘曲度/mm	3.0	2.5	2.0	1.5

3. 型材的矫正

对于平直的型材构件，应先矫直，再进行号料和切割；对于弯曲的型材构件，因为加工时要留有余量，所以不必经过矫直，可直接进行号料、切割和弯曲加工。

平直的型材构件可在型材矫直机上矫正，在没有专门型材矫直设备的情况下，小型材可以在平台或圆墩上用手工敲击来矫正；大型材可进行水火矫正，也可以在液压机上进行矫正，在液压机上矫正时需要配置符合型材形状的压模。

二、钢材表面的清理和防护

钢材表面的清理和防护，是指将钢材表面的氧化皮和锈斑清除干净（即除锈），然后在除锈的钢材表面涂刷防锈底漆的工艺过程。

目前采用的钢材表面清理方式有用于原材料预处理的抛丸除锈法和化学除锈法；用于二次除锈的分段喷丸除锈法和带锈底漆法；高压水除锈法以及现在仍然保留采用的手工除锈法等。

1. 抛丸除锈法

它是利用离心式抛丸机的旋转叶轮将铁丸或其他的磨料高速抛射到钢材的表面上，使氧化皮和锈斑剥离的一种除锈工艺方法。抛丸除锈设备一般均设置有丸粒回收系统，并配置有通风除尘设备。抛丸除锈法一般用于原材料除锈，适合组建钢材预处理的流水生产线。

2. 化学除锈法

化学除锈一般用盐酸、硫酸、磷酸或它们的混合液作为除锈液，近年来也有用柠檬酸和有机酸的。化学除锈法主要是利用酸与金属氧化物发生化学反应，从而除掉金属表面的锈蚀产物的一种除锈方法，即通常所说的酸洗除锈。一般用于 5 mm 以下的钢板除锈，处理管子、舾装件和形状复杂的零部件，可作为抛丸除锈法的补充手段。

化学除锈只能在车间内操作，除锈后还要有一层防护处理，常放入磷化槽中进行，再吊入热水槽内清洗，自然干燥 4 ~6 h。

一般结构钢材的酸洗除锈磷化防护的工艺流程如下：

脱脂→酸洗除锈→冷水冲洗→中和处理→冷水冲洗→磷化处理→热水冲洗→自然干燥→补充处理→自然干燥。

3. 分段喷丸除锈法

它是利用风管中高速流动的压缩空气将铁丸喷射到钢材表面上，通过颗粒喷射的冲蚀作用，使氧化皮和锈斑剥离下来，以达到表面清洁和适宜的粗糙度，从而达到除锈目的。

喷丸除锈法操作较简单方便，所以是二次除锈和一些铁舾件、预处理不能处理的钢板或型材的表面处理的常用型式。

4. 带锈底漆法

带锈底漆又称反应底漆，它涂刷在生锈钢材表面后能与铁锈发生反应，生成一层具有保护能力的薄膜，并成为底漆。带锈底漆法一般用于二次除锈，对小型船舶的一次除锈防护也可使用，可分为三种。

（1）转化型或反应型　漆中加入能与铁锈起反应的物质（如磷酸、亚铁氰化钾），生成有防锈作用的铁的化合物、铬合物；

（2）稳定型　漆中加入使钢铁表面钝化和起保护作用的颜料，或能使铁锈脱水转化成稳定铁盐的物质（如铬酸锌、磷酸锌）；

（3）渗透型　漆中加入能力极强的渗透剂，渗透入锈层的孔隙，包围锈粒而使锈蚀不再发展。

使用带锈底漆可以免掉钢材表面的除锈工作，节省设备和工时，大大简化了钢材的除锈和防护工艺。

5. 高压水除锈法

利用高压水射流的冲击作用，来去除船壳表面上的海洋生物、疏松的铁锈或旧涂层等。工作效率高、除锈质量好、经济成本低、不损伤钢板、锈尘少。夹以磨料的高压水喷射除锈，提高了清理效率，而且清理后表面质量更好。高压喷涂设备安装在高压水除锈装置上，除锈完毕，待钢板干燥后立即涂漆。

6. 手工机械除锈法

对于机械除锈难以达到的部位，如狭小舱室、型钢反面角隅边缘等作业困难区域，可利用角向磨光机、电动钢丝刷、风动针束除锈器、风动敲锈锤、齿型旋转除锈器等手工除锈。但手工机械除锈法粉尘大，对人体呼吸系统造成严重影响。

三、钢材预处理流水线

钢材预处理流水线，是指钢材输送、矫正、除锈、喷涂底漆、烘干等工序形成的自动作业流水线，如图 3 -1 所示。通常分为钢板预处理流水线和型材预处理流水线两种，也有在同一流水线上即处理钢板又处理型材的情况。

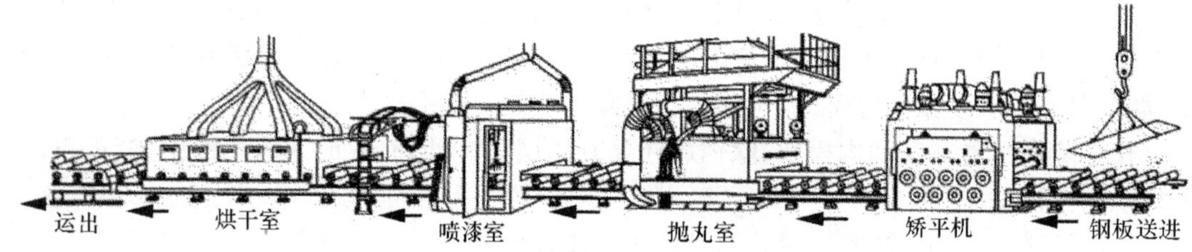

图 3 -1 钢板预处理流水线

钢材预处理流水线具有生产效率高，劳动条件好，全自动控制，除锈质量理想，表面粗糙度均匀，底漆附着牢固，处理后存放时间长等优点。现在越来越多的船厂采用这种方法，但各船厂工序并不都是完全一样的，个别工序有所差异。

钢板预处理流水线的工艺流程(见图 3 -1)：

(1)用电磁吊或自动装卸运输车将外板吊放到输送辊道上。

(2)辊道以 3 ~4 m/min 的速度将外板送入多辊矫平机，对钢板进行矫平处理。

(3)矫平后的钢板由输送辊送入加热炉，使钢材温度达到 40 ~60 ℃，目的是去除外板表面的水分，并使氧化皮、锈斑疏松，便于除去，同时可增加漆膜的附着性，且快干。

(4)外板进入抛丸除锈机，抛丸装置自动地向钢板两面抛射丸粒(丸粒可回收再使用)，并用热风除去钢板表面的灰尘。

(5)外板除锈并清洁后，进入半封闭式喷涂室喷涂保养底漆。喷涂是通过装置在辊道上、下两面的自动高压无气喷涂机，由电子自动控制装置操纵喷嘴向钢板表面喷涂底漆。喷嘴沿导轨迅速做横向往复运动，其速度可在 0 ~80 m/min 范围内做无级调速。

(6)外板离开喷涂室后，进入干燥室进行烘干。漆膜烘干方法有红外线、远红外线和电加热等。为利于喷漆溶液的挥发，加快干燥过程，应有通风装置。

(7)外板烘干后从干燥室出来,进入高速辊道,以 20 ~ 30 m/min 的速度送出预处理流水线。经质量检验合格后送入加工车间进行号料、加工。

钢材预处理过程中,除锈室及喷涂室中充满了铁质粉尘和喷雾,应对集尘、换气、防爆等方面予以特别注意,必须采取相应的环境保护措施和防火、防爆措施。

任务2 掌握游艇钢材边缘加工工艺

一、船体构件边缘切割

1. 机械切割法

机械切割是指被切割的金属受到剪刀给予的超过材料极限强度的机械力挤压而发生剪切变形并断裂分离的工艺过程。

船体加工车间里剪切直线边缘构件的加工机床主要有斜刃龙门剪床和压力剪切机(或联合剪冲机)两种。曲线边缘构件的机械剪切主要是圆盘剪切机。

2. 化学切割法

化学切割法,现在主要采用的是氧炔气割,它的实质是金属在氧气中燃烧。

进行直线边缘气割时,常用手工气割炬、半自动气割机和门式自动气割机。进行曲线边缘气割时,常用手工气割炬、光电跟踪自动气割机和数控自动气割机。

(1)手工气割炬

割嘴的运动轨迹由操作者手工控制,操作者控制割嘴沿号料画出的切割线运动,切割精度主要取决于操作者的技术。

(2)半自动气割机

气割机由电动机驱动,沿着直线轨迹做匀速直线运动而实现对构件直线边缘的切割。割炬可处于垂直位置,也可以倾斜一定的角度以便切割出 V 形或 X 形坡口。

(3)门式自动气割机

在两根固定导轨上设置一座坚固的“门”形支架,在支架上设置一套或数套切割装置。切割时,由电动机驱动门式支架以一定的速度沿导轨做直线运动,切割装置随门式支架的运动而切出一条或数条精度很高的直线割缝。

一般,每套切割装置上都装有 3 个割嘴,除切割平直边缘外,还可一次割出 V 形、X 形、K 形、Y 形焊接坡口。因此,应用高精度门式自动切割机切割直边构件,不仅加工精度高、切割速度快,而且还能将边缘切割和开坡口一次完成,以代替原来刨边机的全部工作内容,省去原来剪切半自动气割中拼板构件的二次加工,缩短船体构件的加工周期,节省大量的劳动工时。

由于高精度门式切割机结构简单,使用方便,价格便宜,而且切割速度快、精度高,又便于同前后工序组成流水生产线,因此,它是船体加工车间切割中、厚直边构件比较理想的设备。

(4)光电跟踪自动气割机

光电跟踪自动气割机由光电跟踪机构与气割执行机构两部分组成。它是根据设计底图(或仿形图)利用光电跟踪系统工作的,能够按一定比例切割出仿形图上所绘制的船体构件。

光电跟踪自动气割机可根据仿形图切割不同厚度、任意形状的船体构件，切割质量较好，不用号料即可割出构件形状，用多割嘴割炬组可以同时开出焊接坡口，并且仿形图可以复制。但图形绘制技术要求较高，图纸的变形、老化和损坏都会影响构件的切割精度。此外因其不能画出船体构件上的各种安装线、检验线和有关符号，还需进行二次号料等工作。

船厂目前普遍使用的1:1光电跟踪气割机，其跟踪机构可直接跟踪构件底图上的线条，其跟踪机构和执行机构可同时安放于切割平台上，只要将底图铺放在图板上即可进行跟踪切割，故操作非常方便。而且切割机的机架上装有数套割炬，可同时切割出多个同样构件。这种光电切割机主要用于切割肘板等小型构件，作为数控切割机的补充。

(5)数控自动气割机

数控自动气割机由控制部分和执行部分所组成，它是把被切割构件的图形经过通用电子计算机运算和编码，得到数控切割机的切割程序，然后拷入软盘，作为控制信息输入到控制装置中，以控制切割装置进行切割。

数控切割机执行部分的机架上安装有一套或数套切割装置。其机架多为悬臂式结构、门式结构或桥式结构。数控气割机的割炬在控制装置的控制下，除了能做平面移动外，还有自动升降和旋转等功能，因而能切割不同厚度和任意形状的构件。若切割装置为多割嘴割炬组，则可切割焊接坡口。若配置有画线装置，则还能在钢板上画安装线、加工线和各种符号。

数控气割机与其他自动气割机相比有以下优点：根据船体计算机辅助制造系统(CAM)提供的资料直接进行切割，可实现放样、切割过程自动化；切割精度高，其误差可控制在±0.5 mm以下，使用磁盘可长期保存准确数据；切割效率较光电跟踪气割机高15%以上；可省去号料工序，不需要绘制仿形图，若采用带有自动号料切割装置的数控切割机，还可以取消手工二次号料，并可消除各工序间的积累误差。

3. 物理切割法

近年来造船业采用了多种高效的物理切割法，如等离子切割等方法，不但提高了切割速度，又扩大了切割范围。

处于完全电离状态的气体便是所谓的“等离子体”，这种已完全电离的气体不再由原子、分子构成，而是由带电的离子所组成，但其整体却保持着电中性。利用一定的装置，可以得到高速高温的等离子流，流速达300～1 500 m/s、温度达15 000～33 000 ℃，这种高速高温的等离子流从喷嘴孔喷射到被切割构件表面后，遇到冷却物质便立即复合成原子或分子，并放出能量，使割缝处温度迅速升高而熔化，同时，高速飞出的粒子具有相当大的动能，产生较强的机械冲力，将被熔化的金属冲走而达到切割的目的。

数控等离子切割机有热变形较小、切割速度快、切割质量好、切割材料种类多、切割成本低等优点。但如果直接在空气中进行，对操作人员的安全和环境十分有害，现在发展成水下等离子切割。

二、船体构件边缘焊接坡口加工

焊接坡口的加工方法通常有，机械刨边(或铣边)法与火焰切割法两种。

1. 机械刨边或(铣边)法

刨边机和铣边机都是加工船体板材构件直线边缘的专用设备。经过加工的平直船体板材构件，都可以在刨边机上刨出坡口，如 I 形、V 形、U 形、X 形等，只要更换不同的刨刀，旋转刀架至不同的角度，便可开出不同的坡口。也可以在铣边机上铣出 I 形坡口，供要求板材边缘平直而整洁的自动焊使用。

无论刨边机还是铣边机，整个机床大致分为底座、弓形梁和传动机构三部分。底座牢固地安装在地基上，它的上部是一个很长的工作台，为了便于放置被加工板材，在工作台的一边每隔 3 ~4 m 设托架一个。在整个弓形梁长度内装有许多向下压的千斤顶，工作时将被加工板材压紧。传动部分则由电动机及其传动机构推动刀架完成切削运动、走刀运动、吃刀动作等。因为刨边机与铣边机的切削方式不同，所以它们的刀架及传动机构也不同。

2. 火焰切割法（气割法）

火焰切割法一般都是在进行构件边缘切割时，同时切割出焊接坡口。采用气割，将二个或三个割炬组合成一个割炬组，利用割炬组来加工所要求的坡口形状。如图 3 –2 所示为利用气割法加工各种焊接坡口的情况。

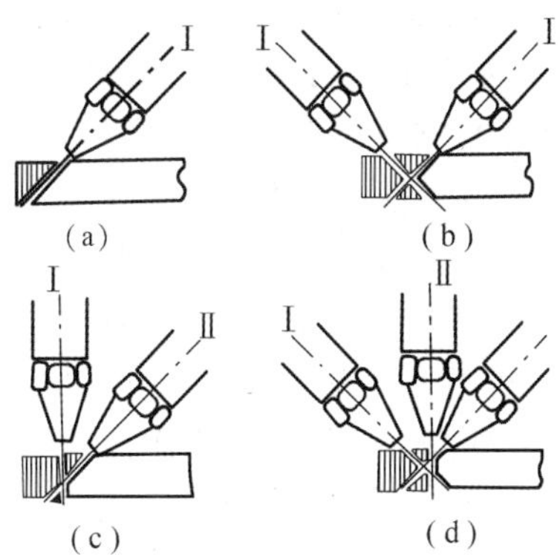

图 3 –2　气割法加工各种焊接坡口

任务 3　掌握游艇钢材成型加工工艺

一、船体型材构件成形加工

船体结构中常用的型材有角钢和球扁钢，型材构件主要有肋骨、横梁、纵骨等，其中以肋骨弯曲工作量最大。型材成形加工的方法有很多，以肋骨为例，了解几种典型的型材成形方法。

1. 肋骨成形方法

如图 3 –3 和图 3 –4 所示，典型的肋骨弯曲成形的方法有：

(1) 型材矫直机冷弯；

(2) 三轮滚弯机滚弯；

(3) 多模头一次成形数控肋骨拉弯机冷弯；

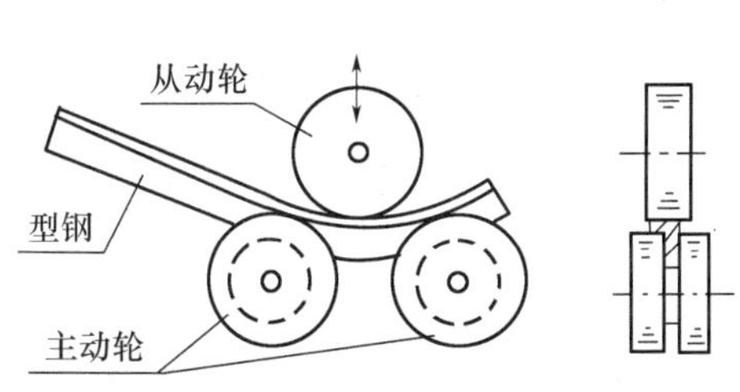

图 3 –3　三轮滚弯机滚弯肋骨示意图

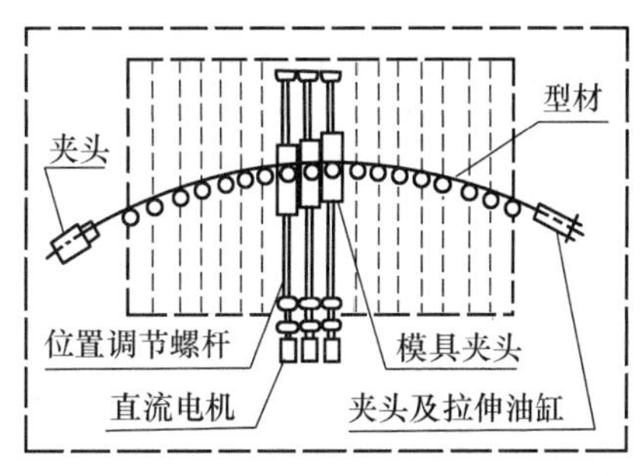

图 3 –4　多模头一次成形数控肋骨冷弯机

(4)三支点肋骨冷弯机冷弯；

(5)纯弯曲原理肋骨冷弯机冷弯；

(6)手工热弯；

(7)中频加热肋骨弯曲淬火机热弯。

2. 肋骨成形方法的分类

(1)按是否预热分类

①冷弯加工:常温下直接施加外力,如(1)~(5)。

②热弯加工:将型材加热使其塑性增加再施加外力,如(6),(7)。

(2)按型钢进给方式分类

①连续进给:适合加工圆弧形肋骨,对任意曲线形状肋骨,操作复杂,如(2)、(7)。

②逐段进给:进给一段弯曲一段。优点是设备简单,易实现自动控制,如(1),(4),(5)为国内最常见的方法。

一次成形:整根肋骨一次成形。优点是自动化程度高;缺点是设备庞大、投资多,不易预计回弹量,如(3)。

(3)按型钢受力状况分类

①拉弯原理:比较少见,如数控肋骨拉弯机,适合加工低腹板型钢。

②集中力弯曲原理:有3个支点,又称3支点弯曲,多数肋骨冷弯机应用这种原理。

③纯弯曲原理:梁的断面上只受弯矩而不受剪力作用产生平面弯曲,见图3-5。

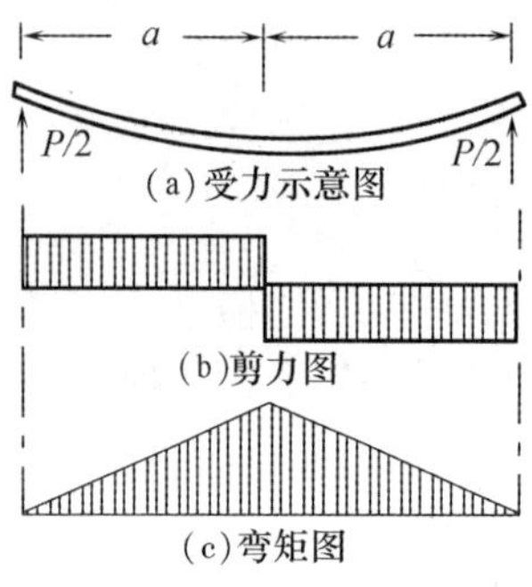

集中弯曲时的受力情况

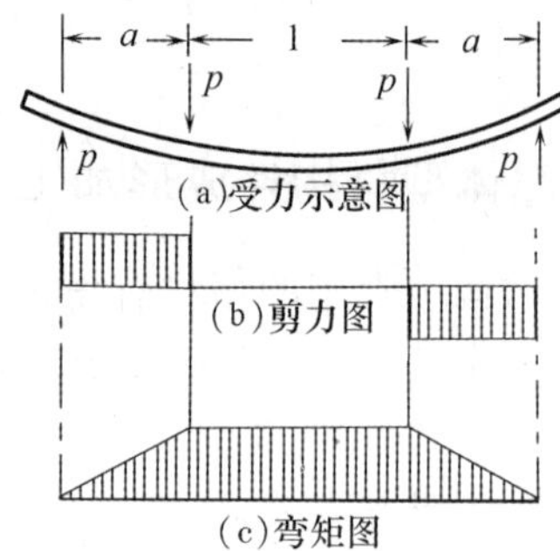

纯弯曲时的受力情况

图3-5 集中力弯曲和纯弯曲时的受力情况

二、船体板材构件的成形加工

船体板材构件成形加工主要的加工方法有机械冷弯法和水火弯板法。其中机械冷弯法包括辊弯、压弯、折弯等。水火弯板法中,单向曲度板采用机械冷弯法加工。复杂曲度板先用机械冷弯加工一个方向(曲度较大的方向)的曲度,然后用水火弯板法加工出其他方向的曲度。若批量较大,则可在压力机上安装专用压模压制成形。

1. 钢板构件的冷弯成形

简单曲度板(具有圆柱形或圆锥形的单向曲度板)的冷弯成形,可用三辊或四辊弯板机加工成形。

(1)普通三辊弯板机见图3－6。

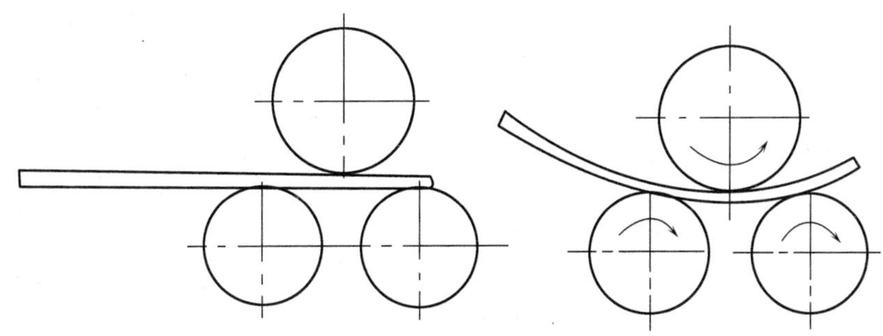

图3－6 三辊弯板机工作示意图

①组成

一个上辊——从动辊,安装在可上下调节的轴承内。

两个下辊——主动辊,安装在固定轴承内,由电动机通过减速器带动。

②分类

开式——上轴辊的一端机架可以拆卸,能弯制封闭形圆柱形构件。

闭式——两端机架不能拆卸,不能弯封闭式圆柱形板。

③缺点

在弯制圆柱形或圆锥形板件时,板的边缘有一段无法进行辊压。

④解决办法

加垫块先辊弯好板边部分或先用液压机压好板边部分。此工艺措施比较费时。

(2)几种新型的辊式弯板机

①三根轴辊均可上下升降调节的三辊弯板机;

②轴辊可做横向调节的三辊弯板机;

③四辊弯板机;

④能进行矫平的四辊弯板机。

2. 水火弯板

水火弯板是沿预定的加热线用氧－乙炔烘炬对板材进行局部线状加热,并用水进行跟踪冷却(或让其自然冷却),使钢材产生局部塑性变形,从而将板弯成所要求的曲面形状的一种弯板工艺方法,也称线状加热法。

(1)水火弯板的基本原理

①线状加热使板材产生横向收缩变形和角变形;

②产生横向收缩变形的原因在于受热金属的膨胀受到周围金属的限制,因而产生压缩塑性变形,冷却时即产生收缩塑性变形;

③角变形是由于最终横向收缩变形沿构件厚度方向不相等引起的;

④水跟踪冷却可以加大这种变形,增加成形效果,如图3－7所示。

(2)各种工艺因素对成形效果的影响

①加热线对成形效果的影响

加热线的位置、疏密和长短对板材成形效果影响极大。

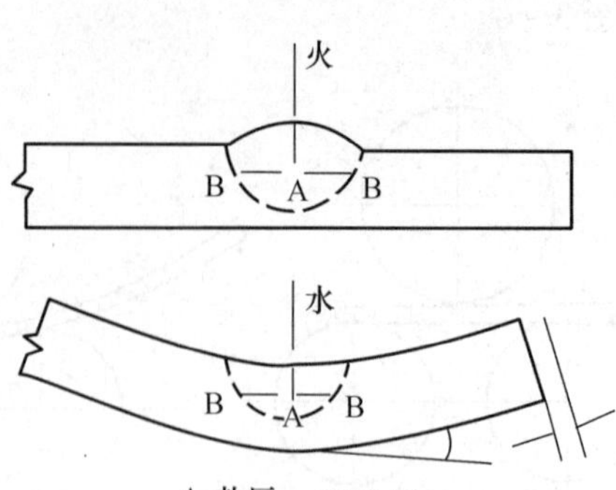

图 3 -7　水火弯板的基本原理示意图

加热线的位置正确与否直接关系到板材能否正确成形。

加热线的位置取决于构件所要求的形状；对相同的板在不同的位置进行线状加热，成形形状会完全不同；根据构件所要求的形状正确确定加热线的位置是水火弯板的关键。图 3 -8 为帆形板和鞍形板的弯制。

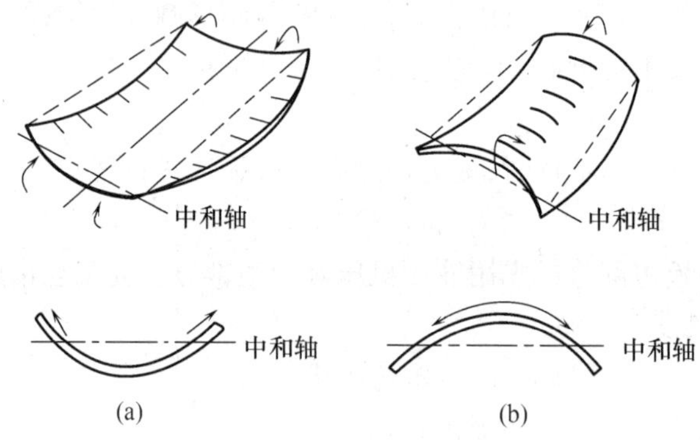

图 3 -8　帆形板和鞍形板的加热线分布

第一步：冷弯横向曲度（其曲率比纵向的大）；

第二步：确定加热线的位置；

帆形板：加热线在横向弯曲的一面位于板的两侧；

鞍形板：加热线在横向弯曲的背面位于板的中间；

第三步：水火弯制。

加热线愈密、愈长，则产生的变形愈大，成形效果愈好；加热线长度不能跨越加热线所在剖面中和轴，否则会使成形效果恶化。

②冷却方式对成形效果的影响

冷却方式有自然冷却、正面跟踪水冷却、背面跟踪水冷却。

a. 自然冷却：让构件在空气中自然冷却，简称空冷。

i. 优点：操作简单。

ii. 缺点：成形速度慢，在产生角变形的同时会产生加工所不需要的纵向挠度。

b. 正面跟踪水冷法：在加热面用冷水喷射正在冷却的金属，加快它们的收缩，从而强化对正在加热金属的压缩作用，使其产生较大的附加塑性变形。

i. 优点：收缩较快，其横向收缩变形比空冷法大，成形加工所不需要的加热线纵向收缩变形远比空冷法小。

ii. 缺点：角变形效果不如空冷。由于加热面被水强制冷却，温度急剧降低，甚至使正面温度低于背面温度，出现负温差。正在冷却过程中的金属受附加拉伸作用而抵消部分收缩变形。

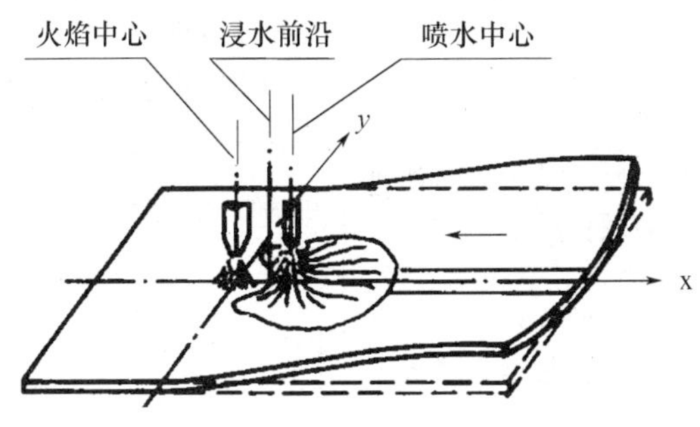

图3-9　正面跟踪水冷法

c. 背面跟踪水冷法：在构件的正面用烘炬加热，背面用冷水跟踪热源进行强制冷却。

i. 优点：增大了板材正反面的温度差，角变形大，成形效率高。

ii. 缺点：需要在板下操作，比较麻烦。

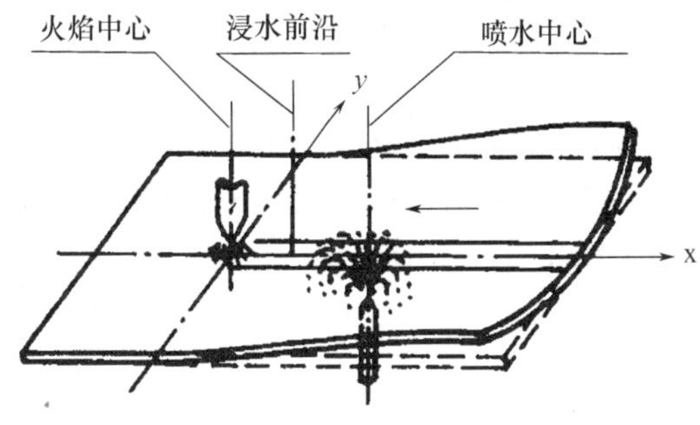

图3-10　背面跟踪水冷法

三种冷却方式成形效果的比较：

角变形以背面跟踪水冷法最大，空冷法次之，正面跟踪水冷法最小；横向收缩变形以背面跟踪水冷法最大，正面跟踪水冷法次之，空冷法最小；背面跟踪水冷法的成形效率最高。

正面跟踪水冷法最常用。正面跟踪水冷法的角变形虽小于空冷法，但其横向收缩变形却大于空冷法，常见的复杂曲度板在水火弯板时主要是依靠横向收缩变形来得到构件的纵向曲度，故其总的成形效果比空冷好，而且它还具有操作方便等特点。

③各种加热参数对成形效果的影响

加热参数包括加热速度、烘嘴口径、加热深度和水火距（即浇水点至火焰点的距离）等。表3-2所列为各种加热参数对成形效果的影响。

表 3-2 各种加热参数对成形效果的影响

加热参数	对水火弯板成形效果的影响	
	横向收缩	角变形
加热速度（决定加热量）	速度越慢，收缩量越大；在同一加热速度下，薄板收缩大于厚板	在一定速度范围内，速度越快，角变形越大。但速度过快时，板面加热不足，角变形反而减小。故对应于每一板厚有一最佳加热速度，在该速度时角变形达到峰值。通常随着单位线热能的增加，薄板较厚板更快达到峰值
烘嘴口径（决定火焰功率）	烘嘴口径越大，单位线热能越强，横向收缩量越大	烘嘴口径越大，角变形越大
加热温度	随温度增高而增大。当温度超过 900 ℃时，收缩量增大不显著	随温度增高而增大。薄板达到一定温度（约 750 ℃）后，角变形的增大不显著
加热深度	收缩量随深度增加而略有增加	在 1/2 板厚内，角变形随深度增加而增大；超过 1/2板厚后，随深度继续增加而逐渐减小
水火距（决定冷却速度）	收缩量随水火距的增大而增大。达到某一峰值后，继续增大水火距，则收缩量减小	角变形随水火距增加而减小

另外，水流量和重复加热对成形效果也有影响。水流量与热量散失有关，以 60 ~ 100 ml/s为宜。重复加热在三次以内，对成形是有益的，当超过三次，对成形毫无作用。

重复加热对材料性能的影响：三次以内对改善材料性能有好处，可对一次加热的性能恶化有恢复作用。

（3）水火弯板的主要工艺要求

①在钢板上预先定出加热线的位置。各加热线的起点应错开，不可在同一直线上；

②选择合理的加热参数；

③左右对称的的零件，其加热线的位置、数量和长短应对称，操作也应对称进行；

④尽量避免在同一部位重复加热；重复加热次数不得超过三次；

⑤对低合金钢进行水火弯板时，应严格控制其加热温度和水冷温度，否则会降低材料机械性能；

⑥新钢种的水火弯板，需经过试验鉴定后方可进行，因为有些钢材经加热水冷后，金相组织和机械性能会发生变化。

（4）水火弯板工艺的优缺点

①优点

与地炉大火弯板工艺相比具有以下优点：

改善了劳动条件，减轻了劳动强度；一般可提高劳动生产率 2 ~ 3 倍；成形质量好，板面光滑平整，板厚减薄极微，对于船用钢材，加热区金属的金相组织和机械性能基本上不发生变化;设备简单,机动性和适应性强。可用于各种厚度和曲率的船体构件的弯曲成形,可加工各种船用低碳钢和16Mn,15MnTi等造船常用低合金钢。

②缺点

影响成形的因素较多,成形规律难以掌握,对工人的技术水平要求较高;实现机械化、自动化相当困难;生产效率较低。

项目测试

一、填空

1. 船体钢料加工分为(　　)、(　　)和(　　)三大类。
2. 化学除锈法除用于薄板外,主要用于处理(　　)、(　　)和形状复杂的零部件,可作为(　　)的补充手段。
3. 成形加工一般分为(　　)和(　　)两种。
4. 船体板材构件成形加工主要的加工方法有(　　)法和(　　)法。

二、名词解释

1. 船体钢料加工
2. 钢材预处理
3. 反应底漆
4. 成形加工
5. 水火弯板
6. 逆直线法

三、简答题

1. 船用钢材变形通常表现为哪些形式?
2. 船用钢板矫正有哪些方法?
3. 如何运用多辊矫平机矫正3309PS上舷侧分段外板的变形?
4. 外板表面缺陷产生变形原因是什么?
5. 钢材表面的清理和防护有哪些方法?
6. 船体外板边缘切割、焊接坡口加工有哪些方法?
7. 船体型材构件弯制成形的方法通常有哪些?
8. 如何运用三支点逐段进给式肋骨冷弯机进行船体肋骨弯制成形?
9. 船体板材构件弯制成形的方法通常有哪些?
10. 如何进行船体板材构件弯制成形?

项目4 游艇艇体用铝合金加工工艺

项目目标:使学生掌握游艇艇体用铝合金成型加工工艺、铝合金防腐工艺和焊接工艺。

任务1 掌握游艇铝合金成型工艺

铝合金的成型方法有很多,但船用的铝合金成型方法主要有挤压成型、冲压成型和热轧成型。

一、挤压成型

挤压是型材成形的手段。先根据型材产品断面设计、制造出模具,利用挤压机将加热好的圆铸棒从模具中挤出成形。

二、冲压成型

冲压工艺是通过模具对毛坯施加外力,使之产生塑性变形或分离,从而获得一定尺寸、形状和性能的工件的加工方法。冲压工艺的应用范围十分广泛,既可以加工金属板料、棒料,也可以加工多种非金属材料。由于加工通常是在常温下进行的,故又称为冷冲压。

三、热轧成型

热轧是相对于冷轧而言的,冷轧是在再结晶温度以下进行的轧制,而热轧就是在再结晶温度以上进行的轧制。

任务2 掌握游艇铝合金防腐工艺

2.1 游艇铝合金腐蚀的基本类型

铝的腐蚀形式主要有电化学腐蚀、泥敷剂腐蚀、缝隙腐蚀和应力腐蚀几种。一般由于船用铝合金韧性比较好,所以很少产生应力腐蚀。点腐蚀是其他几种腐蚀机理的集中表现。

一、点腐蚀

点腐蚀又称为孔腐蚀,是在金属上产生针尖状、点状、孔状的一种为局部的腐蚀形态。点腐蚀是阳极反应的一种独特形式,是一种自催化过程,即点腐蚀孔内的腐蚀过程造成的条件既促进又足以维持腐蚀的继续进行。通常点蚀的蚀孔很小,直径比深度小很多。点蚀的形式有很多种,如图4-1所示。

裸露的铝暴露在海洋大气中会出现凹坑并在整个表面形成很浅的沙砾状的白色粉末。由于粉末很浅,因而对金属没有什么害处,而且一段时间后腐蚀就会停止(除非把粉末清理掉才会再次发生这种腐蚀反应)。实际上单纯铝合金船体的腐蚀程度很低,而且一般铝合金船体外表面均会有油漆保护,很少见到如钢质船体上很普遍的涂层起泡现象。因为铝合金表面油漆的附着性比钢表面更强,并且局部的涂层划伤并不会引起腐蚀,也不会引起邻近油漆剥落,所以一般坞检时见到的铝合金高速船均有较好的油漆保护,但当涂层局部剥落时,在电化学腐蚀影响下,点腐蚀这种腐蚀形式在铝合金船体外表面还是可以见到的,严重的甚至会导致船体穿孔。另外,在铝合金船体的内表面,如机舱、空调间,也可以见到这种典型的腐蚀形式,因为这些舱室一般有海水冷却管系,有时会有些海水渗漏出来,导致在没有涂层保护的铝合金船体内表面产生点腐蚀,即可见到铝合金表面有一层白色粉末(氧化层)覆盖,可以采用近观检查的方式观察氧化层的厚度,如比较轻微,可不采取措施。

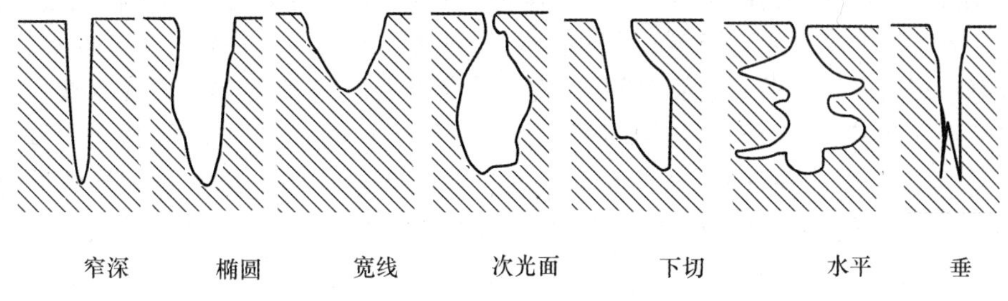

图4-1　点蚀的形式

二、电化学腐蚀

两种或两种以上不同电极电位的金属处于腐蚀介质内相互接触而引起的电化学反应,又称接触腐蚀或双金属腐蚀。

由于铝是电极电位很低的金属,所以几乎所有普通船用金属,只要和铝合金间存在湿润导电接触,都会导致铝的电化学腐蚀。例如,所有铜合金在潮湿的环境下都会引起铝的严重腐蚀,低碳钢和铝合金接触时的情况要好一些。铝合金高速船机舱里的海水管系大多使用铜合金或不锈钢,只是在船体上一小段使用铝合金(因为铜合金和不锈钢均不可以和铝合金直接焊接),通过铜质截止阀、法兰和机舱海水管系连接。由于这些管系中流淌的是海水,所以在这个由铝合金、铜或不锈钢管系(法兰)组成的管系内壁形成了电位差,导致船体端铝合金管系内壁严重电化腐蚀,由于这种腐蚀是由内到外的,现场验船师和船员很容易忽视,等发现时往往已经烂穿了。在铝合金高速船检验中,船体端铝合金海水管的腐蚀是最普遍的现象,这种腐蚀的间接后果就是导致机舱内铝合金船体的点腐蚀以及海水浸透船体内表面的耐火衬垫后导致的泥敷剂腐蚀。

三、泥敷剂腐蚀

这是铝合金船体一种特殊的腐蚀形式,多发生在船体内表面或内部结构上。所谓泥敷剂是指泥敷状的物质,如污垢(油泥)、木头浸泡在海水中析出的树液或灰尘之类。典型的情况是,当湿木料和裸露的铝合金接触时,析出的树液会严重腐蚀铝合金,在接触区会渗出大量的粘性白色氢氧化物,这种腐蚀生成物的体积惊人,并能连续不断地发生腐蚀,直至木料完全腐朽。

四、缝隙腐蚀

缝隙腐蚀是一种局部腐蚀。金属部件在电解质溶液中,由于金属与金属或金属与非金属之间形成缝隙,其宽度足以使介质浸入而又使介质处于一种停滞状态,使得缝隙内部腐蚀加剧的现象称为缝隙腐蚀。缝隙腐蚀从腐蚀的结果看有点类似于电化学腐蚀,但是发生的机理却是不一样的。缝隙腐蚀一般在纵深形成,腐蚀初期靠外观检查很难发现,所以破坏性特别大。

以往采用铆接方式连接船体外板时,由于船体外板接缝边缘不严密,海水从边缘侵入内部,会在夹层内形成水袋,而造成严重的腐蚀,腐蚀产生的氢氧化铝体积膨胀会使铆钉接缝松弛。现在几乎没有采用铆接形式的船体了,但是并不表示这种腐蚀形式在焊接铝合金船体结构上就消失了。举一个简单例子,在双体铝合金高速船的艏部设计水线位置,一般都设有 V 形压浪板,通常而言,压浪板和船体是连续焊接的,但是有时连接角焊缝会渗漏,甚至开裂,或者存在渗漏气孔,从而在空心的压浪板和船体间形成水袋而导致缝隙腐蚀。另外,铝合金船体的内部骨架和外板间多采用间断焊连接,当海水进入船体内部,并进入骨架和外板的间隙时,缝隙腐蚀也会发生。虽然海水进入船体的机会不多,但是,应注意船体内海水冷却管路及附近船体结构的状况,检查是否存在渗漏迹象和缝隙腐蚀。

2.2 游艇艇体用铝合金表面防护处理

由铝合金的腐蚀机理可知只有把阴极钝化剂和阻挡涂层有机地结合才能很好地控制腐蚀发生。这就需要对铝合金表面进行保护,而涂装涂料是经济有效的方式之一。传统的铝合金表面防护常采用铬酸盐转化层,即铬化处理,以提高涂层的疏水性及其与随后涂层的黏结性。由于 6 价铬具有致癌性,对人体及环境有严重的危害,自 1982 起,世界环境保护组织就提出了限制使用铬酸盐和其他含铬酸盐的化合物的规定。因此,研制无铬、有效、价格低、环境友好的铬酸盐及缓蚀剂替代品和环境友好的转变层处理工艺是航空涂料工业界所迫切需要解决的问题,也是科技工作者面临的新课题。另外,用传统的涂料材料和新工艺能实现防腐、环境友好、美观并具有伪装功能和耐久性(10 年或更长)的涂装技术更是值得研究的课题。

一、阴极保护法

阴极保护技术是一项经济效益十分显著的控制腐蚀的电化学保护技术。将被保护的金属进行阴极极化,使电位负移到金属表面阳极的平衡电位,消除其电化学不均匀性所引起的腐蚀电池,使金属免遭腐蚀。它可以成倍地延长被保护件的使用寿命,阴极保护与防护涂料联合使用时,阴极保护使涂层缺陷处和毛细孔处金属构件免遭腐蚀。根据施加阴极极化电流的方法不同,阴极保护方法可分为两大类:外加电流法和牺牲阳极法。

1. 外加电流保护法

利用外在直流电源供给电流,电源的负极接到金属,使其成为阴极,电源的正极接于腐蚀环境中的惰性阴极,当电路接通时,腐蚀即被抑制,如图 4 - 2 所示。必须注意的是要保护体必须为阴极,如电流方向接反,则会加速腐蚀。

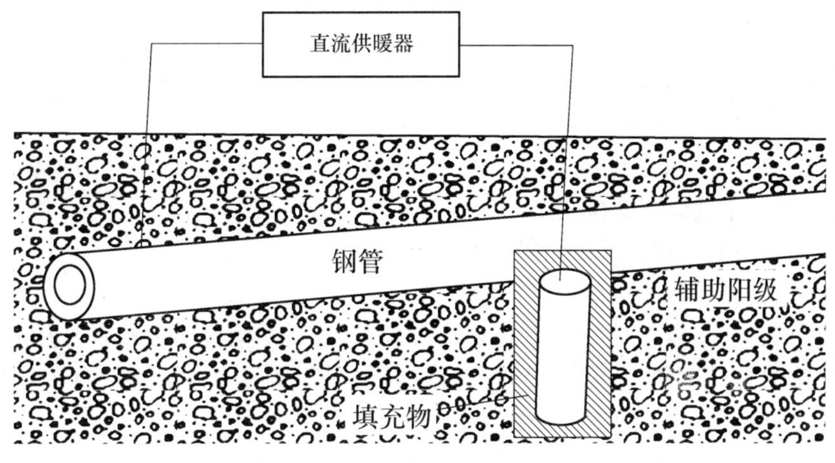

图 4-2 外加电流保

2. 牺牲阳极法

牺牲阳极保护法是利用一个腐蚀电位比较负的金属与被保护的金属组成接触腐蚀电偶。如图 4-3 所示。由于两者电极电位不同,可以构成腐蚀原电池,所产生的电流便是起阴极保护作用的阴极电流。

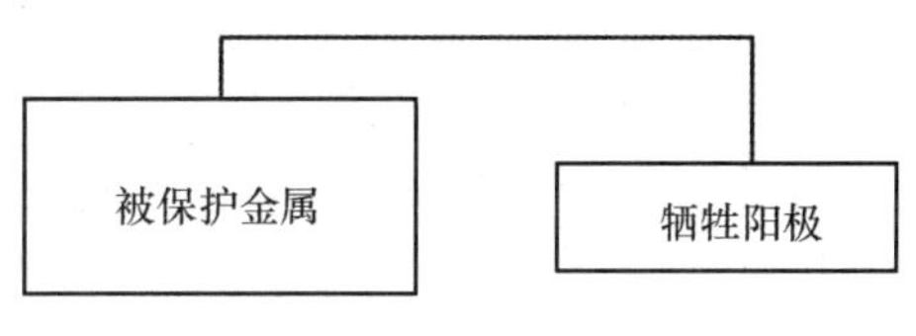

图 4-3 牺牲阳极保

这种比被保护金属电位更负的活泼金属电极称为牺牲阳极。牺牲阳极保护最明显的特点是不需要外部供电,安装简单,使用可靠,几乎无需维修管理,电流分布均匀,不会对周围结构引起杂散电流腐蚀。

运用牺牲阳极保护法的关键在于如何选择好合适的牺牲阳极,牺牲阳极在阴极保护中优先溶解,产生足够的电流使金属结构阴极极化到所需要的保护电位。要达到完全保护,必须使被保护的金属结构电位阴极极化到结构表面上最合适的阳极点的平衡电位。所以,牺牲阳极的电位应该比这一平衡电位还要负。

二、阳极处理

阳极处理是化成皮膜技术的一种,根据 ASTM 的定义,化成皮膜指的是利用化学或电化学处理,使金属表面生成一种含有该金属成分的皮膜层,例如锌的铬酸盐皮膜处理;钢铁的磷酸盐皮膜处理,铝合金的阳极处理等,欲施行化成皮膜处理的金属,其形成的化合物或氧化物必须不具水溶性,同时也不是粉状物,亦即必须是连续皮膜。

三、激光熔覆法

激光熔覆法是在高能光束的作用下,将一种或多种合金元素和基体表面快速加热熔化,光束移开后自然冷却的一种表面强化方法。通过该方法可以在铝合金表面熔覆铜基、镍基复合材料以及陶瓷粉末,提高铝合金表面的耐腐蚀性。但是该方法的不足之处是界面上易形成脆性相和裂纹,实际应用中涂层的尺寸精度、对基体复杂形状的容许度、表面粗糙度等问题较难解决。

四、涂装

1. 游艇艇体铝合金防腐涂料

对于游艇来说，不同部位所处的腐蚀环境不同，船底主要是天然海水的渗透浸蚀作用和水生物的附着，水线以上部位主要是盐雾腐蚀作用和大气老化作用，因此，艇底和水线以上部位对防腐底漆的要求也不完全相同艇底及水线区域的涂层。

艇底由于长期受海水的浸泡、流水的冲击、干湿交替作用，因此涂覆在该部位的防腐底漆应具有以下特点：①具有良好的耐海水性（对水、Cl^-等具有良好的抗渗作用）；②对基材具有优异的附着力；③与防污涂料之间具有良好的层间附着力。常用的有环氧胺类底漆、环氧聚酞胺类底漆、氯化橡胶类防锈底漆。

水线以上部位的底漆则应具有良好的耐盐雾性能以及附着力，如环氧聚氨酯类底漆、聚氨酯类底漆和氯化橡胶类底漆。尤其是环氧树脂，由于具有耐水性好、对基体附着力强、与多种涂料配套性好等优点而得到广泛应用。通过添加各种防锈颜料，可满足多种条件下的防腐要求，在配套体系中应用最为广泛。

铝壳艇水线以及水线以下的船壳在海水环境中容易附着海生物，不仅增大了阻力、增加了能耗，还加速了船壳的腐蚀，因此，不仅要涂装防腐涂料，还必须考虑防污问题。早期的防污涂料采用有机锡、砷等有毒防污剂，随着环保法规的陆续出台，有机锡、砷等有毒防污剂的使用已受到限制，而在含氧化亚铜的防污涂料中，由于铜与铝之间电极电位的差别，会加速铝壳艇的腐蚀，因此在铝壳艇上使用的防污涂料中应避免氧化亚铜的出现。现在普遍应用的是环保型无锡自抛光防污涂料和低表面能防污涂料。

由于轻质的铝壳艇的航行速度远远大于传统的钢质舰艇，因此海水的冲刷作用也不可忽视。由王璐等发明的环氧底漆和聚氨酯面漆组成的双涂层结构就具有良好的耐腐蚀和耐冲刷性能。其底漆具有良好的结合力与抗腐蚀性，同时底漆中使用了超细锌铝粉浆或超细铝粉浆，极大地提高了涂层的致密性、韧性、表面光洁度和结合力等综合性能，加上该超细粉末是一维亚微米片状材料，在涂层中起到了“迷宫”效应，有效地阻止了腐蚀介质的渗入，极大地提高了涂层的耐腐蚀性。聚氨酯面漆与底漆的配套性极好，同时具有较高的韧性和表面光洁度，提高了涂层的总体耐冲刷性能。

对于水线以上的部位，面漆则应具有良好的耐大气老化性、良好的光泽保持性以及装饰性，并且与底漆具有良好的配套性，可以采用聚氨酯类面漆、醇酸类面漆、丙烯酸酯类面漆等，现在通常采用的是聚氨酯类面漆。随着对涂料性能要求的不断提高，性能优越的氟碳涂料或者环氧、丙烯酸改性的氟碳涂料也开始应用到铝合金的配套涂层体系中。海洋化工研究院目前也在进行铝合金底材配套涂料的研究，采用的是双组分的环氧云铁防锈底漆和环氧铝粉防锈底漆，中间层是乙烯改性环氧体系；面漆是不含氧化亚铜的自抛光防污涂料，经过实验室的加速测试和不同海域的挂板试验，该配套体系的防腐和防污性能优异。

2. 铝合金防腐涂料的发展趋势

随着社会的进步、科技的发展和人们环保意识的不断增强，涂料在向着更经济、更环保、防腐性能更好的方向发展。开发新型环保、性能优异的防锈涂料是今后发展的重点。

TDA 公司研制了一种环境友好型的无铬有机纳米防锈添加剂，该添加剂是将团聚的金属氢氧化物经过表面处理制成尺寸为 20 ~ 70 nm 的颗粒，然后将有机防腐剂固定在此纳米颗粒的表面制备而成的。将此添加剂加到底漆中,可以实现添加剂只在发生腐蚀的地方进行释放,这样可以有效地延长涂层的防腐期效,将含此添加剂的环氧底漆在铝合金底材上进行试验,经过3 000 h的耐盐雾测试完全可以达到甚至超过含铬底漆的效果。

美国北达科他州立大学开发了一种应用于铝合金的新型底漆——富镁底漆,该技术可以称之为铝合金底漆的一大技术突破,该涂料以平均粒径为50 μm左右的镁粉代替传统的铬颜料,添加的颜料浓度在临界体积浓度附近。通过划痕的Prohesion盐雾试验表明,该涂料可以经受近5 000 h的腐蚀,与相同面漆的含铬涂料对比试验表明,其性能超过含铬涂层的性能。其防锈机理类似于富锌底漆,是一个牺牲阳极保护阴极的过程。这是首次出现的一种性能可以与含铬底漆相媲美的底漆产品,阿克苏诺贝尔在2007年将该涂料应用于航空飞行器的防腐保护。

任务3 掌握游艇铝合金焊接工艺

一、铝合金焊接性能

1. 强的氧化能力

铝在空气中及焊接时极易氧化,生成的氧化铝(Al_2O_3)膜薄,Al_2O_3的熔点高达2 050 ℃,远远超过铝及铝合金的熔点(约660 ℃),而且体积质量大,约为铝的1.4倍。焊接过程中,氧化铝薄膜会阻碍金属之间的良好结合,并易形成夹渣。氧化膜还会吸附水分,焊接时会促使焊缝生成气孔。因此,焊前必须严格清理焊件表面的氧化物,并加强焊接区域的保护,防止其氧化。

2. 较大的热导率和比热容

铝及铝合金的热导率和比热容均约为碳素钢和低合金钢的两倍多,铝的热导率则是奥氏体不锈钢的十几倍。在焊接过程中,大量的热量能被迅速传导到基体金属内部,因而焊接铝及铝合金时,能量除消耗于熔化金属熔池外,还要有更多的热量无谓消耗于金属其他部位,这种无用能量的消耗要比钢的焊接更为显著,为了获得高质量的焊接接头,应当尽量采用能量集中、功率大的能源,有时也可采用预热等工艺措施。

3. 热裂纹倾向大

铝及铝合金的线膨胀系数约为碳素钢和低合金钢的两倍。凝固时的体积收缩率达6.5%左右,因此焊接某些铝合金时,往往由于过大的内应力而产生热裂纹。铝焊接熔池凝固时容易产生缩孔、缩松、热裂纹及较高的内应力。生产中可采用调整焊丝成分与焊接工艺的措施防止热裂纹的产生。生产中常用调整焊丝成分的方法来防止产生热裂纹,在耐蚀性允许的情况下,可采用铝硅合金焊丝焊接除铝镁合金之外的铝合金。在铝硅合金中含硅0.5%时热裂倾向较大,随着硅含量增加,合金结晶温度范围变小,流动性显著提高,收缩率下降,热裂倾向也相应减小。根据生产经验,当含硅5%~6%时可不产生热裂,因而采用SAlSi 条(硅含量4.5%~6%)焊丝会有更好的抗裂性,如使用焊丝HS311。

4. 容易形成气孔

形成气孔的气体是氢。氢在液态铝中的溶解度为0.7 mL/100 g,而在660 ℃凝固温度时,氢的溶解度突降至0.04 ml/100 g,在焊接熔池凝固的过程中,使原来溶解于液态铝中的氢大量析出,形成气泡。同时,铝和铝合金的密度小,氢气泡在熔池中的上升速度较慢,加上铝的导热性强，熔池冷凝快，因此，上升的气泡往往来不及逸出，留在焊缝内成为气孔。弧柱气氛中的水分、焊接材料及母材表面氧化膜吸附的水分都是氢的主要来源，因此对氢的来源要严格控制，焊前必须严格做好焊件的表面清理工作。

5. 接头不等强度

铝及铝合金的热影响区由于受热而发生软化、强度降低使接头与母材无法达到等强度。纯铝及非热处理强化铝合金接头的强度约为母材的75% ~100%；热处理强化铝合金的接头强度较小，只有母材的40% ~50% 。

6. 易焊穿

铝对光、热的反射能力较强，固、液转态时，没有明显的色泽变化，焊接操作时判断难。高温铝强度很低，支撑熔池困难，容易焊穿。

表4-1　部分铝合金的焊接性能

焊接方法	焊接性与适用范围						说明
	铝锰合金	铝镁合金		铝铜合金	适用厚度		
	3003 3004	5083 5056	5052 5454	2014 2024	推荐	可用	
TIG 焊（手工、自动）	很好	很好	很好	很差	1 ~10	0.9 ~25	填丝或不填丝，厚板需预热，交流电源
MIG 焊（手工、自动）	很好	很好	很好	较差	≥8	≥4	焊丝为电极，厚板需预热和保温，直流反接
脉冲 MIG 焊（手工、自动）	很好	很好	很好	较差	≥2	1.6 ~8	适用于薄板焊接
气焊	很好	很差	较差	很差	0.5 ~10	0.3 ~25	适用于薄板焊接
焊条电弧焊	较好	很差	较差	很差	3 ~8	—	直流反接，需预热，操作性差
电阻焊（点焊、缝焊）	较好	很好	很好	较好	0.7 ~3	0.1 ~4	需要电流大
等离子弧焊	很好	很好	很好	较差	1 ~10	—	焊缝晶粒小，抗气孔性能好
电子束焊	很好	很	很	较	3 ~75	≥3	焊接质量好，适用于厚件

二、铝用焊接材料

1. 焊丝

采用气焊、钨极氩弧焊等焊接铝合金时，需要加填充焊丝。铝及铝合金用焊丝牌号见表4-2。铝及铝合金焊丝分为同质焊丝和异质焊丝两大类。

选择焊丝首先要考虑焊缝成分要求，还要考虑产品的力学性能、耐蚀性能，结构的刚性、颜色及抗裂性等。选择熔化温度低于母材的填充金属,可大大减小热影响区的晶间裂纹倾向。用合金含量高于母材的焊丝作为填充金属,通常可防止焊缝金属的裂纹倾向。

表4-2 铝及铝合金用焊丝牌号

统一牌号	名称	化学成分(质量分数)(%)					焊缝力学性能		用途
		Mg	Mn	Si	Fe	Al	母材	抗拉强度/MPa	
HS301(ER1100)	纯铝焊丝	—	—	—	—	余量	纯铝	70~80	纯铝及接头质量要求不高的铝合金
HS311(ER4043)	铝硅合金焊丝	—	—	4~6	—	余量	LF21	120~140	除铝镁合金以外的铝合金
HS321(ER3003)	铝锰合金焊丝	—	1.0~1.6	—	—	余量	LF21	120~140	铝锰合金
HS331(ER5356)	铝锰合金焊丝	4.5~5.7	0.2~0.6	0.2~0.5	≤0.4	余量	LF5	220~260	铝镁合金

目前,铝合金常用的焊丝大多是与基体金属成分相近的标准牌号焊丝。在缺乏标准牌号焊丝时,可从基体金属上切下狭条代用。较为通用的焊丝是HS311,这种焊丝的液态金属流动性好,凝固时的收缩率小,具体优良的抗裂性能。为了细化缝晶粒、提高焊缝的抗裂性及力学性能,通常在丝中加入少量的Ti,V,Zr等合金元素作为变质剂。选用铝合金焊丝应注意的问题如下:

(1)焊接接头的裂纹敏感性 影响裂纹敏感性的直接因素是母材与焊丝的匹配。选用熔化温度低于母材的焊缝金属,可以减小焊缝金属和热影响区的裂纹敏感性。例如,焊接硅含量0.6%的6061合金时,选用同一合金做焊缝,裂纹敏感性很大,但用硅含量5%的ER4043焊丝,由于其熔化温度比6061合金低,在冷却过程中有较高的塑性,所以抗裂性能良好。此外,焊缝金属避免镁与铜的组合,因为Al-Mg-Cu有很高的裂纹敏感性。

(2)焊接接头的力学性能 工业纯铝的强度最低,4000系列铝合金居中,5000系列铝合金强度最高。铝硅焊丝虽然有较高的抗裂性能,但含硅焊丝的塑性较差,所以对焊后需要塑性变形加工的接头来说,应避免选用含硅焊丝。

(3)焊接接头的使用性能 填充金属的选择除取决于母材成分外,还与接头的几何形状、运行中的抗腐蚀性要求以及对焊接件的外观要求有关。例如,为了使容器具有良好的抗腐蚀能力或防止所储存产品对其的污染,储存过氧化氢的焊接容器要求高纯度的铝合金。在这种情况下,填充金属的纯度至少要相当于母材。

2. 焊条

铝合金焊条型号、规格与用途见表4-3。铝合金焊条的化学成分和力学性能见表4-4。

表 4-3　铝及铝合金焊条的型号(牌号)、规格与用途

型号	牌号	药皮类型	焊芯材质	焊条规格/mm		用途
E1100	L109	盐基型	纯铝	3.2,4.5	345~355	焊接纯铝板、纯铝容器
E4043	L209	盐基型	铝硅合金	3.2,4.5	345~355	焊接铝板、铝硅铸件、一般铝合金、锻铝、硬铝(铝镁合金除外)
E3003	L309	盐基型	铝锰合金	3.2,4.5	345~355	焊接铝锰合金、纯铝及其他铝合金

表 4-4　铝及铝合金焊条的化学成分和力学性能

型号	牌号	药皮类型	电源种类	焊芯化学成分/%	熔敷金属抗拉强度/MPa	焊接接头抗拉强度/MPa
E1100	L109	盐基型	直流反接	Si+Fe≤0.95,Co0.05~0.20 Mn≤0.05,Be≤0.000 8 Zn≤0.10,其他总量≤0.15 Al≥99.0	≥64	≥80
E4043	L209	盐基型	直流反接	Si4.5~6.0,Fe≤0.8 Cu≤0.30,Mn≤0.05 Zn≤0.10,Mg≤0.000 8 其他总量≤0.15,Al 余量	≥118	≥95
E3003	L309	盐基型	直流反接	Si≤0.6,Fe≤0.7 Cu0.05~0.20,Mn1.0~1.5 Zn≤0.10,其他总量≤0.15 Al 余量	≥118	≥95

3. 保护气体

焊接铝合金的惰性气体有氩气和氦气。氩气的技术要求为 Ar > 99.9%,氧 < 0.005%,氢 < 0.005%,水分 < 0.02 mg/L,氮 < 0.015%。氧、氮增多,均恶化阴极雾化作用。氧 > 0.3%,则使钨极烧损加剧,超过 0.1% 使焊缝表面无光泽或发黑。

钨极氩弧焊时,交流加高频焊接选用纯氩气,适用大厚度板;直流正极性焊接选用 Ar + He 或纯 Ar。

熔化极氩弧焊时,当板厚 < 25 mm 时,采用纯 Ar。当板厚为 25 ~ 50 mm 时,采用添加 10% ~35% Ar 的 Ar + He 混合气体。当板厚为 50 ~ 75 mm 时,宜采用添加 10% ~35% 或 50% He 的 Ar + He 混合气体。当板厚 > 75 mm 时,推荐添加 50% ~75% He 的 Ar + He 混合气体。

三、铝合金焊接工艺

铝合金的焊接方法很多,各种方法有其不同的应用场合。除了传统的熔焊、电阻焊、气焊方法外,其他一些焊接方法(如等离子弧焊、电子束焊、真空扩散焊等)也可以容易地将铝合金焊接在一起。

铝合金常用焊接方法的特点及适用范围见表4-5,根据铝及铝合金的牌号、焊件厚度、产品结构以及对焊接性的要求等选择。

表4-5 铝合金常用焊接方法的特点及适用范围

焊接方法	特点	适用范围
气焊	热功率低,焊件变形大,生产率低,易产生夹渣、裂纹等缺陷	用于非重要场合的薄板对接焊及补焊等
手工电弧焊	接头质量差	用于铸铝件补焊及一般修理
钨极氩弧焊	焊缝金属致密,接头强度高、塑性好,可获得优质接头	应用广泛,可焊接板厚1~20 mm
钨极脉冲氩弧焊	焊接过程稳定,热输入精确可调,焊件变形量小,接头质量高	用于薄板、全位置焊接、装配焊接及对热敏感性强的锻铝、硬铝等高强度铝合金
熔化极氩弧焊	电弧功率大,焊接速度快	用于厚件的焊接,可焊厚度为50 mm以下
熔化极脉冲氩弧焊	焊接变形小,抗气孔和抗裂性好,工艺参数调节广泛	用于薄板或全位置焊,常用于厚度2~12 mm的工件
等离子弧焊	热量集中,焊接速度快,焊接变形和应力小,工艺较复杂	用于对接焊要求比氩弧焊更高的场合
真空电子束焊	熔深大热影响区小,焊接变形量小接头力学性能好	用于焊接尺寸较小的焊件
激光焊	焊接变形小,生产率高	用于需进行精密焊接的焊件

1. 气焊

氧-乙炔气焊的热效率低,焊接热输入不集中,焊接铝及铝合金时需采用熔剂,焊后又需清除残渣,接头质量及性能也不高。因为气焊设备简单,无需电源,操作方便灵活,常用于焊接对质量要求不高的铝合金构件,如厚度较薄的薄板及小零件,以及补焊铝合金构件和铝铸件。

(1)气焊的接头形式

气焊铝合金时,不宜采用搭接接头和T形接头,这种接头难以清理流入缝隙中的残留熔剂和焊渣,应尽可能采用对接接头。为保证焊件焊接时既焊透又不塌陷和烧穿,可以采用带槽的垫板,垫板一般用不锈钢或纯铜等制成,带垫板焊接可获得良好的反面成形,提高焊接生产率。

(2)气焊熔剂的选用

铝合金气焊时,为了使焊接过程顺利进行,保证焊缝质量,气焊时需要加熔剂来去除铝表面的氧化膜及其他杂质。

气焊熔剂(又称气剂)是气焊时的助熔剂,主要作用是去除气焊过程中生成在铝表面的氧化膜,改善母材的润湿性能,促使获得致密的焊缝组织等。气焊铝合金必须采用熔剂,一般是在焊前熔剂直接撒在被焊工件坡口上,或者沾在焊丝上加入熔池内。

铝合金熔剂是钾、钠、钙、锂等元素的氯化盐,是粉碎后过筛并按一定比例配制的粉状化合物。例如铝冰晶石(Na_3AlF_6)在 1 000 ℃还可以熔解氧化铝,又如氯化钾等可使难熔的氧化铝转变为易熔的氯化铝。这种熔剂的熔点低,流动性好,还能改善熔化金属的流动性,使焊缝成形良好。

铝合金气焊熔剂有含锂熔剂和无锂熔剂两类。含锂熔剂的氯化锂能改善熔渣的物理性能、降低熔渣的熔点和黏度,能较好地去除氧化膜,适用于薄板和全位置焊接。但氯化锂价格贵,而且吸湿性强。不含锂的熔剂熔点高、黏度大、流动性差,易产生焊缝夹渣,适用于厚大件的焊接。对于搭接接头、不熔透角焊缝和难以完全清理掉残留熔渣的焊缝,以及含镁较高的铝镁合金选用熔剂时,不宜采用含钠组成物的熔剂。

将粉状熔剂和蒸馏水调成糊状(每 100 g 熔剂约加入 50 mL 蒸馏水)涂于焊件坡口和焊丝表面,涂层厚 0.5 ~ 1.0 mm。或用灼热的焊丝直接蘸熔剂干粉使用,这样可减少熔池中水分的来源,减少气孔。调制好的熔剂应在 12 h 内用完。

铝合金气焊熔剂容易吸潮,所以应该对其瓶装密封,以防受潮失效。焊接时,应先用洁净水或蒸馏水将熔剂调成糊状,然后把这涂在接头上,或者浸涂在焊丝上。调好的糊状熔剂最好随调随用,不要久放,以免变质。

(3)焊嘴和火焰的选择

铝合金有强烈的氧化性和吸气性。气焊时,为使铝不被氧化,应采用中性焰或微弱碳化焰(乙炔既过剩的碳化焰),使铝熔池置于还原性气氛的保护下而不被氧化。严禁采用氧化焰,因为用氧化性较强的氧化焰会使铝强烈氧化,阻碍焊接过程进行;而乙炔过多,游离的氢可能溶入熔池,会促使缝产生气孔,使焊缝疏松。

(4)定位焊缝

为防止焊件在焊接中产生尺寸和相对位置的变化,焊件焊前需要点固焊。由于铝的线膨胀系数大、导热速度快、气焊加热面积大,因此,定位焊缝较钢件应密一些。

定位焊用的填充焊丝与产品焊接时相同,定位焊接前应在焊缝间隙内涂一层气剂。定位焊的火焰功率比气焊时稍大。

(5)气焊操作

焊接钢铁材料时,可以从钢材的颜色变化判断加热的温度。但焊铝时,却没有这个方便条件。因为铝合金从室温加热到熔化的过程中没有颜色的明显变化,给操作者带来控制焊接温度困难。但可根据以下现象掌握施焊时机:

当被加热的工件表面由光亮白色变成暗淡的银白色,表面氧化膜起皱,加热处金属有波动现象时,表明即将达到熔化温度,可以施焊。

用蘸有熔剂的焊丝端头及被加热处,焊丝与母材能熔合时,即达到熔化温度,可以施焊。

母材边棱有倒下现象时,母材达到熔化温度,可以施焊。

气焊薄板可采用左焊法,焊丝位于焊接火焰之前,这种焊法因火焰指向未焊的冷金属,热量散失一部分,有利于防止熔池过热、热影响区金属晶粒长大和烧穿。母材厚度大于5 mm可采用右焊法,此法焊丝在焊炬后面,火焰指向焊缝,热量损失小,熔深大,加热效率高。气焊厚度小于3 mm的薄件时,焊炬倾角为20°~40°;气焊厚件时,焊距倾角为40°~80°,焊丝与焊距夹角为80°~100°。

铝合金气焊应尽量将接头一次焊成,不堆敷第二层,因为堆敷第二层时会造成焊缝夹渣等。

(6)焊后处理

气焊焊缝表面的残留焊剂和熔渣对铝接头的腐蚀,是铝接头日后使用中引起损坏的原因之一。在气焊后1~6 h之内,应将残留的熔剂、熔渣清洗掉,以防引起焊件腐蚀。焊后清理工序如下:

①焊后将焊件放入40~50 ℃的热水槽中浸渍,最好用流动的热水,用硬毛刷刷焊缝及焊缝附近残留熔剂、熔渣的地方,直至清除干净。

②将焊件浸入硝酸溶液中。当室温为25°以上时,溶液浓度15%~25%,浸渍时间为10~15 min。室温为10~15 ℃时,溶液浓度20%~25%,浸渍时间为15 min。

③将焊件置于流动热水(温度为40~50 ℃)的槽中浸渍5~10 min。

④用冷水将焊件冲洗5 min。

⑤将焊件自然晾干,也可放在干燥箱中烘干或用热空气吹干。

2. 钨极氩弧焊(TIG焊)

也称为钨极惰性气体保护电弧焊,是利用钨极与工件之间形成电弧产生的大量热量熔化待焊处,外加填充焊丝获得牢固的焊接接头。氩弧焊焊铝是利用其"阴极雾化"的特点,自行去除氧化膜。钨极及缝区域由喷嘴中喷出的惰性气体屏蔽保护,防止焊缝区和周围空气的反应。

TIG焊工艺最适于焊接厚度小于3 mm的薄板,工件变形明显小于气焊和手弧焊。交流TIG焊阴极具有去除氧化膜的清理作用,可以不用熔剂,避免了焊后残留熔剂、熔渣对接头的腐蚀。接头形式可以不受限制,焊缝成形良好、表面光亮。氩气流对焊接区的冲刷使接头冷却加快,改善了接头的组织和性能,适于全位置焊接。由于不用熔剂,焊前清理的要求比其他焊接方法严格。

焊接铝合金较适宜的工艺方法是交流TIG焊和交流脉冲TIG焊,其次是直流反接TIG焊。通常,用交流焊接铝合金时可在载流能力、电弧可控性以及电弧清理作用等方面实现最佳配合,故大多数铝合金的TIG焊都采用交流电源。采用直流正接(电极接负极)时,热量产生于工件表面,形成深熔透,对一定尺寸的电极可采用更大的焊接电流。即使是厚截面也不需预热,且母材几乎不发生变形。虽然很少采用直流反接(电极接正极)TIG焊方法来焊接铝,但这种方法在连续焊或补焊薄壁热交换器、管道厚在2.4 mm以下的类似组件时有熔深浅、电弧容易控制、电弧有良好的净化作用等优点。

(1)钨极

钨的熔点是340 ℃,是熔点最高的金属。钨在高温时有强烈的电子发射能力,在钨电极加入微量稀土元素钍、铈、锆等的氧化物后,电子逸出功显著降低,载流能力明显提高。铝合金TIG焊时,钨极作为电极主要起传导电流、引燃电弧和维持电弧正常燃烧的作用。常用钨极材料分纯钨、钍钨及铈钨等。

(2)保护气体

焊接铝合金的惰性气体有氩气和氦气。氩气的技术要求为 Ar>99.9%,氧<0.005%,氢<0.005%,水分<0.02 mg/L,氮<0.015%。氧、氮增多,均恶化阴极雾化作用。氧>0.3%,则使钨极烧损加剧,超过0.1%使焊缝表面无光泽或发黑。

钨极氩弧焊时,交流加高频焊接选用纯氩气,适用大厚度板;直流正极性焊接选用 Ar+He 或纯 Ar。

(3)焊接工艺参数

为了获得优良的焊缝成形及焊接质量,应根据焊件的技术要求,合理地选定焊接工艺参数。铝合金手工 TIG 焊的主要工艺参数有电流种类、极性和电流大小、保护气体流量、钨极伸出长度、喷嘴至工件的距离等。自动 TIG 焊的工艺参数还包括电弧电压(弧长)、焊接速度及送丝速度等。铝合金交流脉冲 TIG 焊的工艺参数见表4-6。

表4-6 铝合金交流脉冲 TIG 焊的工艺参数

<table>
<tr><th>母材</th><th>板厚/mm</th><th>钨极直径/mm</th><th>焊丝直径/mm</th><th>电弧电压/V</th><th>脉冲电流/A</th><th>基值电流/A</th><th>脉冲比/%</th><th>气体流量/L·min⁻¹</th><th>频率/Hz</th></tr>
<tr><td rowspan="2">5A03</td><td>1.5</td><td rowspan="4">3</td><td rowspan="2">2.5</td><td>14</td><td>80</td><td>45</td><td rowspan="3">33</td><td rowspan="3">5</td><td>1.7</td></tr>
<tr><td>2.5</td><td>15</td><td>95</td><td>50</td><td>2</td></tr>
<tr><td>5A06</td><td>2</td><td rowspan="2">2</td><td>10</td><td>83</td><td>44</td><td>2.5</td></tr>
<tr><td>2A12</td><td>2.5</td><td>13</td><td>140</td><td>52</td><td>36</td><td>8</td><td>2.6</td></tr>
</table>

工艺参数是根据被焊材料和厚度,先确定钨极直径与形状、焊丝直径、保护气体及流量、喷嘴孔径、焊接电流、电弧电压和焊接速度,再根据实际焊接效果调整有关参数,直至符合使用要求为止。

铝合金 TIG 焊工艺参数的选用要点如下:

①喷嘴孔径与保护气体流量　铝合金 TIG 的喷嘴孔径为5~22 mm;保护气体流量一般为5~15 L/min。

②钨极伸出长度及喷嘴至工件的距离　钨极伸出长度对接焊缝时一般为5~6 mm,角焊缝时一般为7~8 mm。喷嘴至工件的距离一般取10 mm左右为宜。

③焊接电流与焊接电压　与板厚、接头形式、焊接位置及焊工技术水平有关。手工 TIG 焊时,采用交流电源,焊接厚度小于6 mm铝合金时,最大焊接电流可根据电极直径 d 按公式 $I=(60\sim65)d$ 确定。电弧电压主要由弧长决定,通常使弧长近似等于钨极直径比较合理。

④焊接速度　铝合金 TIG 焊时,为了减小变形,应采用较快的焊接速度。手工 TIG 焊一般是焊工根据熔池大小、熔池形状和两侧熔合情况随时调整焊接速度,一般的焊接速度为8~12 m/h;自动 TIG 焊时,工艺参数设定之后,在焊接过程中焊接速度一般不变。

⑤焊丝直径　一般由板厚和焊接电流确定,焊丝直径与两者之间呈正比关系。

交流电特点是负半波(工件为负)时,有阴极清理作用,正半波(工件为正)时,钨极因发热量低,不容易熔化。为了获得足够的熔深和防止咬边、焊道过宽和随之而来的熔深及焊缝外形失控，必须维持短的电弧长度，电弧长度大约等于钨极直径。

(4)焊接接头及坡口形式

坡口形式见表4－7。

表4－7　铝及铝合金钨极氩弧焊坡口形式

焊件厚度/mm	坡口形式	坡口尺寸			备注
		间隙(a)/mm	钝边(p)/mm	角度(a)/(°)	
1～2	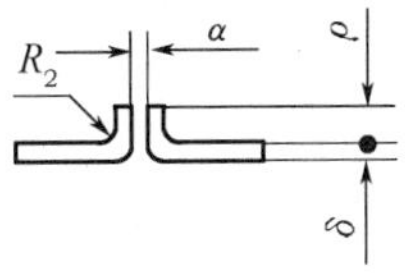	<1	2～3	—	不加填充焊丝
1～3	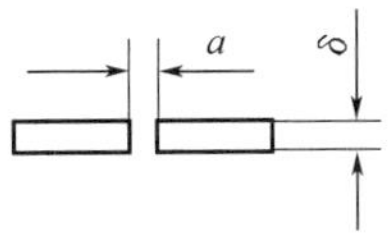	0～0.5	—	—	双面焊，反面铲焊根
3～5		1～2	—	—	
3～5	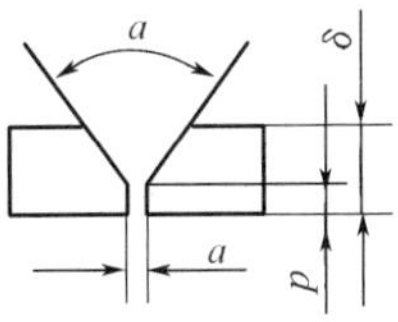	0～1	1～1.5	70±5	双面焊，反面铲焊根
6～10		1～3	1～2.5	70±5	
12～20		1.5～3	2～3	70±5	
14～25	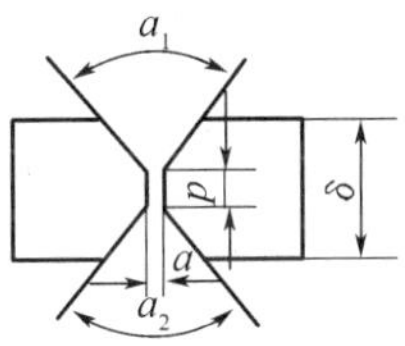	1.5～3	2～3	$a_1$80±5 $a_2$80±5	双面焊，反面铲焊根，每面焊2层以上
管子壁厚≤3.5	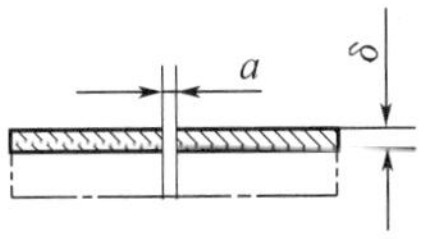	1.5～2.5	—	—	用于管子可旋转的平焊
3～10(管子外径30～300)	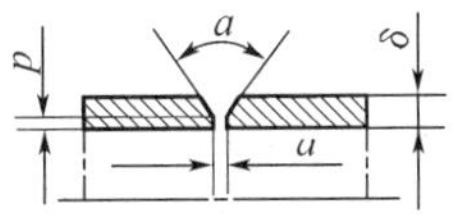	<4	<2	75±5	管子内壁可用固定垫板
4～12	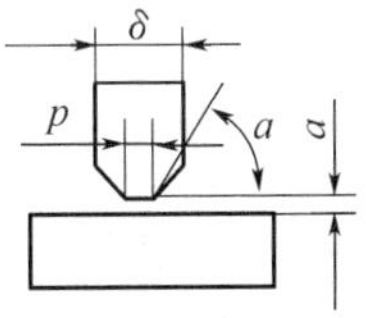	1～2	1～2	50±5	共焊1～3层

表 4－7(续)

焊件厚度/mm	坡口形式	坡口尺寸			备注
		间隙(a)/mm	钝边(p)/mm	角度(α)/(°)	
8～25	δ p α	1～2	1～2	50±5	每面焊2层以上

(5)铝合金 TIG 焊常见缺陷及防止措施

①气孔

a. 产生原因　氩气纯度低或氩气管路内有水分、漏气等;焊丝或母材坡口附近焊前未清理干净或清理后又被污物、水分等沾污;焊接电流和焊速过大或过小;熔池保护欠佳,电弧不稳,电弧过长,钨极伸出过长等。

b. 防止措施　保证氩气的管路,选择认真清理焊丝、焊件,清理后及时焊接,并防止再次污染。更新送气管路,选择合适的气体流量,调整好钨极伸出长度;正确选择焊接工艺参数。必要时,可以采取预热工艺,焊接现场装挡风装置,防止现场有风流动。

②裂纹

a. 产生原因　焊丝合金成分选择不当;当焊缝中的镁含量小于3%,或铁、硅杂质含量超出规定时,裂纹倾向增大;焊丝的熔化温度偏高时,会引起热影响区液化裂纹;结构设计不合理,焊缝过于集中或受热区温度过高,造成接头拘束应力过大;高浊停留时间长,组织过热;弧坑没填满,出现弧坑裂纹等。

b. 防止措施　所选焊丝的成分与母材要匹配;加入引弧板或采用电流衰减装置填满弧坑;正确设计焊接结构,合理布置焊缝,使焊缝尽量避开应力集中处,选择合适的焊接顺序;减小焊接电流或适当增加焊接速度。

③未焊透

a. 产生原因　焊接速度过快,弧长过大,焊件间隙、坡口角度、焊接电流均过小,钝边过大;工件坡口边缘的毛刺、底边的污垢焊前没有除净;焊炬与焊丝倾角不正确。

b. 防止措施　正确选择间隙、钝边、坡口角度和焊接工艺参数;加强氧化膜、熔剂、熔渣和油污的清理;提高操作技能等。

④焊缝夹钨

a. 产生原因　接触引弧所致;钨极末端形状与焊接电流选择得不合理,使尖端脱落;填丝触及到热钨极尖端和错用了氧化性气体。

b. 防止措施　采用高频高压脉冲引弧;根据选用的电流,采用合理的钨极尖端形状;减小焊接电流,增加钨极直径,缩短钨极伸出长度;更新惰性气体;提高操作技能,勿使填丝与钨极接触等。

⑤咬边

a. 产生原因　焊接电流太大,电弧电压太高,焊炬摆幅不均匀,填丝太少,焊接速度太快。

b. 防止措施　减小焊接电流与电弧电压,保持焊炬摆幅均匀,适当增加送丝速度或降低焊接速度。

3. 铝合金的熔化极氩弧焊(MIG 焊)

铝合金的熔化极氩弧焊也称为熔化极惰性气体保护电弧焊,电弧是在惰性气体保护中的焊件和铝及铝合金焊丝之间形成,焊丝作为电极及填充金属。由于焊丝作为电极,可采用高密度电流,因而母材熔深大,填充金属熔敷速度快,焊接生产率高。

熔化极氩弧焊时,当板厚 < 25 mm 时,采用纯 Ar。当板厚为 25 ~ 50 mm 时,采用添加 10% ~35% Ar 的 Ar + He 混合气体。当板厚为 50 ~ 75 mm 时,宜采用添加 10% ~35% 或 50% He 的 Ar + He 混合气体。当板厚 > 75 mm 时,推荐添加 50% ~75% He 的 Ar + He 混合气体。焊前一般不预热,板厚较大时,也只需预热起弧部位。根据焊炬移动方式的不同,铝合金 MIG 焊工艺分为半自动 MIG 和自动 MIG 焊,对焊工的操作技术水平要求较低,比较容易训练完成。

自动、半自动熔化极氩弧焊的电弧功率大,热量集中,热量影响区小,生产效率比手工钨极氩弧焊可提高 2 ~ 3 倍。可以焊接厚度在 50 mm 以下的纯铝及铝合金板。

(1)铝合金半自动 MIG 焊工艺

半自动焊的焊枪由操作者握持着向前移动。熔化极半自动氩弧焊多采用平特性电源,焊丝直径为 1.2 ~ 3.0 mm。可采用左焊法,焊炬与工件之间的夹角为 75°,以提高操作者的可见度。多用于点焊、短焊缝、断续焊缝及铝容器中的椭圆形封头、人孔接管、支座板、加强圈、各种内件及锥顶等。

熔化极半自动氩弧焊的点固焊缝应设在坡口反面,点固焊缝的长度为 40 ~ 60 mm,对于相同厚度的铝锰、铝镁合金,焊接电流应降低 20 ~ 30 A,氩气流量增大 10 ~ 15 L/min。

(2)铝合金自动 MIG 焊工艺

由自动焊机的小车带动焊枪向前移动。根据焊件厚度选择坡口尺寸、焊丝直径和焊接电流等工艺参数。表 4 - 8 为部分铝镁合金和硬铝自动 MIG 焊的工艺参数。铝合金自动 MIG 焊的工艺参数见表 4 - 9。

表 4 - 8 部分铝镁合金和硬铝自动 MIG 焊的工艺参数

板材牌号	焊丝型号(牌号)	板材厚度/mm	坡口形式	坡口尺寸			焊丝直径/mm	喷嘴直径/mm	氩气流量/$L\cdot min^{-1}$	焊接电流/A	电弧电压/V	焊接速度/$m\cdot h^{-1}$	备注
				钝边/mm	坡口角度/(°)	间隙/mm							
5A05	SAlMg - 5(HS331)	5	—	—	—	—	2.0	22	28	240	21 ~ 22	42	单面焊双面成形
5A02 5A03	SAlMn(HS331)	12 18 20 25	V 形	8 14 16 16	120	0 ~ 1	3.0 4.0 4.0 4.0	22 28 28 28	30 ~ 35 50 ~ 60 50 ~ 60 50 ~ 60	320 ~ 350 450 ~ 470 450 ~ 470 450 ~ 470	28 ~ 30 29 ~ 30 28 ~ 30 29 ~ 30	24 18.7 18 16 ~ 19	正反面均焊一层

表 4－8(续)

板材牌号	焊丝型号(牌号)	板材厚度/mm	坡口形式	坡口尺寸			焊丝直径/mm	喷嘴直径/mm	氩气流量/L·min^{-1}	焊接电流/A	电弧电压/V	焊接速度/m·h^{-1}	备注
				钝边/mm	坡口角度/(°)	间隙/mm							
2A11	SalSi－5(HS311)	50	双V	6～8	75	0～0.5	—	28	—	450～500	24～27	15～18	可采用双面U形坡口,钝边6～8mm

表 4－9　铝合金自动 MIG 焊的工艺参数

板厚/mm	接头及坡口形式	焊丝直径/mm	焊接电流/A	电弧电压/V	焊接速度/m·h^{-1}	气体流量/L·min^{-1}	焊道数
4～6	对接I形坡口	1.4～2	140～220	19～22	25～30	15～18	2
8～10		1.4～2	220～300	20～25	15～25	18～22	2
12		2	280～300	20～25	15～20	20～25	2
6～8	对接V形坡口加衬垫	1.4～2	240～280	22～25	15～25	20～22	1
10		2.0～2.5	420～460	27～29	15～20	24～30	1
12～16	对接X形坡口	2.0～2.5	280～300	24～26	12～15	20～25	2～4
20～25		2.5～4	380～520	26～30	10～20	28～30	2～4
30～40		2.5～4	420～540	27～30	10～20	28～30	3～5
50～60		2.5～4	460～540	28～32	10～20	28～30	5～8
4～6	T形接头	1.4～2	200～260	18～22	20～30	20～22	1
8～12		2	270～330	24～26	20～25	24～28	1～2

铝合金 MIG 焊需注意的问题如下:

①喷射过渡焊接时,电弧电压应稍低一点,使电弧略带轻微爆破声,此时熔滴形式属于喷射过渡中的射滴过渡。弧长增大对焊缝成形不利,对防止气孔也不利。

②在中等焊接电流范围内(250～400 A),可将弧长控制在喷射过渡区与短路过渡区之间,进行亚射流电弧焊接。这种熔滴过渡形式的焊缝成形美观,焊接过程稳定。

③粗丝大电流 MIG 焊(400～1 000 A)在平焊厚板时具有熔深大、生产率高、变形小等优点。但由于熔池尺寸大,为加强对熔池的保护,应采用双层保护焊枪(外层喷嘴送 Ar 气,内层喷嘴送 Ar－He 混合气体),这样可扩大保护区域和改善熔池形状。

④大电流时,为了保护熔池后面的焊道,可在双层喷嘴角后面再安装附加喷嘴。

采用自动 MIG 焊得到的铝合金焊接接头的力学性能良好。

4. 脉冲氩弧焊

(1)钨极脉冲氩弧焊

用这种方法可明显改善小电流焊接过程的稳定性,便于通过调节各种工艺参数来控制电弧功率和焊缝成形。焊件变形小、热影响区小,特别适用于薄板、全位置焊接等场合以及对热敏感性强的锻铝、硬铝、超硬铝等的焊接。

(2)熔化极脉冲氩弧焊

可采用的平均焊接电流小,参数调节范围大,焊件的变形及热影响区小,生产率高,抗气孔及抗裂性好,适用于厚度在 2 ~ 10 mm 铝合金薄板的全位置焊接。

脉冲 MIG 焊可以将熔池控制得很小,容易进行全位置焊接,尤其焊接薄板、薄壁管的立焊缝、仰焊缝和全位置焊缝是一种较理想的焊接方法。脉冲 MIG 焊电源是直流脉冲,脉冲 TIG 焊的电源是交流脉冲。它们的焊接工艺参数基本相同。纯铝、铝镁合金半自动脉冲 MIG 焊的工艺参数见表 4 - 10。

表 4 - 10 铝镁合金半自动脉冲 MIG 焊的工艺参数

合金牌号	板厚/mm	焊丝直径/mm	基值电流/A	脉冲电流/A	电弧电压/V	脉冲频率/Hz	氩气流量/L·min^{-1}	备注
5A03(LF3)	1.8	1.0	20 ~ 25	120 ~ 140	18 ~ 19	50	20	喷嘴孔径 16 mm 焊丝牌号 LF3
5A05(LF5)	4.0	1.2		160 ~ 180	19 ~ 20		20 ~ 22	喷嘴孔径 16 mm 焊丝牌号 LF5

5. 电阻点焊、缝焊

可用来焊接厚度在 4 mm 以下的铝合金薄板。对于质量要求较高的产品可采用直流冲击波点焊、缝焊机焊接。焊接时需要用较复杂的设备,焊接电流大、生产率较高,特别适用于大批量生产的零、部件。

6. 搅拌摩擦焊

搅拌摩擦焊是一种可用于各种合金板焊接的固态连接技术。与传统熔焊方法相比,搅拌摩擦焊无飞溅、无烟尘,不需要添加焊丝和保护气体,接头无气孔、裂纹。与普通摩擦相比,它不受轴类零件的限制,可焊接直焊缝。这种焊接方法还有一系列其他优点,如接头的力学性能好、节能、无污染、焊前准备要求低等。由于铝及铝合金熔点低,更适于采用搅拌摩擦焊。

项目测试

一、填空题

1. 游艇艇体用铝合金的腐蚀形式主要有__________、__________、__________和__________。

2. 点腐蚀是一种____________,即点腐蚀孔内的腐蚀过程造成的条件既促进又足以维持腐蚀的继续进行。

3. 电化学腐蚀是两种或两种以上不同电极电位的金属处于腐蚀介质内相互接触而引起的电化学反应,又称____________或双金属腐蚀。

4. 阴极保护方法可分为____________和牺牲阳极法。

5. 铝合金焊接性能主要有__________、__________、__________、____________、____________和______________。

二、简答题

1. 简述游艇艇体用铝合金电化学腐蚀机理及防腐措施。
2. 简述铝合金 TIG 焊常见缺陷及防止措施。

项目5　游艇内装材料

项目目标：使学生掌握游艇内装材料的性质、特点和种类；游艇内装材料与结构设计以及内装典型结构设计；复合岩棉内装设计与安装。

任务1　掌握内装材料的性质、特点和种类

游艇，不仅仅只是暂时居住、供游玩娱乐的地方，同时要予人以愉悦的心理感受。现代的游艇室内设计逐步强调重陈设轻装修的设计原则，家具、陈设是游艇室内设计中不可或缺的组成要素，它能更好地适应不规则平面形状和特殊空间类型与结构体的限制。易与界面的造型形成统一感，对地面、墙面和顶棚有着重要的影响和补充作用。然而要满足游艇的设计规范要求，要达到完善的艺术效果，离不开内装材料的应用，游艇室内环境要舒适、美观和安全关键在于内装材料的选用。游艇室内设计中常利用内装材料的材质和色彩的变化，配合灯饰表现，结合陈设点缀，与室内环境的艺术格调形成一致效果，如图5-1，图5-2，图5-3，图5-4，图5-5，图5-6所示。

图5-1　游艇室内设计效果(1)

游艇内装材料与陆地建筑内装材料有其相似之处。如游艇内装地面、卫生间所用的铺面用料以及大部分洁具都是以陆地建筑用料为依据，这样就为我们选用此料提供了可以遵照执行的相应标准和规范。

在航行时游艇不可避免地发生振动和噪声，为确保乘员的安全，必须严加防范，特别要避免火灾的发生。国际造船界一致认定在选用游艇内装材料时，必须按照减振、减噪声、阻燃、不释放有毒气体的规定指标，选用材料要充分考虑绝缘和绝热。

海上气候多变、温差大、温度大、盐度大，这就要求船舶舱室内装材料具有不褪色、不变质、不变形、不老化、安装工艺简单、维修方便等特点，并在此基础上，给人以美感和安全感，并调节游客的心理情绪。

图 5 - 2　游艇室内设计效果(2)

图 5 - 3　游艇室内设计效果(3)

图 5－4　游艇室内设计效果(4)

图 5－5　游艇室内设计效果(5)

游艇室内设计效果所选用材料应符合现代美。不同机理的材料有不同的美感，要和谐统一，又要确保工艺质量、确保工艺美观，从而达到设计要求，给人以享受。

图 5-6 游艇室内设计效果(6)

1.1 游艇内装材料的性质、特点

一、游艇内装材料的性质、特点

船舶内装设计也可以说是材料在舱室空间的应用设计。要满足船舶的设计规范要求,要达到完善的艺术效果,就离不开船用内装材料的应用,只有熟悉并掌握大量内装材料的性质与特点,才能发挥其作用,这是设计的前提和基础。不同材料有不同色彩、图形、纹理、质地、光泽等特征。把这些要素组合在一个特定的空间中,要塑造不同风格的舱室空间,必须充分利用材料的特性。游艇内装材料的性质与特点如下:

1. 耐火性

1974 年国际海上人命安全公约(SOLAS)及 1981 年修正案和历年来其他议定书和修正案,规定了船舶结构的防火等级和形式,把不同船舶类型、不同船舶区域划分为 A、B、C、三级耐火分隔,A 级划分四等,B 级划分二等,C 级不分等。在 SOLAS 公约和钢质海船人级与建造规范中,对耐火分隔级分别给出定义,游艇内装材料也必须具备耐火性。

(1) A 级分隔

其结构应在 1 h 的标准耐火试验至结束能防止烟及火焰通过。并且应用的不燃材料隔热,使在下列时间内,其背火一面温度,较原温度增高不超过 139 ℃,且在任何一点,包括任何接头在内的温度较原温度不超过 180 ℃。A 级划分四等,具体如下:

A——60 级　　60 min;

A——30 级　　30 min;

A——15 级　　15 min;

A——0 级　　0 min。

(2)B 级分隔

其结构应在最初 0.5 h 耐火试验至结束时,能防止火焰通过。并且应具有这样的隔热等级,使在下列时间内,其背火面的平均温度,较原温度增高不超过 139 ℃,且在任何一点,包括任何接头在内温度较原温度不超过 225 ℃。B 次划分二等,具体如下:

B——15 级　　　　15 min;

B——0 级　　　　0 min。

(3)C 级分隔

采用认可的不燃材料,即材料通过规定的试验程序,加热至约 750 ℃时,既不燃烧,也不发出足量的造成自燃的易燃气体的材料,并且不需要满足防止烟火通过及限制温升的要求。

A 级分隔耐火程度最高。采用 A 级分隔区段称为主竖区(平均长度不超过 40 m),应用于居住舱室与机器处、控制站、储存室、楼道之间的舱壁板。

B 级分隔应用在居住区舱室之间、舱内走廊的舱壁板。

C 级耐火程度最低,一般用在餐厅等处。

2. 标准化、系列化

游艇内装材料大都由专业厂家按标准生产。标准化材料有利于设计标准化、施工标准化。

游艇内装材料大都是配套的。如围壁板、天棚板的加强件类、连接件类、塞配件类都是配套使用的,缺一不可;如门与门框、闭门器、门钩、制止器、逃生孔、通风栅,以及窗与窗盒都是配套使用的。

游艇内装材料均由专业厂家按标准进行生产。如游艇内装常用材料复合岩棉板,其壁板厚度一般为 50 mm,衬板及天花板厚度一般为 30 mm 或 25 mm。长宽尺寸一般设计成 50 倍数的模数系列。各种配件也逐步实现标准化、系列化。现在国内游艇内装专用工具和连接构件加强件、塞配件等配套构件的生产也在逐步实现标准化,系列化。

3. 耐用性、可拆性

游艇内装材料必须坚固耐用,游艇天棚、围壁不但要与钢围壁、甲板固定,还要在这些板材上固定各类物件。例如天棚要固定天棚灯、空调器,围壁要固定家具、框架等,地面要固定防浪钩。船舱内物品在航行中动荡摇摆,因此防水、坚固、耐用是游艇内装材料的基本要求。同时游艇材料和组合件还应该有方便的可拆性,以便维修时拆解。

4. 加工性、组装性

游艇内装材料应按设计要求,进行钻、压、裁、剪多种加工,并通过构架、连接件组成多种空间和造型。如乳胶水泥与塑料方块地板组合成地面;木材与五金件组合成家具;纺织品与五金件组合成窗帘等。

5. 时代性

用复合岩棉板设计的游艇室内,由于表面本身有各种色彩和花纹的装饰贴面,使游艇室内具有装饰美;因为材料是时代科学技术发展的产物,游艇内装的时代性从游艇内装材料由木材结构、塑面板结构、硅酸钙板结构到复合岩棉板结构的演变过程,说明游艇内装材料具有时代性特点。

6. 无毒性

在高温或着火的情况下不会产生毒性气体以保证人命安全。

1.2 游艇内装材料的种类

长期以来,船舶内装多以木质材料为主,内装作业属于“木作”工艺,结构形式都是以木衬挡为支撑骨架,然后敷贴胶合板和其他人造板,表面涂刷硝基漆或酚醛漆。这是传统的常规木作形式。

对游艇的防火安全措施必须提出严格的要求,防爆隔热的有关规定也促使游艇内装材料和结构形式的变革,硅酸钙板、复合岩棉板等新材料相继出现,高新技术(计算机辅助设计、模数化、单元组装、模块建造)的应用又带来游艇内装工艺质的变化,表 5-1 为游艇用内装材料的种类。然而,游艇内装材料和结构形式的选用和设计受到航线的特点、民族习俗及国家整体工业水平的制约。

表 5-1 游艇用内装材料的种类

<table>
<tr><td rowspan="4">基材</td><td rowspan="2">木质</td><td colspan="2">天然板材</td></tr>
<tr><td>人造板</td><td>胶合板、刨花板、中密度板</td></tr>
<tr><td>无机质</td><td colspan="2">硅酸钙板、TC 板</td></tr>
<tr><td>复合材料</td><td colspan="2">玻璃钢成型板</td></tr>
<tr><td rowspan="3">饰面材</td><td>涂料</td><td colspan="2">油漆、树脂类涂料</td></tr>
<tr><td colspan="3">天然木切片</td></tr>
<tr><td>塑料饰面</td><td colspan="2">三聚氰胺装饰板、聚酯饰面、聚氯乙烯(PVC)薄膜</td></tr>
<tr><td rowspan="2">复合板材</td><td>复合岩板板</td><td colspan="2">聚氯乙烯(PVC)薄膜贴面镀锌钢板复合岩棉板、三聚氰胺装饰板复合岩棉板</td></tr>
<tr><td colspan="3">蜂 窝 板</td></tr>
</table>

任务 2 掌握内装材料与结构设计

2.1 游艇内装材料应用及发展

游艇内装材料包括结构材料、绝缘材料、装饰材料和家具材料。随着我国游艇制造业的发展,随着改革开放的步伐的加大,以及国际的现代科技发展,游艇内装材料的发展和应用将是同步变化。

一、结构材料

结构材料的应用和发展可分为木材结构时期、塑面材料结构时期、硅酸钙板结构时期和复合岩棉板结构时期等 4 个时期。

1. 木材结构时期

我国造船在 20 世纪 60 年代中期以前,一直以木材和木质加工材料为主要的内装材料。木质材料内装结构特点是结构简单、加工方便、组装容易、造价低。但木质材料不坚固、防火、耐腐等性质较差,不符合游艇设计规范要求。现在已基本取消了木质作为游艇结构材料。

2. 塑面材料结构时期

塑面材料应用于我国船舶舱室内装是从20世纪60年代中期开始的,即采用三聚氰胺塑面装饰板做舱室和家具面材。装饰板分为有光、柔光两大类。结构形式仍以木挡结构为主,后期改为金属型材料作衬挡,表面用压条、插条来连接。压条的采用,改变了木螺钉外露的缺陷。插条又是在压条连接方式基础上发展起来的连接方式。

3. 硅酸钙板结构时期

硅酸钙板结构材料是美国研制成功的一种高强度不燃材料。我国造船业是20世纪70年代末开始应用做为游艇内装材料。该材料以硅酸钙作为芯材,以三聚氰胺装饰板做为面材,具有隔音、隔热、防火等特点,是绝缘性能较好的船用内装材料,满足SOLAS公约防火分隔要求。

硅酸钙板主要结构框架同胶合板结构。围壁固定形式是下部有型钢底槽、上部有25×3或25×5扁钢衬档为金属镀锌板弯制,并通过连结材、自攻螺钉固定。连接形式有插入式(同贴塑板结构)和欧米卡件式(将镀锌板制成的欧米卡件用螺钉固定于围壁槽型材上,然后将硅酸钙板插入欧米卡件内,盖上压条)。

硅酸钙板密度大,与其他家具、设备固定比较困难,应用范围很受限制。

4. 复合岩棉板结构时期

复合岩棉板是20世纪60年代由北欧、西德等国家研制成功的新型内装材料,20世纪70年代初国外船舶开始应用。20世纪80年代初我国出口船及国内客船开始应用。复合岩棉板舱室是以复合岩棉板为主体,配置连接型材、部件以及防火门等构件组成。主要部件复合岩棉板由贴塑薄膜、镀锌钢板、岩棉、黏合剂加压组合而成。复合岩棉板的内装结构将在后面详细阐述。

由于复合岩棉板具有良好的防火、隔音、隔热和绝缘性能,质量轻,装饰色彩及图案美观大方,提高了游艇室内的居住性、安全性和美观性,很受人们欢迎,现已广泛地应用于国内外各类游艇内装设计中。

二、绝缘材料

艇用绝缘材料应具有防火、隔热、隔音性能。我国游艇使用绝缘材料是逐步发展起来的。首先,20世纪50年代采用软木绝缘材料;20世纪60年代采用聚乙烯泡沫塑料做绝缘材料。此材料有一定的自燃性,属易燃品,在燃烧时产生有毒气体;1962年采用聚苯乙烯泡沫塑料;1966年曾采用聚氨酯塑料喷涂,因易燃性而未被广泛采用。还曾采用过酚醛泡沫,无毒,但强度不如聚氯乙烯。20世纪80年代初,北京新型建筑材料厂引进瑞典全套设备生产出岩棉绝缘材料,经西德SBG认可为不燃材料并开始应用在我国出口船、石油钻井平台等船舶上,表5-2为艇用绝缘体材料比较表。

表5-2 艇用绝缘材料比较表

项目 \ 名称	软木	超细玻璃棉	聚氯乙烯泡沫板	聚氨酯泡沫喷涂	聚苯乙烯泡沫板	岩棉制品	陶瓷棉制品
密度 kg/m^3	140	40	40	30	30	100~120	80~220

表 5－2(续)

名称 项 目	软木	超细玻璃棉	聚氯乙烯泡沫板	聚氨酯泡沫喷涂	聚苯乙烯泡沫板	岩棉制品	陶瓷棉制品
导热系数 K cal/m·h·℃	0.05	0.03	0.035	0.03	0.035	0.03	0.056 密度 22 kg/m³ 平均温度 421 ℃ 0.029 密度 103 kg/m³ 平均温度 15 ℃
防火性	可燃	不燃	自熄	易燃	自熄	不燃	不燃
使用温度	120	450	85	130	70	830	
毒性	无毒	无毒	烧时产生有毒气体	烧时产生有毒气体	烧时产生有毒气体	无毒	无毒
价格比	1.25	0.75	2.7	2	1.25	1	3.5

我国耐火材料生产厂家研制成功并投入生产的硅酸铝纤维填补了国内空白。硅酸铝纤维又称陶瓷棉,并通过了 A—60 级防火认可证书。船用防潮型陶瓷棉性能见表 5－3。

表 5－3　艇用陶瓷棉制品物理性能表

名称	单位	指标	备注
密度	kg/m³	8～220	可根据需要制作
纤维品均直径	μ	<5	
导热系数	Kcal/m·h·℃	0.056 0.029	密度 220 kg/m³,平均温度 421 ℃ 密度 103 kg/m³,平均温度 15 ℃
渣球含量	%	<8	60 目筛上残留量
加热线收缩	%	<4	1 150 ℃×6 h
憎水率	%	>98	按 JISA9512—79 测定
不燃性		合格	按海协 A270(Ⅶ届) 决议测定

陶瓷棉已被广泛应用于船舶绝缘工程,其安装采用碰钉法固定。即用电焊将 ϕ3 mm 的碰钉点焊在钢板围壁或甲板上,钉距不大于 300 mm,然后插贴硅酸铝,A—60 级要铺设 35 mm厚(第一层 20 mm,第二层 15 mm),再用开孔 ϕ 2 mm 的碰片套入卡紧。硅酸铝毯接头处应断在型材处,并用加厚 10 mm 的硅酸铝毯包覆型材。

甲板绝缘材料称为甲板敷料,其种类有乳胶系、环氧系、聚胺脂系三大类。国外甲板敷料品种很多,我国在 1982 年首次研制成功 A 级甲板敷料,其防火级别为 A—60,A—30,A—15三种。

A—60 级敷料有多种结构形式,早期的一种是钢甲板＋胶黏剂＋无机轻体板(200 ×

300×20）+胶黏剂+罩面层(3~5)，总厚度为55 mm又有一定弹性。无机轻体板采用膨胀珍珠岩为基料，加入云母为增强材料，加入硅澡等填料配以水玻璃为黏结剂压制而成。罩面材料有氯丁乳胶型和无机乳胶型；罩面材料既有一定抗压强度，又有一定弹性。此外尚有浮动型及耐潮型A—60甲板敷料等。

三、装饰材料

装饰材料包括纺织品材料、木材、塑料、金属和玻璃等。其中纺织品材料有窗帘、幔帘、床铺帘、床罩、沙发、椅子套；塑料有压条、地板块、扶手、楼梯止滑条及地毯等；金属制品有各类小五金等；玻璃有装饰性玻璃、窗户用玻璃等。在选择纺织品中应该要求不燃性或低燃性，一般多采用化纤品，制造时加入阻燃剂，而且保证在受热时不释放有毒气体，要达到艇用规范要求。

2.2 内装典型结构设计

一、木质结构

木质结构内装系统基本形式是以木衬挡为骨架，表面封木质板材，主要是人造板材，如图5－7所示。

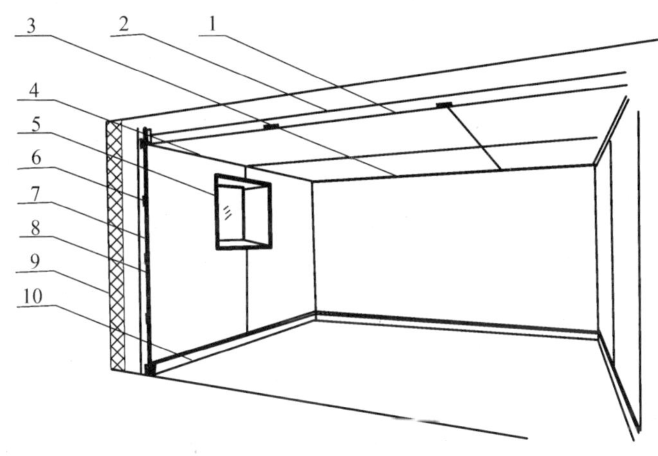

图5－7 木质结构内装示意图

1—天花板；2—天花板垫木；3—天花板衬挡；4—顶角线 5—窗斗；
6—围壁衬挡横挡；7—围壁衬挡直挡；8—围壁衬板；9—绝缘；10—踢脚板

1. 艇用木质结构内装板材的类型

船用板材通常有胶合板、刨花板、中密度板，这类板材又有素板、复面板和难燃型之分。素板既人造板原板，表面无任何装饰；复面板以人造板为芯材表面粘贴三聚氰胺装饰板或做聚酯饰面；复面板又有单面复板和双面复板之分，单面复塑人造板很易变形，为此常在背面再复一层等厚相同材质的补偿板成为双面复板。

艇用胶合板按材料分为阔叶树材胶合板和针叶树材胶合板；按耐水性可分为耐湿性胶合板和耐水性胶合板；按阻燃性能可分为阻燃胶合板和非阻燃胶合板两种。阔叶树材胶合板采用阔叶树材(如榉木、椴木、桦木、水曲柳、黄菠萝、柞木、核桃木、杨木等)旋切单板胶合而成,针叶树材胶合板采用松木旋切单板胶合而成,都适于游艇内装。艇用胶合板主要技术性能见表5－4。

表5－4　胶合板技术性能

<table>
<tr><th>种类</th><th>树种</th><th colspan="2">胶合强度/KPa</th><th>平均绝对含水率/%</th><th>密度/(kg·m⁻³)</th></tr>
<tr><td rowspan="6">阔叶树材胶合板</td><td rowspan="2">桦木</td><td>Ⅰ,Ⅱ类</td><td>≥1 372</td><td rowspan="6">≤13
(Ⅰ,Ⅱ类)
≤15
(Ⅲ,Ⅳ类)</td><td rowspan="8">700</td></tr>
<tr><td>Ⅲ,Ⅳ类</td><td>≥980</td></tr>
<tr><td rowspan="2">水曲柳、桦木</td><td>Ⅰ,Ⅱ类</td><td>≥1 176</td></tr>
<tr><td>Ⅲ,Ⅳ类</td><td>≥980</td></tr>
<tr><td rowspan="2">椴木、杨木</td><td>Ⅰ,Ⅱ类</td><td>≥1 176</td></tr>
<tr><td>Ⅲ,Ⅳ类</td><td>≥980</td></tr>
<tr><td rowspan="2">针叶树材胶合板</td><td rowspan="2">松木</td><td>Ⅰ,Ⅱ类</td><td>≥1 176</td><td>≤15</td></tr>
<tr><td>Ⅲ,Ⅳ类</td><td>≥980</td><td>≤17</td></tr>
</table>

耐湿型胶合板采用脲醛树脂粘合,可用作比较干燥的游艇室内内装板材,耐火性用酚醛树脂粘合,耐水性能好,可用于比较潮湿的环境。胶合板经阻燃剂处理后可达到有关规定的难燃要求。

刨花板、中密度板都是利用木材下脚料经粉碎加入黏合剂搅拌热压而成的一种人造板材,在制造过程中加入阻燃剂可达到阻燃要求。

刨花板、中密度板的缺点是密度较大、握钉力较差,吸水率偏高,不适于高速船等对质量要求较高的船舶以及比较潮湿的舱室。

阔叶树材胶合板将素板做封板用,表面采用涂料做饰面层,尤其是名贵树种的切片胶合板极具装饰效果。刨花板、中密度板通常先进行表面装饰处理后再使用。用三聚氰胺作装饰面的方式如下:

(1)采用船用低燃三聚氰胺装饰板,用黏结剂复贴在刨花板、中密度板、胶合板表面。

艇用低燃三聚氰胺装饰板是用三聚氰胺甲醛树脂分别浸渍不同的纸张,经干燥后压制而成,色彩鲜艳、图案美观、花色繁多、耐热、耐磨、耐化学腐蚀,表面平滑光洁,极易清洁保养,分为有光、亚光和浮雕等品种。

(2)用三聚氰胺浸渍装饰纸直接热压到刨花板或中密度板表面进行装饰处理,其性能与三聚氰胺装饰板相近,但价格低,特别适用于游艇内装材料。

2. 木质结构内装的基本形式

(1)以胶合板素板做内装板材,常用的形式板缝倒角拼接(图5－8);板缝脱缝拼接(图5－9)等。

(2)以三聚氰胺装饰板贴面的胶合板作为内装板材。

常用的结构形式有铲边嵌条固定(图5－10);抽槽嵌条固定(图5－11);装饰条固定(图5－12)等形式。

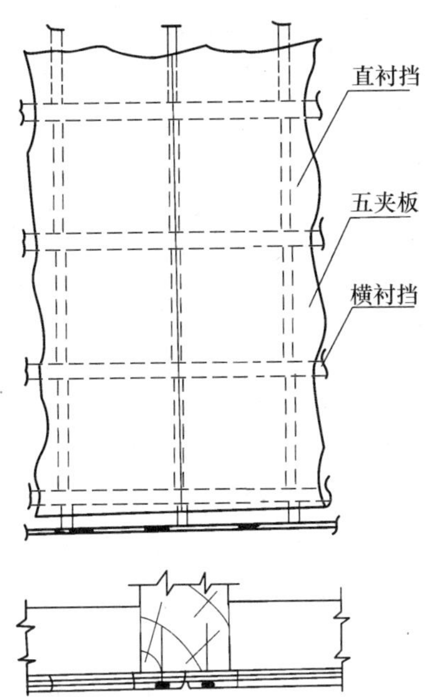

图 5-8 五夹板板缝倒角拼接

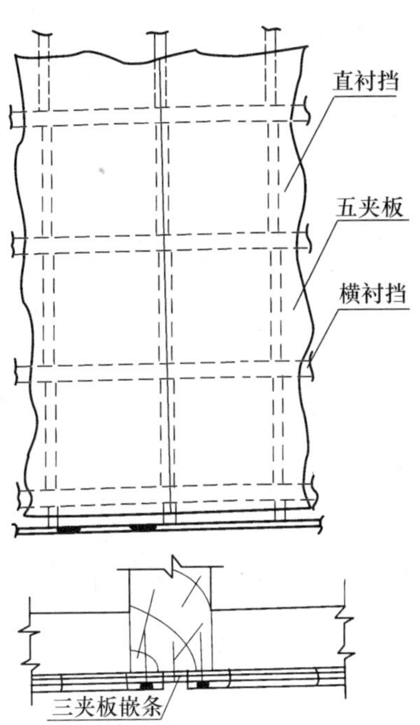

图 5-9 五夹板板缝脱缝嵌条拼接

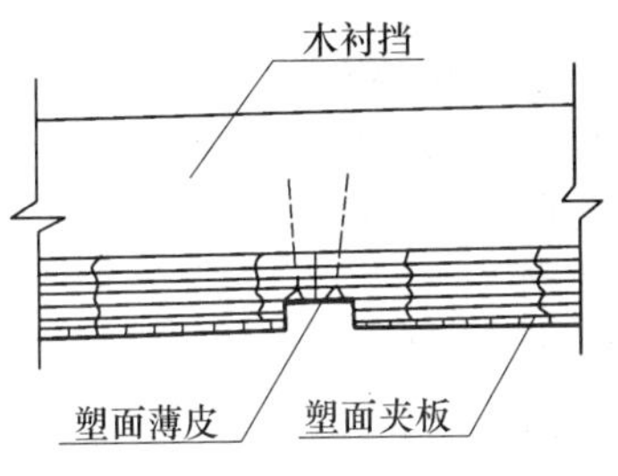

图 5-10 铲边嵌条固定

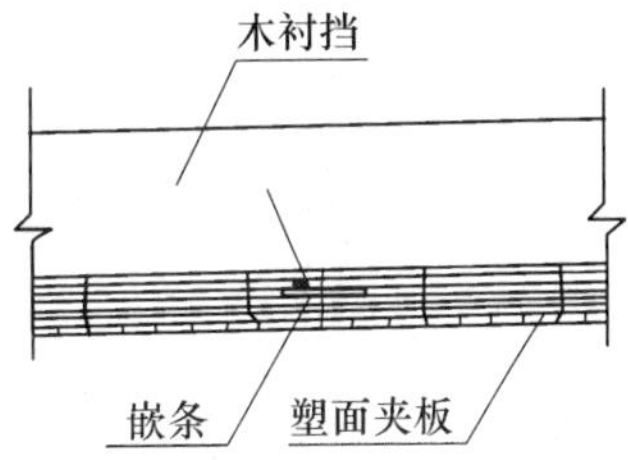

图 5-11 抽槽嵌条固定

3. 木衬挡构架形式

(1)普通木质衬挡

这种形式的木衬挡实为长条木挡，分为直挡和横挡。直挡一般选用 35 mm×55 mm 左右的松木挡，直挡高度视舱室净高而定，一般放长 100 mm，间距不大于 610 mm。横挡选用 25 mm×50 mm 的松木挡，间距 500 mm 左右。固定形式：直挡和横挡固定采用直挡开缺口，横挡嵌入直挡缺口内，用木螺钉紧固。直挡一般开五个缺口，缺口尺寸 50 mm×25 mm，其形式如图 5-13 所示。

(2)槽挡

这种形式的木衬挡统一采用 50 mm×25 mm 松木挡，两边打槽。利用槽挡的特点，可方便地按所有尺寸连成木构架，具体安装时只需按尺寸落料后将短挡嵌入长挡的槽中即可，如图 5-14 所示。

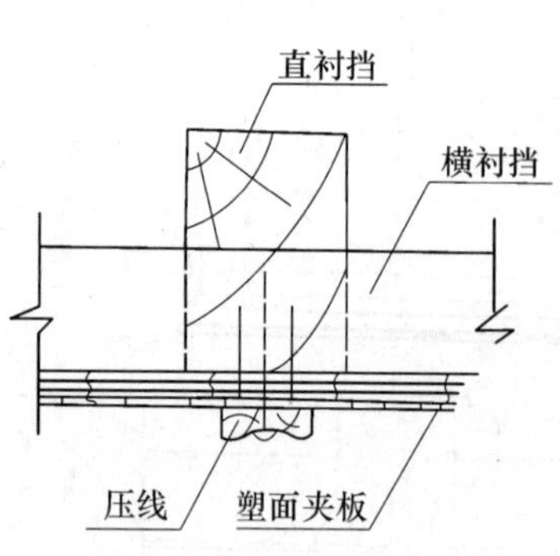

图 5-12　装饰条固定

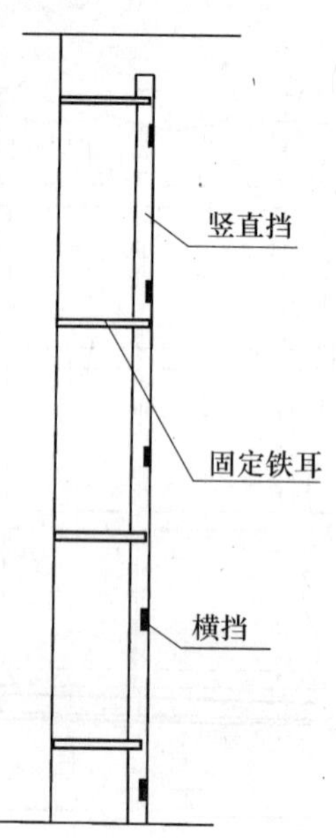

图 5-13　横直挡连接

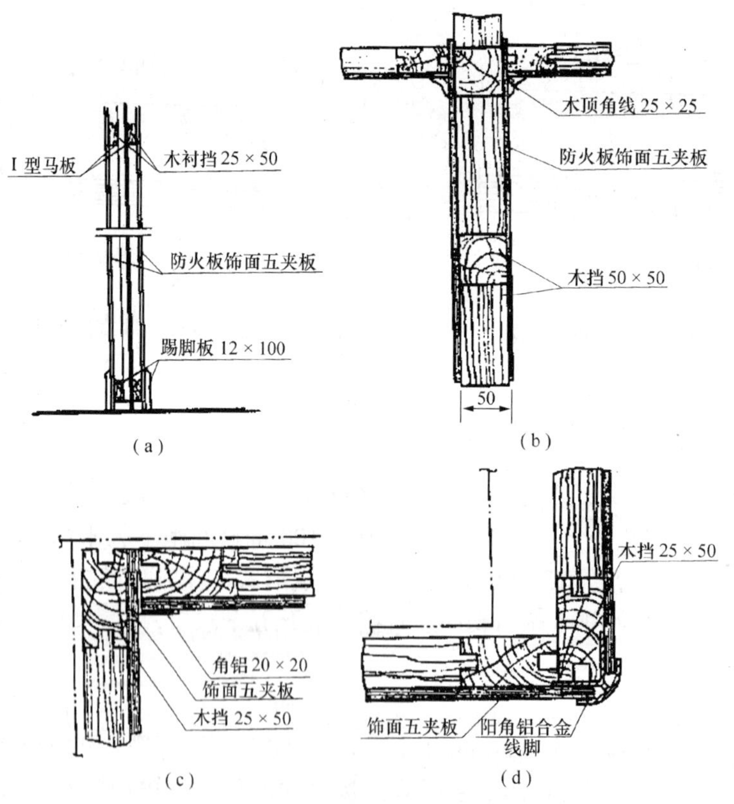

图 5-14　槽型衬挡构架节点

二、硅酸钙板结构

1. 硅酸钙板

(1)成分及工艺

以二氧化硅、氧化钙为主料,加入增强材料、助剂、水等辅料,按一定的配比加以混合,经制浆、成型和蒸压处理发生水热合成反映而成的。

(2)特点

①优点:良好的不燃材料,强度高,质地轻、隔热、隔声、耐腐蚀、易加工、浸水不裂。

②缺点:板材硬度低、脆性、吸水率高、碱性大、对金属有腐蚀性、加工时产生粉尘。

(3)艇用硅酸钙板的分类

①按增强材料　石棉型、无石棉型。无石棉型又可分为云母型、耐碱玻璃纤维型、有机纤维型、普通玻璃纤维型。

②按密度　超轻型、轻质型、普通型、中质型、重质型。

③按使用的部位　独立围壁板、衬板、天花板。

鉴于石棉对人体有致癌的危险,WHO 和 ILO 都指出石棉对人体的危害,限制石棉的生产和使用,因此世界各国已先后淘汰了石棉型硅酸钙板。目前我国生产的硅酸钙板主要是石棉型和云母型,而石棉型硅酸钙板也基本不做艇用板材了。

2. 钢质构架件

(1)作用:为了有效地防止火焰的燃烧与蔓延。

(2)材质:AIF 和 A3 钢。

(3)工艺:构架件与连接件表面应经酸洗镀锌或除锡喷漆,裸露的装饰构件,可采用复塑料钢板冲压制成。

3. 硅酸钙板安装方式

通常先安装衬板或独立围壁,然后安装天花板,如图 5-15 所示。

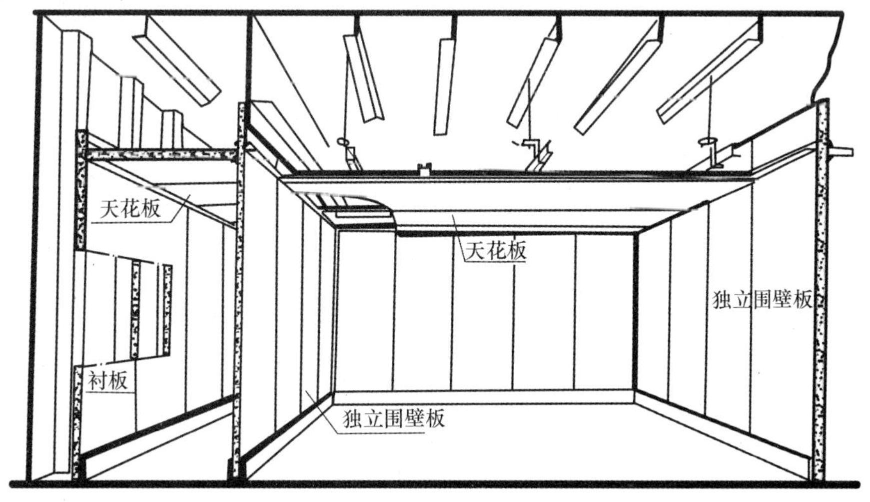

图 5-15　硅酸钙板内装系统示意图

(1)衬板及独立围壁安装:

①在钢围壁上安装衬板时应设置水平和垂直主衬挡,水平主衬挡应设置上下两根,上部主衬挡应高出天花板 50 mm,可同时用于安装天花板边缘的连接衬挡。

②走廊衬板安装风暴扶手时,应设置中间衬挡,其高度离走廊地板约 900 mm ~ 1 000 mm,安装风暴扶手支架。

(2)天花板的安装

天花板应在周边处同衬板或钢围壁连接,中间部分应根据板材尺寸设置纵向及横向主衬挡,构成平面构架。

(3)硅酸钙板的连接

①欧米茄连接

②嵌条连接

三、复合岩棉板结构

1. 复合岩棉板内装系统的特点

(1)满足防火要求,达到 B—0,B—15 级;

(2)满足隔声标准(隔声值 >30 dB);

(3)尺度模数化;

(4)车间预制、现场组装,有利于缩短造船周期。

2. 复合岩棉板内装的典型结构

(1)成分及工艺

复合岩棉板由芯材岩棉、面材镀锌钢板(厚度 0.7 mm)上复贴 PVC 薄膜进行胶黏加压复合而成。

(2)舱室复合岩棉板系统包括围壁板系列、天花板系列、构架系列、防火门系列等。

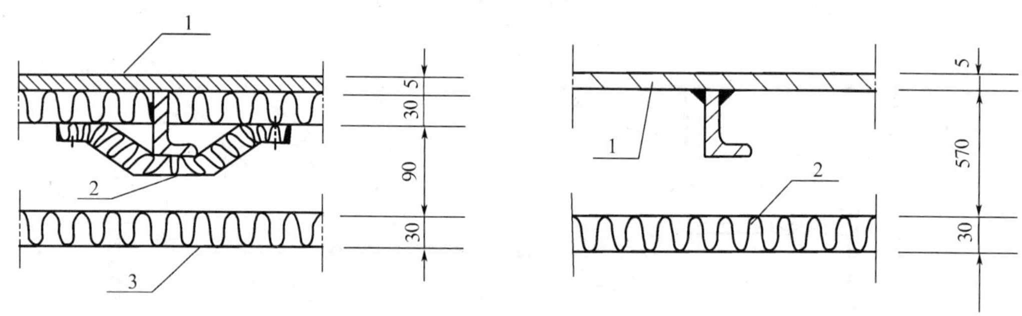

图 5-16 (a)、(b) A—60 级复合岩棉板结构分隔形式

3. 复合岩棉板的组成

复合岩棉板是以围壁板、转角板、天花板等组成。围壁板的厚度为 50 mm,30 mm 和 25 mm,天花板厚度为 25 mm。板长按实船需要设计生产,国产围壁板的长度可达 4 000 mm,复合岩棉板的宽度以 50 mm 的倍数来确定,称之为模数板。

4. 复合岩棉板的安装形式

(1)板材的连接形式;

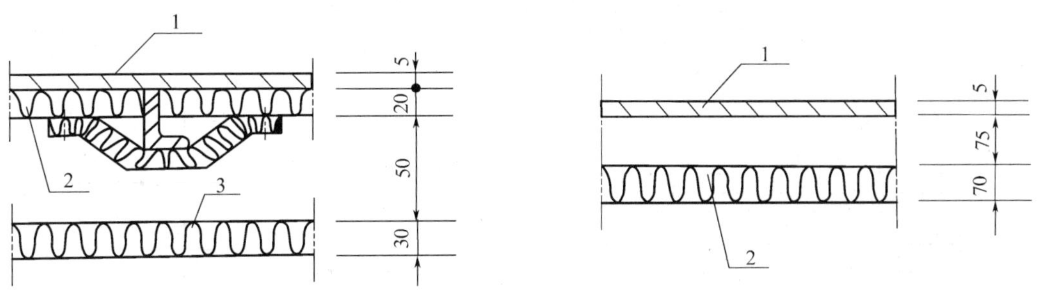

图 5-17 (c)、(d) A—30 级复合岩棉板结构分隔形式

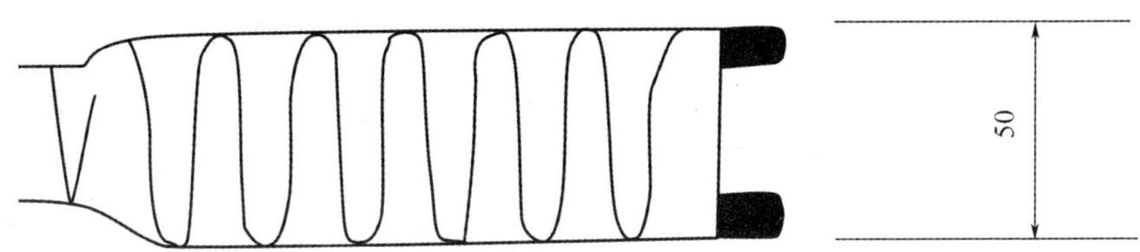

图 5-18 (e) B—15 级复合岩棉板结构分隔形式

(2)复合岩棉板衬板及天花板的固定形式;

(3)复合岩棉板各种节点形式及与之相应的顶型材连接形式;

(4)衬板及独立围板固定形式;

(5)复合岩棉板系统门的安装形式。

复合岩棉板连接和固定构件为钢质镀锌构件,装饰用的构件为复塑或涂塑钢质件。

任务3 掌握复合岩棉内装设计与安装

一、复合岩棉板游艇室内设计与安装

复合岩棉板舱室目前有预制舱室和散装舱室两种总体装配方式。预制舱室是将舱室整体(含舾装件)在车间预先装配好,吊上船安装定位,接通室外接头(电缆、风道、水管)后即可使用。散装舱室是将预先按图下料,加工好的舱室元件(构件),直接上船组装定位。预制舱室广泛应用于客船居住舱室。各国厂家复合岩棉板舱室结构形式很多,复合岩棉板舱室结构形式特点如下:

(1)舱室基本构件复合岩棉板是由岩棉、镀锌钢板(0.7 mm)、PVC 薄膜(0.2 mm)粘合而成,并且组成舱室各部分构件——围壁板(衬板、间隔板)系列、天棚板系列、构架系列(连接、装饰、支撑)、门窗系列、灯挂系列和浮动地板系列等。

(2)按防火等级要求,复合岩棉板舱室结构布置形式各厂家都是相同的,如图 5-19 所示。

表 5－5　复合岩棉板舱室结构布置形式

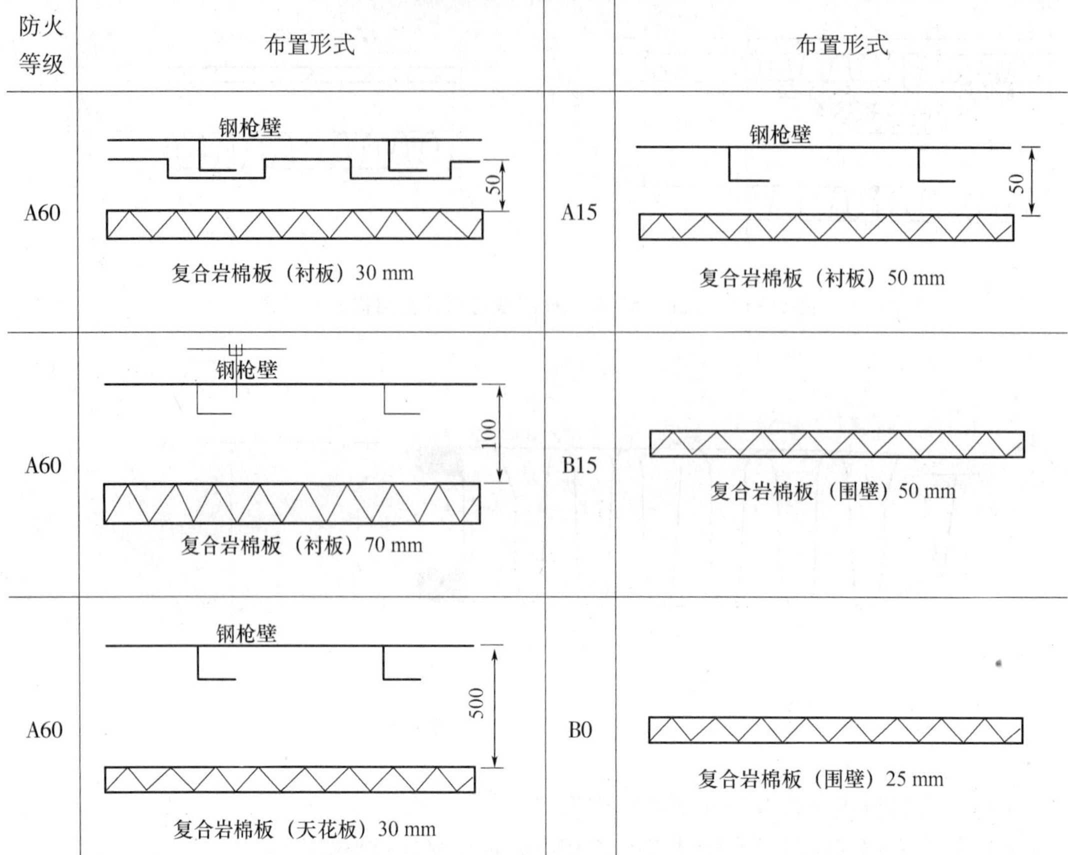

防火等级	布置形式		布置形式
A60	钢枪壁 50 复合岩棉板（衬板）30 mm	A15	钢枪壁 50 复合岩棉板（衬板）50 mm
A60	钢枪壁 100 复合岩棉板（衬板）70 mm	B15	复合岩棉板（围壁）50 mm
A60	钢枪壁 500 复合岩棉板（天花板）30 mm	B0	复合岩棉板（围壁）25 mm

(3)各国厂家因工厂标准的不同,复合岩棉板的连接形式,连接构件、吊挂构件、装饰构件有所区别。

(4)由于连接形式的区别,设计舱室结构时,必须以复合岩棉板生产厂家的工厂标准“节点图册”作为依据,如图(5－19,图 5－20 所示)

(5)舱室设计已经制定了一些国家标准,如船舶起居舱室的尺度谐调(CB386—87),可供绘制复合岩棉板舱室设计图纸时参考。

二、复合岩棉板内装设计

1. 设计准备

需提供图纸有船舶主要技术规格书、甲板总布置图、船体结构图、电气系统图、管系图、空调系统图、甲板复层要领图、材料样本、门窗样图等。

2. 设计图纸文件

有复合岩棉板排列设计图,包括围壁板、天花板排列图等。设计图应明确板的型号(从型号中可知板厚)、板宽、板长、板颜色、数量次序以及节点号;同时表达天花板开孔及吊顶型材布置(或单独出图)。国外通常以六面图形式清楚表达排版与布置设计。

其次,还要编制复合岩棉板系统配套明细表。即围壁板明细表、围壁型材用明细表、天棚板及型材明细表。以供订货及施工配套依据。

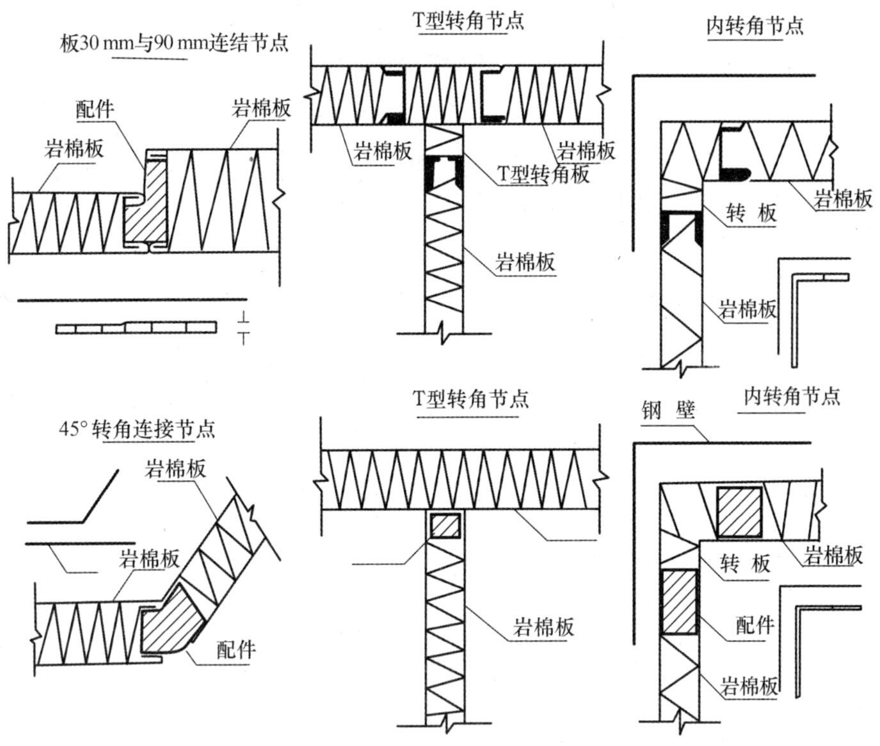

图 5-19 复合岩棉板主要连接形式

3. 设计时应注意的问题

优先采用标准版(因标准版尺度是按最小模数 $M=50$ 的倍数确定的),以减小现场过多切割,提高安装质量,安装进度,排板次序通常以舱室一角开始分别向纵向、横向扩展、至门框处,门框两侧壁板应取雌口形式。天花板由门向窗方向排列,门框处板材应取雄口形式;天棚灯、布风等设备布置时应尽量在板材中间,壁板布置电器及设备开孔,应离板缝 25 ~ 30 mm以上等。

三、复合岩棉板舱室安装

虽然复合岩棉板内装结构形式和安装方法有些差异,但各国厂家仍有许多基本安装程序是相同的。

(1)准备工作:钢围壁油漆绝缘处理,完成系统(空调、管系、电缆)开孔。

(2)画线确定衬壁板、间隔板位置、固定低槽、顶槽,铺设甲板敷料基层。

(3)按次序号安装衬壁板。

(4)安装防火门。先插入上端,门下端定位后推向衬壁板靠紧。

(5)安装吊顶型材,调正吊挂件使支撑槽形材处于同一水平面。

(6)依次安装天棚板和装饰构件。

(7)安装天棚灯、空调布风口。

(8)安装窗盒。

(9)安装甲板敷料面层、地板块或地毯。

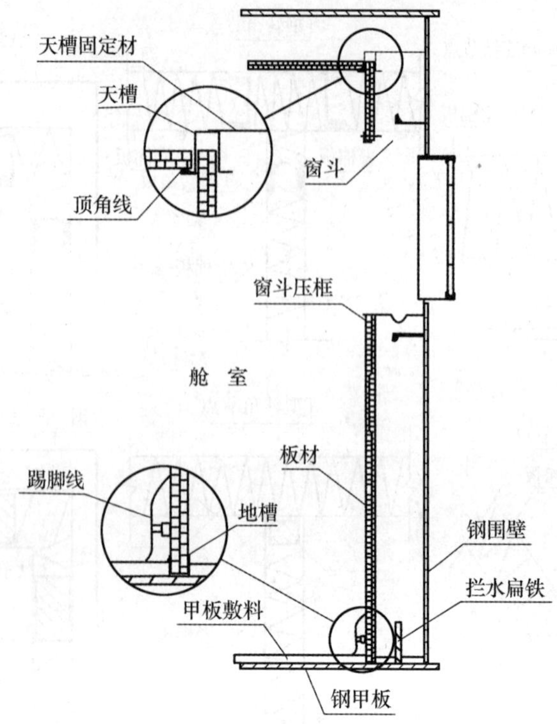

图 5-20 复合岩棉板典型节点

(10)安装家具。

(11)安装踏脚板。

(12)交船前揭去复合岩棉板热塑面塑保护膜。

项目测试

一、填空

1. 游艇内装材料包括(　　)、(　　)、(　　)和家具材料。

2. 结构材料的应用和发展可分为(　　)、(　　)、(　　)和复合岩棉板结构时期等四个时期。

3. 复合岩棉板排列设计图,包括(　　)、(　　)等。

4. 艇用绝缘材料应具有(　　)、(　　)、(　　)。

5. 甲板绝缘材料称为甲板敷料,其种类有(　　)、(　　)、聚胺脂系三大类。

二、简答

1. 游艇内装材料的性质、特点。

2. 复合岩棉板内装系统的特点。

3. 艇用硅酸钙板的分类。

4. 艇用胶合板分类。

5. 复合岩棉板舱室安装基本安装程序。

项目6　游艇材料发展动态

项目目标:使学生掌握世界各国游艇材料的发展历程以及我国与发达国家在玻璃钢材料的应用上的发展动态。

任务1　了解国内外游艇材料发展概况

由于GFRP(玻璃纤维增强塑料,即玻璃钢)具有传统造船材料所无法比拟的优点,故倍受造船界的重视。经多年的开发应用,已成为一种重要的船用材料。但因其弹性模量低和受成型技术等的限制,尚不能建造太大的舰船,加之价格较贵,故在整个造船工业中的用量比钢材少。

自20世纪40年代中期第一艘GFRP船问世以来,世界各国相继开始研制各种GFRP船舶,25年间复合材料船舶开发的业绩超过了钢质船舶近一个世纪的发展历程,尤其是美、英、日、意等国迄今仍保持强劲的势头。美国的GFRP造船量居世界首位;日本1993年GFRP渔船的数量已超过32万艘,GFRP游艇则超过了20万艘;据统计英国20 m以下的船有80%是采用GFRP制造,而且还批量建造了世界上最大的GFRP反水雷舰;意大利和瑞典也分别建成了各具特色的新颖硬壳式和夹层结构的大型GFRP猎扫雷舰。中国从1958年开始试制GFRP船,迄今也已制造了数以万计的各种GFRP船艇。下面对一些主要国家GFRP船艇产品的研制和开发情况做一概述。

一、美国

美国是使用复合材料最早和最多的国家,20世纪40年代初就宣告GFRP研制成功。1946年美国海军建成了长8.53 m的世界第一艘聚酯GFRP艇,拉开了复合材料造船的序幕。1954年前后,美国的手糊成型工艺日趋成熟,即开始开发GFRP游艇,次年就大量生产游艇、帆船等船艇。1956年美国建造了2艘不同结构形式的小型扫雷艇,开始了GFRP在扫雷艇中的应用研究,美国迄今最大的复合材料舰船是于1991年建成的Osprey号。美国还造了许多GFRP游艇,最大的长达44 m。1966年美国开始批量生产大型渔船,1979年就建造了390艘。

二、英国

英国的造船工业是最早使用GFRP的部门,1962年英国船舶登记局颁布了劳氏船级社关于6～36 m长GFRP船的技术规范。英国不仅是大型GFRP反水雷舰艇的先驱国家,它在复合材料高速艇的研制技术方面也属世界一流水平,建造了不少军用高速艇,它还研制了航速很高的轻型气垫船和横渡英吉利海峡的HM－2型气垫渡船。

三、意大利

意大利意大利的GFRP游艇工业不仅发展较早,而且技术非常先进。它是欧洲制造35 m以上大型豪华游艇的中心之一,除了采用玻璃纤维外,还使用芳纶纤维和碳纤维增强材料，以提高游艇的性能。

四、瑞典

瑞典也很注重 GFRP 在船艇中的应用。应该指出的是，瑞典的夹层结构复合材料技术堪称世界一流，20 世纪 80 年代中期澳大利亚的 2 艘 Bay 级双体猎雷艇就是引进瑞典夹层结构技术建成的。瑞典的夹层结构技术还用于建造了不少高速军用艇和巡逻艇，如 TV171，TV172 和 CG27 型海岸巡逻艇。值得一提的是，瑞典在 1991 年研制成世界第一艘复合材料隐形试验艇“斯迈杰”号，该艇集先进复合材料技术、夹层结构技术、隐身技术及双体气垫技术于一体，实属舰船中的高科技产品。

五、日本

日本的 GFRP 工业始于 20 世纪 50 年代，经 40 多年的发展，其 GFRP 产量已跃居世界第 2 位。在船艇方面的复合材料主要用于渔船，仅海洋机动渔船的用量就占 76.3%。日本的高性能碳纤维的研制水平及生产能力均居世界前列，主要用于高性能船舶、赛艇及豪华游艇。日本的第一艘 GFRP 船建于 1953 年，20 世纪 60 年代初 GFRP 游艇得到很大发展，成为美国游艇承包建造基地，为建造 GFRP 渔船和大型艇奠定了基础。20 世纪 60 年代末开始大量生产 16～18 m 高速作业船、装载船、救生艇、渔业监督船及高速客船。整个 20 世纪 70 年代是日本 GFRP 渔船大发展的时期，平均每年增加 1.8 万艘，且向大型化发展，吨位达到 99 t。至 1993 年 GFRP 渔船已有 32.77 万艘，占机动渔船的 84.5%。

六、中国

GFRP 在中国出现后不久，第一艘聚酯 GFRP 工作艇于 1958 年在上海诞生。次年，北京也研制出环氧 GFRP 汽艇。这 2 条艇分别从南方和北方拉开了中国 GFRP 造船的序幕。经过近 40 年的研制和开发，业已建造了大小不一的百余种型号 GFRP 船艇，其中最大的为总长近 39 m 的扫雷艇；高速滑行艇的代表为 982 型边防巡逻艇，已建造了 200 多艘；渔船则以 20 世纪 80 年代中后期批量建造的总长近 20 m 的海洋渔船为代表，其多数被派往南太平洋进行远洋捕捞作业；典型的游艇为 52 英尺(16 m)豪华游艇；自 1992 年中国在蛇口召开第二届国际高性能船舶会议以来，广东地区掀起研制复合材料高速客船的热潮，先后研制了 40～100 客位单体高速船，1995 年还建成 160 客和 225 客高速双体气垫船，并与法国合作开发了双体机动帆艇，最近正在研制航速高达 80 km/h 的复合材料水翼艇。

据不完全统计，中国(不包括台湾省)GFRP 的年产量约为 23.5 万吨，已形成数百家 GFRP 造船厂和制品厂，GFRP 船艇的年生产能力约为 7 000～8 000 艘。值得注意的是，在这众多的 GFRP 船舶中，近年来已出现一批或正在开发几型尺度较大、技术要求较高的高性能船舶。

中国台湾省的 GFRP 造船业始于 20 世纪 60 年代中，1966 年年用量仅 360 t，1988 年以来平均增长率为 10.9%，到 1988 年 GFRP 年用量已超过 40 000 t。台湾的船用树脂和玻璃纤维已有多家厂商获得英国劳氏船级社的证书。自 1965 年从国外引进 GFRP 造船技术，使游艇生产走向专业化和现代化。经过 10 年努力，至 1975 年 GFRP 游艇已成为重要的出口产品。台湾早在 1968 年就开始试制渔船，初期主要生产 2 t 以下的小型渔船和 GFRP 包覆木质渔船，以后逐渐建造较大的渔船。总之，台湾省的 GFRP 游艇和渔船都比内地的起步早，发展快，特别是游艇的质量和数量上尤其突出。

任务2 了解新型游艇材料——泡沫芯材

一、泡沫芯材概述

尽管玻璃钢作为一种造船材料已经确定无疑，然而，在实践中人们发现玻璃钢应用于造船方面还有很大的潜力。当初玻璃钢能够成为新兴船壳材料并逐渐发展成为最重要的船壳材料之一的原因就在于其质量轻，强度高，而现在就要在保证其强度的基础上进一步减轻其质量，以提高其性能，由此想到了在玻璃钢材料中添加泡沫夹层。

泡沫芯材为孔隙材料芯材，可以起到减轻结构的质量，增加结构的刚度，提高结构的强度等作用。夹层结构一般是由上面板、上面板与芯材的黏结层、芯材、下面板与芯材的黏结层以及下面板所构成，这五个要素组成了一个整体的夹层结构。夹层结构传递荷载的方式类似于工字梁（见图6－1），上下面板（翼板）主要承受由弯矩引起的面内拉压应力和面内剪应力，而芯材（腹板）主要承受由横向力产生的剪应力（见图6－2）。

图6－1　工字梁和夹层结构的对比

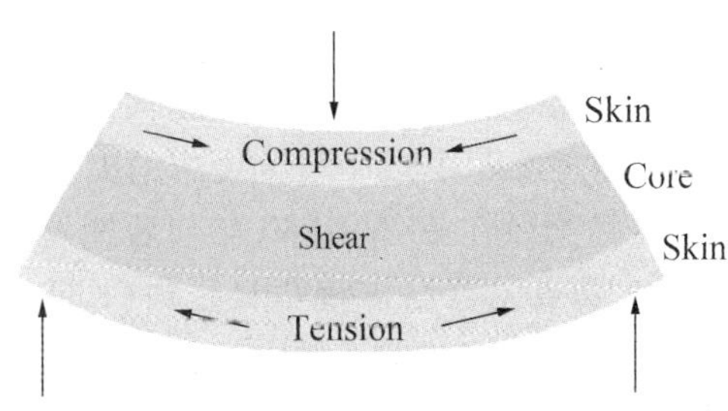

图6－2　夹层结构对称间支梁的弯曲

为了使夹层结构的各要素能协同承载，面板与芯材之间的黏结层必须能传递荷载，这样至少应具备和芯材一样的强度。通常，如果加载以后，夹层结构的芯材发生破坏，其破坏位置一般位于粘接层下面的芯材部分，因为黏结层芯材表面的孔隙中由于填充了胶黏剂/树脂，提高了黏结层泡沫的强度。选择正确的胶黏剂对夹层结构的强度也有非常重要的意义，通常在选择胶黏剂的时候除了强度以外，还需要考虑使用温度、烟雾条件及其与芯材的面板材料的兼容性。如果选择与面板材料共固化，则胶黏剂或胶膜的固化条件需要与面板的共固化条件相一致。

表 6－1 中的结构构造是常见的 FRP 船舶中的铺层设计。可以看出，在弯曲刚度相近的情况下，夹层结构的质量比非夹层结构减轻很多。

泡沫夹层结构的优点还有良好的隔热和隔音性能、抗冲击损伤性能及施工简便性等。在夹层结构中由于芯材是孔隙材料，整个夹层结构的导热系数和 R 值均比非夹层结构低。由于层合板的层数减少，降低了铺层制作成型的工作量，同时因为夹层结构的刚度较高，减少了加筋的数量，这有利于冲击荷载的扩散。此外，孔隙芯材还能降低船舶航行中的噪声。

表 6－1　夹层结构和非夹层结构的刚度和重量之对比

结构构造	弯曲钢度 (kg/m^2 宽度)	质量 (kg/m^2)
夹层结构： 一层 815 g/m^2 的无捻粗纱布 一层 450 g/m^2 的短切纤维毡 1/2″厚度 60 kg/m^2 PVC 泡沫芯材 一层 450 g/m^2 的无捻粗纱布 一层 815 g/m^2 的短切纤维毡	0.198	7.47
非夹层结构： 七层 815 g/m^2 的无捻粗纱布 六层 450 g/m^2 的短切纤维毡	0.187	20.90

二、泡沫芯材的发展历程

严格意义上讲，第一种用在承载构件夹层结构中的结构泡沫芯材是使用异氰酸酯改性的 PVC 泡沫，或称交联 PVC。第一个采用 PVC 泡沫夹芯的夹层结构是保温隔热车厢。交联 PVC 的生产工艺是由德国人林德曼在 20 世纪 30 年代后期发明的。二次大战以后法国将该工艺列入战争赔偿中，由克勒贝尔蕾洛雷特塑料公司（KleberRenolit）开始生产 Klegecell 交联 PVC 泡沫，主要是一些用在保温隔热车厢中的低密度产品。

20 世纪 50～60 年代，克勒贝尔蕾洛雷特塑料公司给几家欧洲公司发放了 PVC 泡沫的生产许可证。另外两家美国公司，B. F 歌德雷奇（B. FGoodrich）和佳士迈威（Johns－Manville）也买到了许可证开始生产，但是几年以后就停产。当所有的生产许可证都过期以后，交联 PVC 的生产工艺过程转为公开。进入 20 世纪 70 年代以后，多数原来的欧洲许可生产厂家也已停产。目前两个主要的生产厂家是戴博（Diab）公司的 Divinycell 和 Klegecell 系列 PVC 泡沫及爱瑞柯斯（Airex）公司的 Herex 系列 PVC 泡沫。

20 世纪 40 年代后期，林德曼使用高压气体作为发泡剂，制造出未经过改性的 PVC 泡沫，也叫线性 PVC 泡沫。

英国于 1943 年首先制成聚苯乙烯泡沫塑料，1944 年美国道化学有限公司用挤出法大批量地生产聚苯乙烯泡沫塑料。

第二次世界大战期间，德国拜尔的试验人员对二异氰酸酯及羟基化合物的反应进行研究，制得了 PUR 硬质泡沫塑料、涂料和黏合剂。1952 年，拜尔公司报道了软质聚氨酯泡沫塑料的研究成果。

1993 年，加拿大的 ATC 公司开始生产 SAN 泡沫。其制造工艺和线性 PVC 相似。PMI 泡沫是由德国罗姆(Rohm)公司于 1966 年首先用丙烯腈、甲基丙烯腈、丙烯酰胺和甲基丙烯酸酯热塑性树脂在 180 ℃下发泡并交联制作聚甲基丙烯酰亚胺泡沫的技术，接着日本的积水化学公司于 1967 年使用辐射交联方法制作聚甲基丙烯酰亚胺泡沫。

三、常见泡沫芯材的分类

玻璃钢/复合材料(FRP/CM)中常用的泡沫芯材有聚氯乙烯(PVC)、聚苯乙烯(PS)、聚氨酯(PUR)、丙烯腈－苯乙烯(SAN)、聚醚酰亚胺(PEI)及聚甲基丙烯酰亚胺(PMI)等泡沫，其中 PS 和 PUR 泡沫通常仅作为浮力材料，而不是结构用途。目前 PVC 泡沫已几乎完全代替 PUR 泡沫而作为结构芯材，只是在一些现场发泡的结构中除外。

四、泡沫芯材的性能和应用

交联 PVC 泡沫：这种泡沫是由热塑性的 PVC 和交联热固性聚氨酯组成，通常简称交联 PVC 泡沫，其主要产品型号为 Divinycell、Klegecell 以及 HerexC。

交联 PVC 的强度和刚度比线性 PVC 的高，但是韧性要差。交联 PVC 泡沫的热稳定温度为 120 ℃。所以在和环氧预浸料共同使用时，需要注意 PVC 的热蠕变性能。使用温度范围为－240 ℃～80 ℃，并且能够耐多种化学物质腐蚀。尽管 PVC 泡沫是可燃材料，但阻燃型的 PVC 泡沫可用于有严格防火要求的结构中，例如列车车厢等。但是需要注意的是 PVC 在燃烧以后，会产生 HCl。

PVC 泡沫耐苯，所以能够和聚酯树脂共同使用。PVC 泡沫主要用在一些不需要压力罐的工艺中。选择固化工艺方法时，应虑及 PVC 泡沫在温度升高时会释放气体，在采用 RTM 工艺时需要注意。交联 PVC 泡沫通常用于船底、舷部、甲板、舱壁及上层建筑中。PVC 主要厂商有 Airex 和 Diab 公司，有多种不同的型号和密度可供选择。

线性 PVC 泡沫：这类泡沫具有高的韧性、良好的抗冲击性能、能量吸收性能和耐疲劳性能。线性 PVC 泡沫的强度和刚度相对交联 PVC 来讲要低。在施工过程中需要注意的是，树脂中的苯会渗透到泡沫里面，使树脂固化不完全，同时引起泡沫降解。这种泡沫通常用于船体受冲击荷载比较大的部位，例如船底和舭舷部。目前主要产品是 Airex 公司的 AirexR63 系列。

PS 泡沫：曾广泛用在船舶、冲浪板制造行业。虽然其具有质量轻，成本低，易于机械加工等主要优点，但因力学性能差，很少在高性能结构构件中使用。另外，这种泡沫不能和聚酯树脂同时使用，因为树脂中含有的苯会降解泡沫。

PUR 泡沫：与其他泡沫相比，其力学性能一般，树脂/芯材界面易产生老化，从而导致面板剥离。作为结构材料使用时，常用作层合板的纵、横桁条或加强筋之芯材。有时 PUR 泡沫也能用于受载较小的夹层板中，起到隔热或隔音的作用。该类泡沫的使用温度是150 ℃左右，吸声性能良好，其成形非常简单，但是机械加工过程中易碎或掉渣。PUR 泡沫价格相对便宜，发泡工艺也比较简单，采用液体发泡。国内国外有众多的生产厂商。

SAN 泡沫:它属于热塑性材料,如加拿大 ATC 公司生产的 Corecell 泡沫,主要是针对船舶市场而开发的。发泡制作工艺和线性 PVC 的工艺基本相同。性能也和线性 PVC 基本相同,热稳定性能比线性 PVC 好,相当于普通交联 PVC。大多数情况下,在船舶结构中可以用 SAN 泡沫代替线性 PVC 泡沫。

PEI 泡沫:由聚醚酰亚胺/聚醚砜发泡而成,具有很高的使用温度和良好的防火性能,不过其价位相对较高,但是这种泡沫可以在兼有结构要求和防火要求的部位使用,其使用温度为 -194 ~180 ℃。由于能满足严格的防火阻燃要求,适合在飞机和列车内使用。目前市场上有 Airex 公司的 AirexR82PEI 泡沫。

PMI 泡沫:在相同密度的条件下,PMI 是强度和刚度最高的泡沫材料。其高温下耐蠕变性能使得该泡沫能够适用高温固化的树脂和预浸料。PMI 泡沫经适当的高温处理以后,能满足 190 ℃的固化工艺对泡沫尺寸稳定性的要求,适用与环氧或 BMI 树脂共固化的夹层结构构件中。PMI 泡沫是采用固体发泡工艺制作,其为孔隙基本一致、均匀的 100% 闭孔泡沫。目前市场上有德国德固赛(Degussa)公司生产的 ROHACELL 和日本积水化学公司生产的 FORMAC 之 PMI 泡沫。

项目测试

一、填空题

1. 泡沫芯材的夹层结构一般由上面板、(　　)、(　　)、(　　)和(　　)组成。

2. 在船舶结构中,可以用(　　)泡沫来代替线性 PVC 泡沫。

3. 防火性能较好的泡沫是(　　),它可以在兼有结构要求和防火要求的部位使用,可在(　　　　)温度范围内满足防火阻燃的要求,亦可在飞机和列车内使用。

4. 交联 PVC 泡沫的型号有(　　)、(　　)和(　　)。

5. 玻璃钢/复合材料(FRP/CM)中常用的泡沫芯材有(　　)、(　　)、聚氨酯(PUR)、丙烯腈 - 苯乙烯(SAN)、聚醚酰亚胺(PEI)及聚甲基丙烯酰亚胺(PMI)等。

二、简答题

1. 简要叙述国内外游艇材料的发展历程。

2. 在实际的施工过程中,使用线性 PVC 泡沫时的注意事项有哪些?

3. 简述 PEI 泡沫与 PMI 泡沫芯材的区别与联系。

4. PVC 泡沫的特点有哪些?

5. 论述游艇材料未来的发展趋势以及新型材料应具备哪些优异的特征。

参 考 文 献

[1] 刘雄亚. 复合材料工艺及设备[M]. 武汉:武汉理工大学出版社,1994.
[2]李堃. 现代造船工程[M]. 哈尔滨:哈尔滨工程大学出版社,1998.
[3]孙庭秀. 舱室设计[M]. 哈尔滨:哈尔滨工程大学出版社,2006.
[4]魏莉洁. 船舶建造工艺[M]. 哈尔滨:哈尔滨工程大学出版社,2006.
[5]尹洪峰. 复合材料[M]. 北京:冶金工业出版社,2010.
[6]刘旭. 船艇材料及成型工艺[M]. 葫芦岛:渤海船舶职业学院,2012.
[7]孙庭秀. 船艇材料及成型工艺[M]. 葫芦岛:渤海船舶职业学院,2013.